新世纪高职高专物流管理专业规划教材

物流电子商务

主编 陈 晞 杨 军

机 械 工 业 出 版 社

本书较为系统地讲述了涉及电子商务的相关理论、电子商务与物流的关系，内容包括电子商务概述、电子商务技术基础、电子商务安全、电子商务法律规范与公共政策、企业电子商务应用、网络营销、电子商务在其他行业中的应用、电子商务与物流的关系、电子商务环境下的物流模式等。

本书是新世纪高职高专物流管理专业规划教材之一，可作为大专院校本专科工商企业管理和物流管理等专业师生的教材和参考书，也可作为各类工商企业生产经营管理人员参考书籍。

图书在版编目（CIP）数据

物流电子商务/陈晞，杨军主编．—北京：机械工业出版社，2004.8 (2017.7重印)

新世纪高职高专物流管理专业规划教材

ISBN 978-7-111-15025-1

Ⅰ．物… Ⅱ．①陈…②杨… Ⅲ．电子商务－物流－高等学校：技术学校－教材 Ⅳ．①F713.36 ②F252

中国版本图书馆CIP数据核字（2004）第078515号

机械工业出版社（北京市百万庄大街22号 邮政编码100037）
策划编辑：蓝伙金 孔文梅
责任编辑：孔文梅 责任印制：常天培
保定市中画美凯印刷有限公司印刷
2017年7月第1版第11次印刷
169mm×239mm · 16印张 · 291千字
28501—30400册
标准书号：ISBN 978-7-111-15025-1
定价：29.90元

凡购本书，如有缺页、倒页、脱页，由本社发行部调换
电话服务 网络服务
社服务中心：(010)88361066 门户网：http://www.cmpbook.com
销售一部：(010)68326294 教材网：http://www.cmpedu.com
销售二部：(010)88379649
读者购书热线：(010)88379203 **封面无防伪标均为盗版**

第2版序

由全国交通系统22所高职高专院校的专家、学者共同规划、共同编写的“新世纪高职高专物流管理专业规划教材”（第1版），于2003年2月由机械工业出版社出版发行。这是我国高职高专开办物流管理专业以来，内容体系较为完整、实用性和操作性较强，适合高职高专物流管理专业培养目标和教学特点的第一套教材。该套教材自面市以来，深受广大师生和业界读者的欢迎。通过一年多的使用、实践，我们广泛收集了各院校和读者对本套教材的反馈意见和建议，并深入调查和了解了物流企业的用人需要，深感有必要对第1版教材从结构到内容进行调整与修订，以使本套教材更能适应物流行业对人才实际要求的变化，更适合高职高专的培养目标和教学特点，更方便广大师生的使用。

第2版教材的特点是：

（1）为了适应不同行业、不同地区院校物流管理专业办学要求，在原来规划的第1版15本教材的基础上，增加了《货物学》、《物流电子商务》、《物流经济学》、《物流中心运作管理》、《物流采购管理》。

（2）教材各章增加学习目的，并尽可能附本章小结，内容、结构更加适合学校教学的要求。

（3）克服以往要么理论分析过深要么泛泛介绍等缺点，减少了理论分析和公式推导，突出实用性和操作性，更能适应高职高专培养目标和教学特点要求。

（4）每章后面的案例和复习思考题侧重运作管理方法与技术，突出专题性，突出实训，更有利于培养学生分析问题和解决实际问题的能力，体现高职高专的特点。

（5）章节内容和案例更能体现现代物流运作的技术和管理实际，更能反映当今物流行业新技术、新管理方法和工具的应用。

（6）为方便教学，本套教材配备电子课件等教学资源。凡选用作为教材的教师均可索取，请发送邮件至cmpgaozhi@sina.com，咨询电话：010-88379375.

本套教材既可作为高职高专院校物流类专业课程的教材，也可作为各类、各层次学历教育和短期培训的选用教材，也适合广大物流业界人员作为学习参考用书。

我们相信，“新世纪高职高专物流管理专业规划教材”（第2版）的面世，必将为推动我国高职高专物流管理专业教育事业的发展和物流行业的进步，发挥积极的推动作用。

由于物流行业发展变化快，再有编者水平的限制，书中难免有不足之处，恳请广大读者提出宝贵意见，以保持这套教材的时代性和实用性，使其和高职高专的物流管理专业教育与时俱进。

新世纪高职高专物流管理专业
规划教材编审委员会

第1版序

随着我国经济体制改革的深入、经济全球化和我国日益融入 WTO 体系，物流业作为现代服务经济的重要支柱和组成部分，必将在我国得到空前发展，并成为我国国民经济新的重要产业和新的经济增长点。现代物流是基于“顾客满意”服务理念，内容涉及多技术、多学科的综合性领域，也是一个科学系统的业务领域。因此，物流管理的复杂性也远远超出一般传统的运输或仓储等业务所包含的知识和技术层面，物流管理是集现代运输、信息网络、仓储管理、产品后道加工、营销策划等诸多内容于一体的一门多学科、多领域的综合性管理学科。

长期以来，我国一直是“重生产、轻流通”，对物流的研究也相应滞后。改革开放以来，由于高新技术的迅猛发展，极大地提高了生产效率，缩短了产品更新换代周期，加剧了市场竞争；同时，用户的需求越来越突出个性化，以往的“货主物流”已无法在生产与销售之间起协调作用，甚至还会阻碍生产与消费的发展。

近年来，由于各级政府和企业的重视，物流环境发生了巨大的变化，以往单一流通渠道、单一流通主体、国家统一定价的状况已不复存在，出现了多渠道、少环节的新局面，市场网络已具有一定规模。

在新的世纪，世界已进入新经济时代和高度信息化时代，无国界化企业经营的趋势越来越明显，整个市场竞争呈现出明显的国际化和一体化，企业面临日益激烈的市场竞争，许多市场意识敏锐的企业，已经开始把物流作为提升企业核心竞争能力的重要手段，把现代物流理念、先进的物流技术和现代经营模式引入企业经营管理之中。企业内部物流部门开始建立，第三方物流企业正在蓬勃兴起，国际物流企业也日趋活跃。

我国的物流教育同物流发展相比，显然十分滞后，物流综合管理、物流系统运作管理、物流技术操作与营销等现代化人才十分匮乏。根据我国加入 WTO 的承诺，物流和服务业是最早开放的行业之一，国内市场竞争将在高层次、高起点上展开。这必然使本已匮乏的物流人才竞争加剧，如不加快我国现代物流管理与技术人才的培养，人才匮乏必将成为现代物流产业发展的瓶颈。而物流产业的人才教育，是多层次、多样化的教育。为保证物流产业大发展所需要的各类技术和管理类物流人才，在加强高等学校的高层次物流经营与管理人才的培养教育的同时，更要通过高等职业技术院校的物流高等职业技术教育，培养造就大批第一线物流技术操作和运作管理实用型人才，推行物流从业人员职业资格制度，这已经成为许多物流同仁的共识。

为迎合物流业发展对人才的需要，全国交通系统 22 所高职高专院校协同规划了这套“新世纪高职高专物流管理专业规划教材”，并成立了“新世纪高职高专物流管理专业规划教材编审委员会”。参与这套教材编写的人员大多是长期从事物流管理、物流教学和物流研究的一线专家、教授和企业管理人员。这套规划教材介绍了最新物流管理理念与技术，吸收了国内外最新物流实践经验和理论研究成果，具有简洁、实用和操作性强等特点，既可作为高职高专院校物流类专业课程的教材，也可作为各类、各层次学历教育和短期培训的选用教材，也适合广大物流企业从业人员作为学习参考用书。

由于现代物流业在我国正处于成长发展阶段，各种新的论断、见解和理论多之又多。由于时间仓促，编者水平有限，书中难免有不足之处，恳请广大读者提出宝贵意见，以使这套教材与时俱进，保持其时代性和实用性。

新世纪高职高专物流管理专业
规划教材编审委员会

前言

电子商务是信息技术和商务管理科学相结合的产物，作为一门新兴学科，还在不断的探索和发展中。电子商务的产生对物流业的服务空间、时效性、物流技术水平、物流运作环节等方面都提出了新的要求，将物流业提升到一个前所未有的高度。物流业如何适应电子商务的需求，加强现代化管理，已成为当前物流企业不可回避的焦点问题。同时，物流并不仅仅是制约电子商务的瓶颈问题，同时它与一个国家的国民经济建设也息息相关。

《物流电子商务》是高等职业教育物流专业教材之一，主要为物流专业的学生了解电子商务的概貌及电子商务与物流的关系而编写。也可作为其他专业的学生学习电子商务课程和物流课程的教材或参考书。

本书力求突出以能力为本的职业技术教育的特点，既通俗易懂，又有一定的理论深度。在注重实践性的前提下结合一定的理论性是本书的一大特点，电子商务基础和电子商务应用两部分内容在论述的同时穿插了大量的实际案例，电子商务与物流关系部分则结合实际，从理论的角度讨论了电子商务环境下物流的特点、问题、发展趋势和新模式。

本书共 9 章。主要内容包括：电子商务基础、电子商务应用、电子商务下的物流三个部分。电子商务基础部分，先从总体上介绍了什么是电子商务，然后是电子商务得以实现和发展的技术基础，接着两章分别介绍保障电子商务能有序进行的电子商务安全、电子商务法律规范和政策。电子商务应用部分，分别从电子商务在企业中的应用、网络营销、在其他行业中的应用等方面讲述了电子商务在各个领域的应用和影响。电子商务下的物流部分，讨论了电子商务与物流的关系以及电子商务环境下产生的新的物流模式。

本书由陈晞、杨军主编。广东交通职业技术学院陈晞编写第一、二、三、八、九章，广西交通职业技术学院杨军编写第五、六、七章，广东交通职业技术学院蔡远璐编写第四章。全书由广州市联合职工大学交通学院副院长曾剑高级讲师审定。

本书在编写过程中，参考或引用了许多专家学者的资料，作者已尽可能地在参考文献中列出，谨在此对他们表示衷心的感谢，也有些资料引用了而由于疏忽没有指出资料出处，若有此类情况发生，作者表示万分歉意。由于时间仓促和水平所限，书中难免有不妥之处，敬请读者批评指正。

编　者

目录

第一章　什么是电子商务

20 世纪末，Internet 如旋风般席卷全球之后，集信息技术、商务技术和管理技术于一体的新领域 —— 电子商务，正以其无可比拟的优势和不可逆转的趋势，改变了商务活动的运作模式，对企业的经营方式、支付手段和组织形式提出了强有力的挑战，并给社会经济的各个方面带来根本性的变革。可以预言，电子商务将会在今后几年内有进一步的迅猛发展，成为未来经济生活中的重要角色。它不但在微观上影响着企业的经营行为和消费者的消费行为，而且在宏观上影响着国际贸易关系和国家未来的竞争力。本章将讨论关于电子商务的几个基本概念，使读者建立什么是电子商务的初步印象。

第一节　电子商务概述

一、电子商务的起源与发展

电子商务产生与发展的历史，从普遍的意义上讲，自电话、电报、传真的商业应用开始，电子商务活动就出现了。由于当时商务活动信息流的电子化水平太低，所以还不是真正意义的电子商务。现代意义的电子商务经历了两个阶段：在专用网上的电子交易阶段和基于互联网的电子商务阶段。

1、基于专用增值网上的 EDI 电子商务

从 20 世纪 60 年代末到 80 年代，一些大企业的计算机系统开始通过专用增值通信网络联系在一起，越来越多的企业间的交易信息开始通过网络传输，企业内部局域网也得到了一定范围的应用。这个阶段可以称作电子商务的萌芽阶段。在 20 世纪 70 年代，美国航空公司开发了计算机联网订票系统 SABRE，顾客可以在美国各航空公司的售票点、旅行社通过美国航空公司的计算机终端查询全国范围内的航班时刻、票价、空位情况等信息，进而通过终端订票。同一时期，银行间采用安全的专用网络进行电子资金转账（EFT），即利用通信网络进行账户交易信息的电子传输，提高了资金转移的效率，改变了金融业的业务流程，这是电子商务最原始的形式之一。同时美国许多银行投入巨资研究和开发家庭银行。客户通过按键电话拨通银行，家庭银行的语音服务提示客户按电话上的数字键，客户可以查询账户余额、划账、付账。从 20 世纪 70 年代后期到 80 年代初期，电子商务以电子报文传送技术（如电

子数据交换，Electonic Data Interchange，简称为 EDI）的形式得到推广。电子数据交换使企业能够用标准化的电子格式与供应商交换商业单证（如订单）。电子报文传送技术减少了文字工作量，提高了自动化水平，简化了业务流程，可以说 EDI 在电子商务的发展历程中起着举足轻重的作用。

EDI 是贸易伙伴之间，将商务文件按照国际标准格式从一台计算机传送到另一台计算机的电子传输方式。实现 EDI 的前提是贸易伙伴之间的计算机联网，交易双方必须将各自数据库中的商业数据转换成公认的标准格式文件进行传输，可见构成 EDI 的要素是 EDI 国际标准、EDI 软件和 EDI 硬件。早期的 EDI 是在 VAN（增值网）的专用网络上实现的，当时的出发点主要是基于安全性的考虑，但由于一般中小企业面对高昂的 EDI 硬件成本，只能望而却步，使得 EDI 成为了商业“贵族”们的专用技术，这就极大地影响了 EDI 的普及与应用。

统一的世界贸易数据交换标准和尺度，是利用电子技术在全球范围内开展商务活动的基础。自从 EDI 诞生之后，EDI 的国际标准也在不断地发展与完善，目前公认的标准有北美使用的 ANSI ASC X.12 和 1990 年联合国正式推出的 UN/EDIFACT 标准，并被国际标准化组织正式接受为 ISO9735。

2、基于 Internet 的电子商务

20 世纪 90 年代中期，国际互联网迅速地从“阳春白雪”变成“下里巴人”，仿佛一夜之间就建成了一个连接全世界的网络，各种 Internet 网站如雨后春笋般地出现，遍布全球的网络不断地扩容、提速，ISP 提供的服务越来越多，Internet 的使用费用越来越低廉。Internet 对传统的 EDI 造成了强烈的冲击，与 VAN 网络相比，Internet 可以极大地扩大参与 EDI 的交易范围而只需付出低廉的费用，Web 技术使 EDI 软件可以以网页的形式来实现，基于 Internet 的 EDI 迅速取代了传统的 EDI，成为现代 EDI 的主要形式，为广大商业企业带来了更多的商机和效益。更为重要的是，Internet 的强大功能，使得 EDI 之外的各种商务活动纷纷进入到这个王国，使电子商务从 EDI 走向了真正意义上的电子商务，并成为 Internet 应用的新热点。Internet 是推动电子商务发展的真正动力。

基于 Internet 的电子商务催生了一批电子商务的新贵，以网络直销模式直接面对消费者而闻名的美国戴尔（Dell）公司 1998 年一个月的在线销售额就高达 500 万美元。另一个网络新贵亚马逊网上书店（www.Amazon.com）的营业收入从 1996 年的 1580 万美元猛增到 1998 年的 4 亿美元。eBay 公司是互联网上最大的个人对个人的拍卖网站，这个网上跳蚤市场 1998 年第一季度的销售额就达 1 亿美元。在网上零售业最发达的美国，不仅亚马逊、eBay

等领军企业的网上零售业务一再扩大，就连规模不大的网上零售商也在全力开拓市场，甚至像单一经营珠宝、鞋或旅行箱包的网上零售商的利润也在不断增加。

联合国贸易和发展会议（贸发会议）2003 年 11 月发表的《2003 年电子商务与发展报告》显示，2002 年全球互联网用户已经增加到 5.91 亿，其影响之一，就是网上零售业务日趋活跃，交易额呈现出不断扩大的势头。统计表明，在各国网民中，北欧国家、美国和英国的网上购物用户比例最高，约占 38%。2002 年，美国人的网上购物开支已达 434.7 亿美元，欧盟约为 282.9 亿美元，亚太地区为 150 亿美元，拉美地区为 23 亿美元，非洲最少，仅为 400 万美元。

根据 2003 年 7 月中国互联网络信息中心发布的第 12 次《中国互联网络发展状况统计报告》显示，截至 2003 年 6 月 30 日，我国上网用户总人数已达 6800 万，比去年同期增长了 48.5%。中国某市场咨询公司的调查也显示，中国 2003 年网上购物交易额为 7.9 亿元人民币。到 2004 年，中国网上购物市场的规模将达到 16 亿元，增长幅度相当可观。IDC（国际数据公司）预计到 2005 年中国的电子商务收入将会达到 1527 亿美元，这里面最重要的 B to B 部分能够达到 1330 亿美元。

二、电子商务的含义

电子商务的概念也是在不断发展的，1995 年 IBM 公司提出了“网络计算”（Network Computing）的概念，1996 年又提出了“电子商业”（Electronic Commerce）的概念，到了 1997 年该公司又提出了“电子商务”（Electronic Business）的概念。

1、电子商务的定义

1997 年 11 月，国际商会在法国巴黎举行的世界电子商业会议明确了电子商业的概念。电子商业是指实现整个贸易过程中各阶段贸易活动的电子化。从涵盖范围角度可以定义为：电子商业是指交易各方以电子交易方式而不是通过当面交换或直接面谈的方式进行的任何形式的商业交易；从技术角度可以定义为：电子商业是一种多技术的集合体，包括交换数据（如电子数据交换、电子邮件）、获得数据（如共享数据库、电子公告牌）以及自动捕获数据（如条形码）等。

电子商业涵盖的业务包括：信息交换、售前售后服务（如提供产品和服务的细节、产品使用技术指南、回答顾客意见）、销售、电子支付（如使用电子资金转账、信用卡、电子支票、电子现金）、运输（包括商品的发送管理和运输跟踪以及可以电子化传送的产品的实际发送）、组建虚拟企业（组建一个物理上不存在的企业，集中一批独立中小公司的权限，提供比任何单独公司多得多的产品和服务）、公司和贸易伙伴可以共同拥有和运营共享的商业方法等，参见图 1-1。

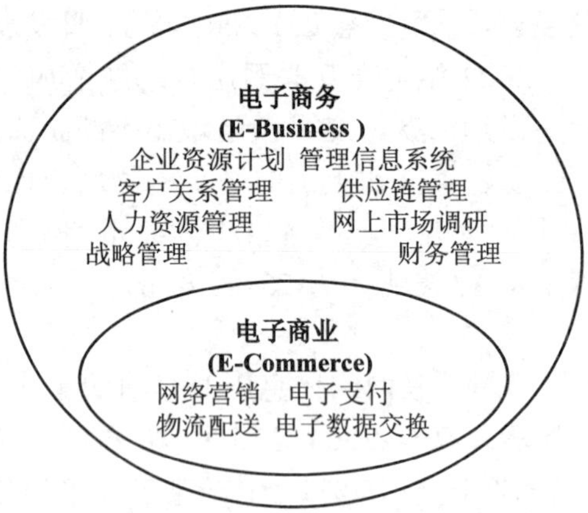

图 1-1 电子商业与电子商务的涵盖范围

电子商务（E-Business）是利用网络实现所有商务活动业务流程的电子化，不仅包括电子商业面向外部的业务流程，即电子商业中的网络营销、电子支付、物流配送等，还包括了企业内部的业务流程，如企业资源计划、管理信息系统、客户关系管理、供应链管理、人力资源管理、网上市场调研、战略管理及财务管理等。

电子商务包含两个方面：一是商务活动，二是电子化手段。它们之间的关系是：商务是主核心，电子是手段和工具。这里的商务包括企业通过内联网的方式处理与交换商贸信息；企业与企业之间通过外联网或专用网的方式进行业务协作和商务活动；企业与消费者之间通过互联网进行商务活动；消费者与消费者之间通过互联网进行商务活动以及政府管理部门与企业之间通过互联网或专用网的方式进行管理以及商务活动。这里的电子化手段包括自动捕获数据、电子数据交换、电子邮件、电子资金转账、网络通信和无线移动技术等各种电子通信技术手段。

电子商业与电子商务的相互关系是：电子商业是电子商务的一个组成部分。举例来说，如果一个企业通过网络接到生产订单，然后管理人员通过电话等常规方式通知车间组织生产，那么该企业就实现了电子商业；如果该企业通过网络接到生产订单后，利用企业内部网的信息管理系统（MIS）、供应链管理系统（SCM）、客户关系管理系统（CRM）或企业资源计划（ERP）自动将生产订单分解到各个生产车间，那么该企业才算完全实现了电子商务。

2、电子商务商流、信息流、资金流和物流的相互关系

一个完整的电子商务交易过程一般都包含四种基本“流”：信息流、商流、资金流和物流。四个流对社会经济系统的作用各不相同，因此它们之间在功能上并非相互替代的关系，而是共生与整合、依存与互动的关系。

所谓商流，是一种买卖或者说是一种交易活动过程，通过商流活动发生商品所有权的转移。商流是物流、资金流和信息流的起点，也可以说是其他“三流”的前提，一般情况下，没有商流就不太可能发生物流、资金流和信息流。反过来，没有物流、资金流和信息流的匹配和支撑，商流也不可能达到目的。“四流”之间有时是互为因果关系。

比如 A 企业与 B 企业经过商谈，达成了一笔供货协议，确定了商品价格、品种、数量、供货时间、交货地点、运输方式并签订了合同，这时可以说商流活动就开始了。要认真履行这份合同，下一步就要进入物流过程，即货物的包装、装卸搬运、保管、运输等活动。如果商流和物流都顺利进行了，接下来进入资金流的过程，即付款和结算。无论是买卖交易，还是物流和资金流，这三个过程都离不开信息的传递和交换，没有及时的信息流，就没有顺畅的商流、物流和资金流。没有资金的支付，商流不成立，物流也不会发生。

也可以讲，商流是动机和目的，资金流是条件，信息流是手段，物流是过程。就是说由于需要或产生购买欲望，才决定购买，购买的原因和理由就是商流的动机和目的；因为想购买或决定购买某种商品，才考虑购买资金的来源或筹措资金问题。如不付款，商品的所有权就不归你，这就是条件；又因为决定购买，也有了资金，然后才付之行动，这就是买主要向卖主传递一个信息，或去商店向售货员传递购买信息，或电话购物、网上购物，这些都是信息传递的过程，但这种过程只是一种手段；然而，商流、资金流和信息流产生后，必须有一个物流的过程，否则商流、资金流和信息流都没有意义。举个例子，比如一个单位搬进新办公地点后要购买几台空调，这个单位可能直接去商店选购，也可能打电话或网上采购，这时就产生了商流活动。由此也伴生出资金流（如现金支付、支票付款或银行走账）和信息流。可是只完成这“三流”，并不是事务的完结，最后还必须将空调送给买主，最终还是少不了运输、装卸等物流过程。

那么，怎样才能保证将卖出去的空调按买主要求的时间、地点和数量，准确、安全地送货上门呢？首先，出售空调的商店里要有库存，或者商店给厂家打电话，让厂家从仓库取货。无论从商店取货，还是从厂家仓库取货，都需要有车将空调运过去的问题，如果销售量过于集中，车子跑不过来，或者司机调整不过来怎么办？如果仓库里缺这种型号的空调又怎么办？这都属于物流要解决的问题。再往复杂一些说，假如空调厂家对空调的销售量预测

得不准确，预测的销售量大于实际需要，就产生库存积压，浪费仓库保管费，多占压生产流动资金；如预测的销售量小于实际需要，则不仅少赚利润，失去市场，而且还可能影响企业的声望。怎样才能既不浪费保管费和占压资金，又能保证按时供货呢？这就要构筑一个先进、合理的物流系统，及时掌握各种信息，准确地进行市场需求预测。比如，首先要进行商品的需求、购买力、市场容量、销售时间和地点、销售数量等基础性调查研究，然后，再在进行信息分析的基础上，制订一个与商流相配套的物流规划。根据市场情况，决定设立几个配送中心，建多大规模，如何构筑配送网络等等。

因为物流是受商流制约的，随着商流的变化而变化，企业往往为了占领市场、扩大销售而牺牲物流利益。所以，在竞争激烈的商品经济社会要加强对物流问题的研究和对信息技术等现代科学手段的充分利用。

商流和资金流是传统性的经济活动，规则性强，已经比较成熟和定型。信息流主要利用计算机技术和互联网，是电子化传输和软件开发问题。这方面的竞争会不断加剧和复杂化，各企业的技术水平将来也会越来越接近。前几年兴起的电子商务热之所以急剧降温，就是因为“物流瓶颈”的阻碍造成的，而不是信息技术自身的问题。而且商流、资金流和信息流将来都可能由计算机和网络通信部分取代，只有物流难以做到这一点。物流目前十分滞后，发展空间比商流、资金流和信息流大，合理化、科学化管理的余地也大，节约费用的潜力更大。这是因为：

1）很多人对物流基本知识、物流理论、物流的重要作用还了解不多，要有一个认识过程。物流与商流、资金流以及信息流相比，发展进度缓慢，如不及时赶上，就会拖其他“三流”的后腿。

2）物流在商品总成本中的费用比例很大的问题过去不被人们重视，而这块“第三利润源泉”是新经济时代最有前景的领域。

3）物流发展时间尚短，成熟程度差，物流管理科学化水平较低。只要我们认识到这一点，认真对待，大力加强对物流的管理，就能大幅提高物流生产效率，大幅增加经济效益。

4）在认识方面，过去还很少有人将物流与商流、资金流、信息流联系起来考虑，也没有将“四流”作为一个大系统对待。在今后实践中，如果真正把“四流”统一起来、协调起来，那将对社会产生不可估量的效益。目前的主要矛盾表现在物流和信息流两个方面，相信随着社会、科技手段的进步，这两方面也会大有进步。

商流、物流、资金流、信息流，各有独立存在的意义，并各有自身的运行规律，“四流”是一个相互联系、互相伴随、共同支撑流通活动的整体，具体见图 1-2。

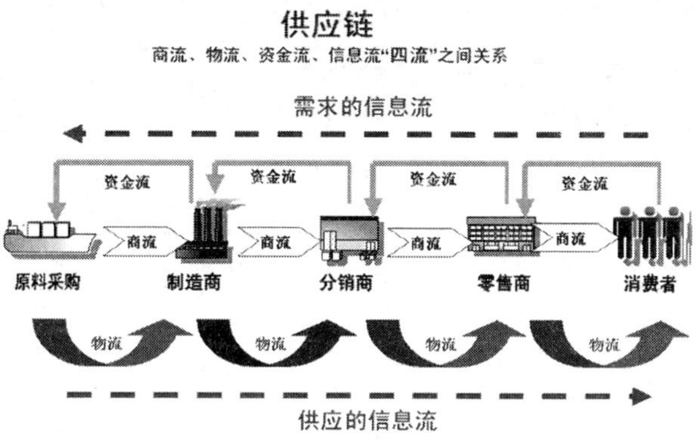

图 1-2 商流、物流、资金流和信息流的相互关系

三、电子商务给社会带来的影响和变革

随着电子商务魅力的日渐显露，虚拟企业、虚拟银行、网络营销、网上购物、网上支付和网络广告等一大批前所未闻的新词汇正在为人们所熟悉和认同，这些词汇同时也从另一个侧面反映了电子商务正在对社会和经济产生的影响。

1、电子商务将改变商务活动的方式

传统的商务活动最典型的情景就是“贸易双方在谈判桌前唇枪舌剑，消费者在商场中精疲力竭地寻找自己所需要的商品”。现在，通过互联网，只要点击鼠标就可以了，人们可以进入网上商场浏览、采购各类产品而且还能得到在线服务；商家可以在网上与客户联系，利用网络进行货款结算服务；政府还可以方便地进行电子招标、政府采购等。

2、电子商务将改变人们的消费方式

网上购物可以使人们足不出户、看遍世界，可以方便地做到货比三家。网上购物的最大特征是消费者的主导性，购物意愿掌握在消费者手中：同时消费者还能以一种轻松自由的自我服务的方式来完成交易，消费者主权可以在网络购物中充分体现出来。

3、电子商务将改变企业的生产方式

由于电子商务是一种快捷、方便的购物手段，消费者的个性化、特殊化需要可以完全通过网络展示在生产厂商面前，为了取悦顾客，突出产品的设计风格，制造业中的许多企业纷纷发展和普及电子商务。如戴尔电脑公司专门推出了一项特别的服务，网络上的用户可以按自己的喜好和需要配置计算

机，公司最后提供配置结果和系统性能预测，装配出用户订制的计算机。

4、电子商务将给传统行业带来一场革命

电子商务是在商务活动的全过程中，通过人与电子通信方式的结合，极大地提高商务活动的效率，减少不必要的中间环节，传统的制造业从此进入小批量、多品种的时代，“零库存”成为可能；传统的零售业和批发业开创了“无店铺”、“网上营销”的新模式；各种在线服务为传统服务业提供了全新的服务方式。

5、电子商务将带来一个全新的金融业

由于在线电子支付是电子商务的关键环节，也是电子商务得以顺利发展的基础条件，随着电子商务在电子交易环节上的突破，网上银行、银行卡支付网络、银行电子支付系统以及网上金融服务、电子支票和电子现金等服务，将传统的金融业带入一个全新的领域。1995 年 10 月，全球第一家网上银行“安全第一网络银行”（Security First Network Bank）在美国诞生，这家银行没有建筑物，没有地址，营业厅就是网页画面，员工只有 10 人，与总资产超过 2000 亿美元的美国花旗银行相比，“安全第一网络银行”简直是微不足道，但与花旗银行不同的是，该银行所有交易都通过互联网进行，1996 年银行存款金额就达到了 1400 万美元。

6、电子商务将转变政府的行为

政府承担着大量的社会、经济、文化的管理和服务的功能，尤其在调节市场经济运行、防止市场失灵带来的不足方面有着很大的作用。在电子商务时代，当企业在应用电子商务进行生产经营、银行实现金融电子化以及消费者实现网上消费的同时，将同样对政府管理行为提出新的要求，电子政府或称网上政府，将随着电子商务发展而成为一个重要的社会角色。

总之，作为一种崭新的商务活动过程，电子商务将带来一场史无前例的革命。其对社会经济的影响会远远超过商务的本身，除了上述这些影响外，它还将对就业、法律制度以及文化教育等带来巨大的影响。电子商务会将人类真正带入信息社会。

四、电子商务的应用领域

电子商务的应用极其广泛，尤其适用于以下行业机构。

1、商品零售

电子商务中的商品零售，是由零售商在网上开设虚拟商店，陈列商品，提供网上支付手段和商品配送手段，顾客通过上网浏览虚拟商店，向零售商订货、付款，最后获得商品或服务。适合在网上开展零售业务的行业有：图

书、电子书刊和音像制品的出版发行部门和经销商；计算机、网络、数据通信软件和硬件的生产商和经销商；经营日用品的网上超市。

2、国内外贸易

网上贸易是指贸易双方通过互联网完成交易的全部或部分过程。目前，在国际贸易中广泛使用了EDI。一般企业采购和分销可以由企业自己建立针对供应商和销售商的贸易网站或由第三方建立的网上商品交易中心来实现。

3、金融业

电子商务带动的金融业有以下几种：

（1）金融服务　网上银行服务、网上支付、个人财务管理、会计账务管理。

（2）保险业　保险代理服务、保险信息查询、网上报价、网上交易、网上理赔。

（3）投资理财业　网上证券交易、期货交易、委托投资、网上投资。

（4）金融信息服务业　发布与统计信息、咨询、评估与论证管理。

4、旅游服务业

例如旅馆、饭店的客房预订，飞机和火车的机（车）票预订及旅行社的旅游线路预订等。

5、政府部门

中国政府上网工程在1998年底已经全面启动，1999年是我国的“政府上网年”，全国各地政府掀起了上网热。政府上网主要包括：政府信息服务；政府电子贸易（政府电子采购）；电子政务（如电子税收、电子商检、电子海关和电子政府管理）；政府办公自动化；政府部门改进工作流程，提高工作效率等。

五、电子商务发展中的若干问题

1、全球电子商务发展中的若干问题

电子商务在20世纪末开始飞速地发展，其发展速度让人们始料不及。但是，与电子商务相关的政策、法律和税收等方面都不同程度地滞后于电子商务的发展，产生了一些不相适应的问题。

（1）安全问题　安全性和可靠性是电子商务发展的问题之一。病毒的传播、黑客的侵袭使人们对计算机的安全性，特别是网络上电子商务运行的安全性产生怀疑。这种情况对电子商务的推行造成了极为不利的影响，使公众在电子商务前裹足不前。解决电子商务的安全问题包括以下内容：

1）发展和完善电子商务安全技术，制定相关的标准。参与电子商务的企

业要花大气力解决好电子商务的安全技术问题，包括密码技术、防火墙技术、数字签名、认证技术及电子识别技术等，并能够随着电子商务技术的发展不断改进这些技术。与此同时，需要通过行政手段建立标准的形式把这些技术手段确定下来。

2）建立公认的CA权威机构。CA（Certificate Authority）应由除买卖双方以外的第三方权威机构担任。由于CA在电子商务交易中的重要地位，许多单位都想竞争这个角色。按照国际经验，CA是由市场竞争产生出来的，不能由行政命令产生，否则会使CA效率低下，失去其权威作用。

3）加强对电子商务交易安全的监控。为保证网络交易的安全，应建立相应的安全控制中心系统。这一系统应包括国际出入口（信息海关）监控、电子交易证书授权、密钥管理、安全产品评测认证、病毒检测和防治、系统攻击与反攻击等分中心。通过各种安全控制分中心的协调作用，将电子商务交易风险降低到最小限度。

（2）法律问题　电子商务是一种世界性的经济活动，它的法律框架的制定不应只局限在一国范围内，而应考虑适用于国际间的经济往来，得到国际间或协议国之间的认可和遵守。电子商务已经开展了几年，可世界各国至今还没有制定出有关Internet的完整的法律。虽然国际组织制定了一些规则，但它们并不能代表各国的法律。电子商务所涉及的法律问题相当广泛，其相关法律的建设也十分复杂。电子商务涉及的法律保障问题主要有：

1）从交易安全方面看，目前一个迫切需要解决的问题是制定一些相关的电子商务法律，加强数据保护，保护用户的个人隐私权，保证用户具有对Internet上的信息进行控制的自主权，以解决电子商务中发生的各种纠纷，防止诈骗等案件的发生，保证消费者在电子商务活动中的合法权益不受侵犯。

2）从电子交易合同方面看，需要解决电子合同与传统纸面合同的法律等效性问题和如何有效处理管辖区的问题。

3）从电子支付方面看，也需要制定相应的法律，明确电子支付的当事人包括付款人、收款人和银行之间的法律关系，制定相关的电子支付制度，认可电子签名的合法性。同时还应出台对于电子支付数据的伪造、变造及更改问题的处理办法。

4）还有一部分相关法律法规也应根据电子商务的发展情况加以补充、修改和完善。这方面的内容主要包括：票据法如何适用于电子商务凭证，消费者权益保护法如何保护网上购物的消费者权益，现有的知识产权法如何保护网上知识产权，广告法如何管理控制网络广告等。

（3）税收问题　电子商务税收遇到的新问题是对网上交易的无形商品和服务（如电脑软件、网上服务）是否要征税和如何征税的问题。目前各国在国内税方面的基本共识是：电子商务交易的征税额不应高于非电子商务，一些国家还制定了鼓励性的电子商务税收政策，对无形商品的交易实行免税或者优惠；对有形商品，不另征收电子商务税。在国际贸易关税方面，世界贸易组织曾在1998年达成一项免征Internet商务关税的协议，规定WTO成员国在一年内免征Internet交易的关税（不包括用一般方式通过国境才能交付的产品）。这一规定对世界各国制定电子商务关税政策具有历史性的作用。目前，电子商务处于发展的初期，各国给予免税政策支持，无疑有利于电子商务的普及与成长。

2、我国电子商务发展中的若干问题

（1）企业信息化普及率较低　从国情看，中国电子商务最具有发展潜力的是B2B（企业对企业）。企业的信息化程度直接关系到企业进行B2B电子商务的基础，中国的企业正在改制中，现代企业制度尚未普遍建立，目前企业信息化的进展并不令人满意。在15000家左右国有大中型企业中，大约有10%左右的企业基本上实现了企业信息化，大约有70%左右的企业拥有一定的信息手段或着手向实现企业信息化的方向努力，大约有20%的企业只有少量的计算机，但除了用作财务管理、打印文件外很少有其他应用。目前在国家工商局注册登记的1000万家左右的中小企业中，只有大约百分之几的企业拥有一定的现代化信息手段。

企业之间的大宗交易能够更大限度地发挥电子商务的潜在效益，利用现有的分销渠道和网络，通过供应链的集中采购、配送系统提高效率。同时，电子商务的发展能促进企业信息化建设和组织结构的变革，EDI（电子数据交换）的发展将引导企业走向国际化、全球化经营。早在2000年就有520家国有大中型企业被列入试点，逐步建立集生产、制造、研发、营销、决策为一体的内部信息网络系统，这无疑对我国企业电子商务的发展起到一定积极的促进作用。

（2）物流体系有待进一步优化　在原来的计划经济体制下，中国服务业包括社会化的物流体系长期被忽视。即使经过近几年的大力扶持之后，物流水平也还是难以满足经济发展的需要，这就制约了电子商务的发展。电子商务的兴起刺激了物流业，物流一体化和专业化第三方物流开始得到发展。一些物流企业像宝供、华为、全程等企业已具有较高的现代化程度。但相当大一部分物流企业虽然称为物流公司，但还不能算是现代化意义上的物流公司，大多停留在传统货物运输的层次，缺乏现代化的管理意识和机制，信息化、集成化的程度很低或根本没有。

（3）电子金融未到位　电子商务包含电子金融、电子商贸、电子信息服

务三大块，其中，电子金融是电子商务的基础，金融不电子化，真正的电子商务就无法开展。西方国家已完成金融电子化，而在我国信用卡尚未普及，最常见的信用卡不能通用，充其量是一种“电子现金”，远非真正意义上的信用卡。根据科思瑞智市场调查公司和 www.Xenow.com 联合进行网络购物调查数据显示：51%的网上购物者采用货到付款方式，只有 1/3 的人采用信用卡付款方式，15%的人通过邮局汇款。在没有健全的信用卡体系的情况下，大多数消费者只能通过传统方式结算。

跨越国界的电子支付和货币服务是保证全球电子商务顺利进行的前提。我国应尽快建立金融信用服务体系，普及网上信用支付，按照 WTO 规定的金融开放时间表，金融机构应在 5 年内逐步达到基于人民币的、数据化的、全球化水平的金融服务，实现整个商业过程的数据化的金融支持，为跨国电子支付和货币服务奠定基础。

（4）电子交易法规有待完善　现有的法律框架是基于传统的有纸贸易而制定的，在全球电子商务活动中如何用法律手段保证网上交易的安全性，需要对电子商务涉及的主要法律问题，如证据问题，书面形式的要求，对商户、消费者、结算银行的认证以及合同有效认证办法，订立电子合同的有效性及合同成立的时间与地点的问题，买卖双方和中介方的交易行为的法规以及交易风险和责任等问题，予以法律法规的约束。

我国应加快现行法律的修改步伐，及时制订、出台新的电子商务交易法规。由于电子商务及计算机网络技术的快速发展与法律建设相对稳定性之间的矛盾，新的法规体系应是一个较为灵活的法律框架，仅限于规定那些必不可少的内容，为电子商务的发展提供一个既安全又相对灵活的外部环境。

（5）安全问题　CNNIC 公布的《中国互联网络发展状况统计报告》显示，在电子商务方面，用户最关心的问题一项中，有 52.26%的人选择了“交易的安全可靠性”；在目前网上购物存在的最大问题一项中，有 33.4%选择了“安全性得不到保障”。可见，网上交易的安全性已经成为制约我国电子商务发展的主要因素之一。

一个安全的电子商务系统，首先必须具有一个安全、可靠的通信网络，以保证交易信息安全、迅速地传递；其次必须防止黑客入侵对网络进行破坏。我国网络产品几乎都是“舶来品”，本身就隐藏着不安全隐患，加之受技术、人为等因素的影响，不安全因素更显突出。

（6）网上税务问题　税务是一个国家重要的财政来源。由于电子商务的交易活动是在没有固定场所的国际信息网络环境下进行，造成国家难以控制和收取电子商务的税金。因此，在制定与电子商务有关的政策法规时，需要重新审视传统的税收政策和手段，建立新的、有效的税收机制。现在，我国应该积极组织力量研究对网上交易课以关税或开征新税种的可能性和具体实施办法，制定相应的税收政策。国际电子商务征税应当遵循国际税务的基本原则，避免双重征税，而且易于操作和实施。

（7）资本市场发展相对滞后　互联网和电子商务发展的特点和规律，使网络企业与资本市场具有一种近乎“寄生”的关系。中国的互联网和电子商务企业亦是如此，而且在我国加入 WTO 以后，还必须面对国外网络企业的挑战，因此更需要完善的金融支持。

中国目前的金融服务和资本市场发展相当滞后，与互联网和电子商务的发展要求极为不相称。目前绝大部分网络企业都由民间资本创立。国内资本市场定位于为国有企业服务，对新兴产业基本是关闭的，等于没有输血通路，现有的网络企业，或寻找来自民间的和境外的风险投资，或选择赴美国纳斯达克或香港创业板上市，都是不得已而为之。

中国的风险投资体制也十分不健全，以官方为主导的风险投资体制与风险投资的本质要求不相适应。

（8）人才建设　电子商务人才缺口问题也逐渐显露，在 2003 年国家职业技能鉴定专家委员会电子商务专业委员会业务会议上，专家们指出，目前全国有 10 万左右国际贸易的从业人员，大部分已在不同程度地利用电子手段，但基本上没有系统地受过电子商务的培训，能有效利用网络技术的复合型电子商务人才、电子商务法律人才、电子商务信息安全人才等十分缺乏。据美国国际数据中心 IDC 测算，如果全球电子商务营业额达到几万亿的规模，电子商务职业岗位人才需求将增加到 2000 万人。有关专家预计，未来 10 年我国电子商务人才缺口为 200 多万人。因此必须加强对有关人才的培养、大力推广与普及有关电子商务的知识，有条件的各大专院校的经济、管理、计算机等专业院系应开设网络技术、电子商务等专业，培养高素质、复合型的电子商务人才，特别是通过各种途径和手段，培养出一批既懂电子商务技术，又具备金融商贸及财务等知识的跨领域的高级管理人才。

（9）需要广泛的企业参与　企业主体缺乏是当前中国电子商务发展面临的核心障碍之一。参与电子商务的企业数量少、广泛性不足。中国发展电子商务的各方面条件已经成熟，电子支付和物流配送体系等制约电子商务发展的瓶颈问题已逐步得到解决。电子商务活动企业主体缺乏导致电子商务活动难以广泛实施、难以形成规模、难以见到效益。我国企业开始电子商务活动的只有三成左右。在参与电子商务活动的企业中，以网上信息发布为主的占 80%以上；参与网上交易的仅有 14%左右。这些企业主要集中在电子通信行业。

电子商务的优越性只有当企业参与广泛化时才能充分体现出来。与电话的普及过程一样，在电话装机数量极少的情况下，电话只是少数人的高消费；

只有电话得到规模化的普及时，才能让用户以低廉的话费享受其带来的便捷。高效率、低成本是电子商务的生命之所在。不实现企业电子商务的广泛化，就不能实现沟通对象的多元化，就无法降低中国电子商务活动的社会总成本和单位成本，体现电子商务活动应有的效率和效益。

（10）社会信用机制的健全　电子交易特有的虚拟性，有效的身份认证机制、验证技术和相应的法律法规约束的不完善，使买卖双方的信任度更低。用户都可以在网上订购一大堆商品后又矢口否认，而有采购诚意的用户发出的网上订单石沉大海的事也是时有发生。用户和商家互不信任，这样的交易在这种不信任的基础上进行肯定是不可能愉快的。

建立可靠的消费体系和互相信任的市场运作方式，绝不是一朝一夕的事。在传统的购物方式引发的各种纠纷还需要得到“3·15”消费者权益日保护的环境下，消费者如何能信任互不见面的网上交易呢？在这方面我们与国外的差距，技术手段上的原因是次要的，而人的基本素质却是根本的。

虽然我国现阶段电子商务应用还存在一些不足之处，但我国电子商务的前景被一致看好，投身电子商务对于企业来讲是一次难得的机遇。企业应在对电子商务有比较透彻的了解的基础上，从企业的目标和战略、内部能力、外部环境和成本效益分析的角度进行可行性论证，结合我国的国情制定本企业发展电子商务的详细规划，扎实地实现企业的电子商务系统。政府部门应制定出有利的政策，对企业发展电子商务予以支持，做好宏观调控工作，积极、稳妥地推进中国电子商务的发展。

第二节　电子商务的应用框架与交易模式

一、电子商务的框架结构模型

电子商务的应用框架是指电子商务环境中涉及的各个领域以及实现电子商务的技术保证。电子商务框架结构由三个层次和四个支柱构成。其中，三个层次是指网络层、信息发布与传输层和应用服务层，四个支柱是指公共政策、法律规范、技术标准和网络安全。电子商务的框架结构模型如图 1-3 所示。

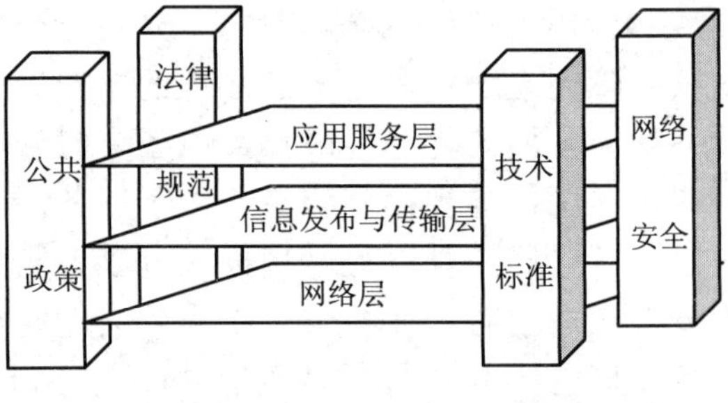

图 1-3　电子商务的框架结构模型

1、电子商务技术设施的三个层次

（1）网络层　网络层是实现电子商务的最低层基础设施，即信息基础设施。它是信息的传输系统，也是实现电子商务最基本的保证。网络基础设施主要包括电信网络、有线电视网络（CATV）和计算机网络，即我们所说的“三网”。其中，电信网络主要的业务是电话、传真及数据通信等，有线电视网络是一个单向电视节目的传送网络，计算机网络是信息基础设施中最重要的部分，其代表是 Internet。这些不同的网络均可为电子商务提供信息传输线路，但是，目前电子商务的主要业务还是基于 Internet 的。人们常用“信息高速公路”这个名词作为“信息基础设施”的通俗名称。

（2）消息和信息发布层　网络层提供了电子商务信息传输的线路，消息和信息发布层则解决如何在网络上传输信息和传输何种信息的问题。消息和信息的传播工具主要有两种方式：一种是非格式化的数据流，如传真和电子邮件等；另一种主要是格式化的数据交流，如 EDI（电子数据交换）。目前 Internet 上最常用的信息发布方式是在 WWW 上用 HTML（超文本标记语言）的形式发布网页，它以统一的显示方式，将 Web 服务器中非格式化文本、声音、图像和视频的多媒体信息发送到接收者。

（3）电子商务应用层　电子商务应用层实现网上的商务活动，如网上广告、网上零售、电子市场、网上拍卖、网上支付和视频点播等。

2、电子商务应用的四个支柱

（1）公共政策　公共政策包括围绕电子商务的税收制度、信息的定价（信息定价则围绕谁花钱来进行信息高速公路建设）、信息访问的收费、信息传输成本、隐私问题等，需要政府制定政策。其中，税收制度如何制定是一个至关重要的问题。例如，对于咨询信息、电子书籍、软件等无形商品是否征税，如何征税；对于汽车、服装等有形商品如何通过海关，如何征税；税收制度是否应与国际惯例接轨，如何接轨世贸组织，是否应把电子商务部分纳入其中。

除了这些涉及电子商务的工作需要政府来做之外，政府在电子商务中应怎样发挥作用呢？我们知道，Internet 是一个跨国界的网络，建立在其上的电子商务活动必然也具有跨国界的特点。如果各个国家按照自己的交易方式运作电子商务，势必会阻碍电子商务在本国乃至世界的发展。所以，必须建立一个全球性的标准和规则，保证电子商务的顺利实施。各国政府在遵循电子商务国际准则的基础上，对电子商务活动不应过多地干涉，而应尽量放权于企业。政府在其中起的作用应是扶持和服务，而不是控制和干预。当然，当交易中出现侵犯知识产权和偷税、漏税等现象时，政府应及时、准确地处置。

（2）法律规范　法律维系着商务活动的正常运作，违规活动必须受到法律制裁。网上商务活动有其独特性，买卖双方很可能存在地域差别，他们之间的纠纷如何解决？如果没有一个成熟的、统一的法律系统进行仲裁，纠纷就不可能解决。那么，这个法律系统究竟应该如何制定？应遵循什么样的原则？其效力如何保证？知识产权问题在电子商务活动中尤显突出，如何保证授权商品交易的顺利进行，如何有效遏止侵权商品或仿冒商品的销售，如何有力打击侵权行为，这些都是关系到电子商务活动能否顺利开展的法律问题。

（3）网络安全　如何保障电子商务活动的安全，一直是电子商务能否正常开展的核心问题。作为一个安全的电子商务系统，首先必须具有一个安全、可靠的通信网络，以保证交易信息安全、迅速地传递。其次必须保证数据库服务器的绝对安全，防止网络黑客闯入盗取信息。目前，电子签名和认证是网上比较成熟的安全手段。同时，人们还制订了一些安全标准，如安全套接层协议（Secure Sockets Layer，简称 SSL）、安全 HTTP 协议（Secure HTTP）、安全电子交易（Scure ElectronicTransaction）等。本书将在第三章详细介绍电子商务的安全问题。

（4）技术标准　技术标准是信息发布、传递的基础，是网络上信息一致性的保证。就整个网络环境来说，标准对于保证兼容性和通用性是十分重要的，如果电子商务没有完整、统一的国际标准，这将对发展全球电子商务形成阻碍。就像不同国家 110V 和 220V 的电器标准会给电器使用带来麻烦，用不同制式传输的视频信号，限制了许多产品在世界范围的使用一样，我们今天在电子商务中也遇到了类似的问题。

目前许多厂商、机构都意识到标准的重要性，正致力于联合起来开发统一标准，比如，电子数据交换（EDI）就是企业与企业之间进行电子商务活动的一种标准。一些像 VISA 这样的国际组织也已经同商业界合作制定出用于电子商务安全支付的 SET 协议。

二、电子商务的交易模式

电子商务的参与者很多，有消费者（customer，简称 C）、企业（business，简称 B）、政府（government，简称 G），有接入服务的提供者（ISP），有在线服务的提供者，有配送、支付服务的提供者等。根据这些参与者的不同，形成了我们耳熟能详的 B2B、B2C、B2G、C2G、C2C 等商业模式。

1、B2B 模式

B2B 模式是企业对企业模式。过去，企业之间的许多往来工作都要通过人工来处理，不仅手续麻烦容易出错，而且重复性工作较多.由于目前计算机的发展，许多细致、重复的工作都可以使用计算机来完成，如帮企业做汇总、分析数据等工作。同时通过计算机网络也可以让上下游厂商了解企业本身的情况。计算机网络不仅方便企业运营，也给予企业一个成长的新机会。企业间的电子商务活动通常较结构化，其主要功能集中在如何有效地处理订单、发票、付款等作业，减少纸张处理、减少人为失误，以提高生产力。但随着 Internet 的日益发展，电子商务可以使企业的服务更加多元化。也就是说，下游经销商可以将市场信息（例如需求趋势及销售状况等），通过网络传给制造商，并通过网络完成订货与付款等交易活动；而制造商则可以根据各地市场趋势及销售情况进行综合分析以调整生产计划，通过与上游零件供应商之间的网络交互，将生产计划、零配件设计制造图样及订货单等传交上游供应商；另外，上、中、下游的企业在网络上共享信息，达到整体配合、降低库存、及时反映客户需求等目标。可见，企业不单单是以网络来下订单或采购，而是基于网络汇总更多的信息，作为拟定各项决策的参考资料。B2B 经营模式即企业与企业之间通过专用网络或 Internet 进行数据信息的交换、传递，开展贸易活动的商业模式。它包括企业与其供应商之间采购事务的协调，物料计划人员与仓储、运输公司间的业务协调，销售机构与其产品批发商、零售商之间的协调，为合作伙伴及大宗客户提供的服务等。

B2B 的特点是：它是电子商务中历史最长、发展最完善的商业模式，它能迅速地带来利润和回报。尽管目前最受媒体关注的是 B2C 的经营方式，但 B2B 的发展潜力不容忽视。据美国《商业周刊》公布的数字，1998 年美国企业间的电子商务是企业对消费者个人销售业务的 5 倍。2001 年，这一比例达到 20 倍，其业务量占到全美企业间贸易总量的 19%，到 2005 年会进一步扩大到 60%左右。

B2B 的利润来源于相对低廉的信息成本带来的各种费用的下降，以及供应链和价值链整合的好处。B2B 不仅适用于大企业之间，像产业链条长、业务伙伴多或自身专业性较强的跨国公司（如飞机、汽车、计算机、办公用品等行业的制造商、大型批发商、零售商等），也适用中小企业。中小企业也可以通过中介机构建立的平台，使用关于产品采购销售、寻找贸易伙伴等服务。

电子商务的应用已使许多大公司获益。它们或者利用 Internet，或者利用自建的网络，处理公司自身的业务，并对供应商、销售商、大宗客户提供服务。例如，IBM 公司从 1996 年起，实施生产、营销和采购部门的电子通信，改进生产经营计划，仅一年时间库存周转就加快了 40%，产品销售增加了 30%。由于有效地利用现有的生产能力，减少投资及加快资金周转，节省费用 5000 万美元。又如美国通用电气公司启用网上采购系统自动联系客户、协调业务、下订单后，在两三年内采购量达到 50 亿美元，为公司节省 5～7 亿美元的采购费用。中小企业作为经济生活中富于活力的组成部分，将成为企业间电子商务活动的主要增长力量。例如，全美汽车零部件供应商多为二三级中小企业，如果正在建设中的美国汽车行业自动交易系统启用，全美 1/5 的汽车零部件都能通过该网销售，业务量将达到 300 亿美元。国内主要从事此模式的电子商务网站有“阿里巴巴”（httpz//china-alibaba-com/）、网上连邦（httpz//www.federal.com.cn/）等。

2、B2C 模式

B2C 模式是企业对消费者模式。

电子商务使得企业能更直接地接触到消费者，了解消费者的需求及反应，获得第一手资料，而消费者也可基于此渠道轻松地比较各家厂商，不用再挨家挨户地上门去查问，对企业及消费者来说，节省了许多时间和金钱。目前全球 Internet 上使用人数超过 5000 万，Internet 主机数超过 1200 万个，而且持续快速增长。据统计，2001 年全球经由信息网络达成的电子商务交易额达到 70 亿美元，而 1996 年全球网络消费金额只有 5 亿美元，每年几乎增长 100%！除此之外，在网络这个信息新世界里，不分国界、不分种族，只要有上网电脑便可与另一台上网电脑传递信息，对于企业来说，网络无疑是一个新兴而广大的销售渠道。所以，各家企业纷纷架设网站，不论是广告也好，交易也好，为的就是打进网络族的市场。换句话说，电子商务在企业与消费者之间所扮演的角色像是一个中介者，对于企业来说，不需要另找店面陈设商品，只要通过网络，就可以让所有想看的人都看得到；对于消费者来说，通过搜索引擎不出门就可以轻松地获得想要的信息。因此，企业和消费者都节省了时间、空间及金钱。

B2C 即公司和消费者之间通过 Internet，进行信息的交换、传递，进行交易活动的商业模式，又称直接市场销售，主要包括：有形商品的电子订货和付款，无形商品和服务产品的销售。B2C 的特点是能迅速吸引公众和媒体的注意力，是最富于创造力的领域之一，也是竞争最为激烈的领域之一。网站必须富于特色，才能在千百万个网站中脱颖而出。

B2C 的利润或者来源于公司所提供的业务，或者来源于广告商。公司可以通过提供购物、咨询、拍卖等服务收取手续费、会员费等，也可以因为浏览量和点击量极大，从而吸引广告商在页面上投放广告。

关于 B2C 的例子极多，国外著名案例是亚马逊书店和戴尔计算机公司。亚马逊书店从 1997 年 5 月起开始网上销售，在短短的几年中就发展成一个拥有 250 万种图书，年销售额 6 亿多美元的大型书店，顾客遍布世界各地。戴尔计算机公司通过网络销售产品，让用户根据自己的喜好，选择不同的电脑配置和送货方式，销售在全行业一路领先。除此以外，许多生产企业、行业纷纷建立自己的网站，直接面向顾客开展销售业务和服务，特别是计算机、汽车销售等行业，网上销售已表现出较强的竞争力和扩张性。两年前全美汽车商协会称，超过半数的新车交易商都建立了网站，这些有网站的交易商网上销售 1997 年比上年增长了一倍。1997 年美国个人计算机软件和硬件的网上销售额达到 8.5 亿美元。此外，为适应新的竞争，各大商业机构，包括著名的零售商和批发商纷纷建立自己的网上商店，特别是一些大的零售商，它们利用自身已有的品牌，快速扩张网上业务，将网上销售与传统的店铺销售结合起来，收到较好的效果。例如北京西单图书大厦、联想网上商店等，消费者可以通过计算机网络下订单，再通过邮政划拨或银行转账的方式付款。

3、B2G 模式

B2G 即企业与政府之间通过网络所进行的交易活动，比如电子通关、电子纳税等。

B2G 的特点是速度快和信息量大。由于活动在网上完成，使得企业可以随时随地了解政府的动向，还能减少中间环节的时间延误和费用，提高政府办公的公开性和透明度。政府机构在网上进行产品、服务的招标和采购。这种模式对企业的吸引力主要来自投标费用的降低，这是因为供货商可以直接从网上下载招标书，并以电子数据的形式发回投标书，同时，供货商可以得到更多的甚至是世界范围内的投标机会。由于通过网络进行投标，即使是规模较小的公司也可能获得投标的机会。

我国政府 2002 年采购规模达到 1009.6 亿元。根据全国 37 个省、市、自治区、计划单列市、新疆建设兵团和各中央单位报表统计，2002 年全国政府采购预算 1135.4 亿元，与实际执行采购金额相比，节约资金 125.8 亿元。其中，地方采购金额 788 亿元，比上年增长 58%；中央单位采购金额 221.6 亿元，比上年增长 43.4%。为积极推进政府采购的信息化建设，财政部于 2000 年 12 月 31 日创办了“中国政府采购网”（http：//www.ccgp.gov.cn/），该网将与财政部正在开发、建设中的基于政府采购业务的内部信息管理系统和包括在线招投标在内的电子商务系统共同组成中国政府采购信息网络系统。

4、C2G 模式

C2G 模式是消费者对政府机构模式。

消费者对政府机构的商业模式还没有真正出现，但政府机构为提高工作效率和服务质量，会逐渐效仿商业的服务模式，将个人纳税、社会福利保险的支付等通过网络来进行。由人民银行广州分行牵头建设的广州市电子缴税入库系统（简称 ETS 系统）自 2002 年 1 月正式开通，至当年 8 月底，该系统已连通该市国税局、地税局和 13 家商业银行分行及相应的支行，入库金额达 11.32 亿元，运行安全、高效，而且操作简单，实现了实时扣款、当天入库、电子对数、信息共享和税款征收无纸化，取得了缴税入库的新突破。

5、C2C 模式

C2C 模式是消费者对消费者模式。

在网上提供一个“个人对个人”的交易平台，可以给每个上网的用户提供参与电子商务的机会，例如网上拍卖网站就属于此类。国内这类网站的发展也非常迅速，网易拍卖网是国内首家拍卖网站，随后又相继出现了易趣（http://www.eachnet.com/）、雅宝（http://www.yabuy-com/）、易必得（http://www.ebid-com.cn/）等。

第三节　电子商务和配送的典型案例——大洋网上书城

网上书店是一个无限伸展的书库，检索查询不受时间空间限制。网上书店可以提高单本书的销量，为出版社尤其是专业、学术出版社提供窗口支持。网上书店的图书不受上架周期的限制。网上书店还可推动银行网上支付服务、邮政及速递等服务行业的迅速发展。

大洋网上书城是日均发行量居全国第二的广州日报大洋网的一部分，大洋网成立于 1999 年 12 月，是在广州日报网络版的基础上创建的大型综合性门户网站。大洋网上电子书店提供 15 万种图书及音像、软件等商品。大洋书城已开通广州、上海、北京、深圳四个配送中心，购书者可享受广州市区 24h 内免费送书上门服务。采用现金、邮寄与网上银行支付多种付款方式，免费注册会员后即可享受原价八折购书优惠，为成千上万的网上消费者提供方便、快捷的服务的同时，并使之享受到价格的实惠，充分发挥了电子商务的优势。

大洋网上书城之所以能以优惠的价格出售商品，又能保证较大的利润，除了依托网上银行、货到付款等先进灵活多样的付款方式外，还利用了广州日报集团完善的发行、配送网络，大大节约了物流配送的成本，同时保证了高效和快捷。

属下的大洋物流配送既为报纸、书城提供，同时凭借广州日报集团发行网络，提供第三方物流的服务。拥有令人羡慕的综合优优势：

运输网络优势：近两百辆送报车每天穿梭全省各地，各种类型车辆随时听候服务，无论是大批量，常年运输，还是小件临时专送大洋物流配送都可迅速提供服务。

发行网络优势：四千多发行人员遍布广东、北京、上海和海南等地；广州市有三千多名投递员，提供图书等免费送货上门服务。可接受客户电话和网上的订单。

媒体优势：背后有广州日报报业集团的实力支持，有十四家系列报、四家杂志及电子网站的支持合作。

1、大洋网上书城的页面布局

图 1-4 是大洋网上书城的主页。主页分成几大版块：左边为商品主题分类区，列出了按不同主题的分类和排行榜，是顾客购物的指路牌。通过这些分类，顾客可以按照自己喜欢的门类浏览商品。在商品分类区上方是商品“搜索”区，只要输入商品名称或名称中的关键字/词、作者名、出版社名称等，就能迅速地搜索到相关商品。主页中央为商品陈列区，陈列有大洋网上书城推荐的最新上市的新品、畅销品和特价商品。主页的右边为热门推荐，促销最新上市、打折最多、最流行的书。

图 1-4　大洋网上书城的主页

2、网上订购商品

1）用户登录　对于首次在当当网站购物的新顾客，在“新会员注册”中填入自己的个人资料包括 E-mail 和登录密码等。老顾客则在“用户名”栏直接登录。

2）选择需要购买的商品。可通过搜索或按分类查找所需商品。

3）点击“购买”，将选中的商品放入购物车。如果还想选择其他商品，则继续浏览，否则单击“下订单”按钮。顾客还可在购物车中修改选中商品的数量。如果您需更改商品数量，您可以直接在“数量”栏中改写您所需要商品的数量。

4）选择合适的送货及付款方式、付款方式、送货时间。会员的联系资料会自动填好在电子订单上。如果不是会员还要填写顾客联系详情。

5）点击“直接下单”提交，或者预览订单。在这里可以知道总共应付金额。书城会给顾客返回一个订单号，作为今后查询的依据。至此，网上订货流程完成。

3、支付方式和送货方式

大洋网上书城可采用的支付方式有：广州市内货到付款、邮局汇款、银行网上支付、汇款等。送货方式有：送货上门、EMS 特快专递、邮局平邮及空运等。广东省内大部分地区可免送货费。

到货时间：广州市内 24h，还可指定上门时间，精确到 2h，方便上班的顾客。广东省内 48h。货在途时间视送货地点和送货方式而不同，一般为国内 2～10 天，海外 EMS 为 7～10 天邮寄。

4、代客寻书

大洋书城还提供代客寻书服务，如果需要购买的图书在大洋书城暂时缺货，可填写缺书登记表，大洋书城将将在 30 天内为顾客寻找图书，并告知找到或无法找到。通过缺书登记所购图书，不收取任何服务费，会员可用会员优惠价购买。

5、退换货规定

大洋书城对所有售出的产品提供质量保证，如果用户所购产品在正常使用过程中出现质量问题，广州市区客户自发货之日起，15 天之内准予退换货。国内客户自发货方发货之日起，30 天之内准予退换货。国际客户自发货方发货之日起，60 天之内准予退换货。如果发现有表面脏残破损等质量问题，或者所送商品与订单上的商品不一致，客户可当场拒收。

【复习思考题】

1. 电子商务的含义是什么？
2. 为什么互联网是推动电子商务发展的真正动力？
3. 电子商务商流、信息流、资金流和物流的相互关系是怎样的？

4．电子商务具有哪些优势和应用特性?

5．举出电子商务应用领域的几个实例。

6．对我国电子商务发展中出现的问题，应该采取什么对策？

7．浏览一个电子商务网站，分析其功能特点，写出分析报告。

8．试以当今电子商务发展的现状与趋势，分析企业应该如何面对电子商务的大潮。

第二章 电子商务技术基础

第一节 计算机网络技术基础

计算机技术和通信技术，在信息时代的信息收集、存储、处理和传输中承担了很重要的任务。计算机技术在通信领域不断地渗透，大大提高了通信系统的性能；同时，通信技术也为计算机之间信息的相互传递、资源共享提供了可行性。因此，计算机网络正是计算机技术和通信技术飞速发展既相互渗透又密切结合的产物。

一、计算机网络的概念

1、计算机网络的定义及功能

计算机网络作为一项正在高速发展中的技术，在信息社会已得到广泛应用，但对其很难有一个确切的定义。人们从信息传递的观点、从资源共享的观点或从用户透明度的观点出发都只是从一个方面对计算机网络进行了描述。一般来说，所谓计算机网络是将分散在各地的计算机、终端、外部设备、工作站和服务器等硬件设备，通过通信设备和通信线路相互连接起来，在网络通信协议和网络操作系统的管理控制下，实现互相通信、资源共享和分布处理的整个系统。

计算机网络所提供的功能主要表现为：

（1）能够不受地理位置的束缚实现资源共享　计算机网络的主要功能是资源共享，实现在网络范围内的所有资源共享，包括硬件资源（处理资源、存储资源、输入输出资源）和软件资源（文件、数据库资源）的共享。

（2）提高计算机的可靠性和可用性　由于网络中的多台计算机是相互连接着的，各台计算机可以彼此作为后备机。在执行任务时，若其中的某一台计算机发生故障或超负荷工作，其他的计算机可随时顶替工作或分担操作，以避免整个系统瘫痪。从而提高了计算机的可靠性和可用性，也使整个任务的完成更具安全性。

（3）能够进行分布处理　采用分布式处理技术，将一个大型任务分配到网络中多台计算机上进行。在分布处理中，每台计算机在操作系统的合理调度和管理下，各自处理任务的一部分，相互之间既可以交互信息，相互协作，共同解决问题，又可以提高工作速度。

（4）提供各种形式的通信服务　包括文件传输、电子邮件、电信会议及E电话等各种形式的网上通信服务，是计算机网络最为基本的功能，随着网络技术的发展已普遍运用。利用网络系统，使得生活在不同地区、不同国家的人们相互进行通信已成为当今的时尚。

2、计算机网络的分类

计算机网络根据其功能、连接方式和通信线路等可以有多种分类，一般常常按网络的地理位置和网络内计算机之间互联的距离，分为局域网、广域网和城域网。

（1）局域网LAN（Local Area Network）　局域网通常是指传输距离在10 km以内，数据传输率在100Kbit/s～100Mbit/s之间的网络。这种网络具有多种拓扑结构类型，有网络内部专用的通信线路，一般用于一个单位或一个部门的小范围，由这些单位或部门独立组建，具有便利、传输速率高和差错率低的特点。

（2）广域网WAN（Wide Area Network）　广域网是指远距离的计算机互联组成的网络，一般覆盖距离为上百公里至上万公里，甚至跨越国界、遍布全球。由多个部门单独组成或多个国家联合组成，能实现大范围的资源共享。Internet就是一个典型的广域网。

（3）城域网MAN（Metropolitan Area Network）　城域网的是其范围介于局域网和广域网之间，一般互联距离在几十公里，可提供数据、语音和电视等传输功能。

3、计算机网络的应用

计算机网络的迅猛发展，使其相互通信和资源共享的主要功能，已在社会的各个领域诸如工业、农业、商业、运输、邮电、教育、国防以及科研等领域得到普遍运用，人们对网络的依赖也日趋强烈。工业上，网络用来实现生产的监测、控制和管理；商业上，利用网络实现电子商务；教育上，利用网络实现情报资料的检索、计算机辅助教育及网上教室；国防上，利用网络实现工程的信息收集、跟踪、指挥和控制。

二、计算机网络的结构与组成

1、计算机网络的组成

在逻辑功能上，一个计算机网络可以看作由通信子网和资源子网两大部分构成（图2-1）。

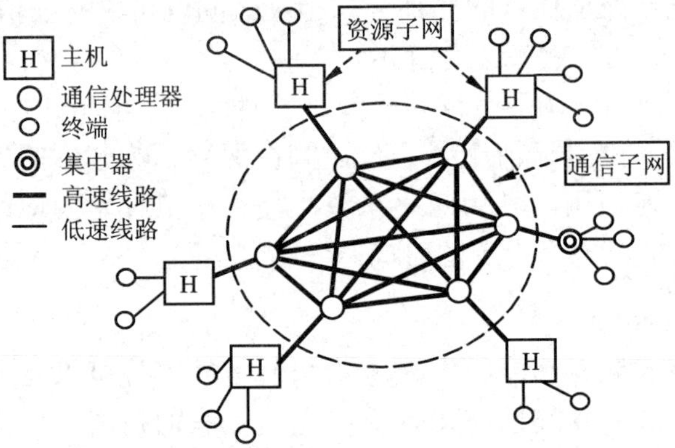

图 2-1 计算机网络结构

（1）资源子网 资源子网一般由主机（Host）、终端、联网外部设备和各种软件资源等组成。主机与通信控制处理机之间通过高速通信信道连接。主机负责数据处理和网络控制，与网络中其他主机构成网络中的主要资源。由于一般普通用户终端是通过主机入网的，所以，主机除了为本地用户访问网络中资源提供服务外，同时还要为网中其他用户（或主机）共享本地资源提供服务。主机可以是大型机、中型机、小型机、微型机或工作站。

终端是网络中用量大、分布广的设备，直接面对用户，是用户进行网络操作、实现人机对话的工具。远程终端一般通过集中器和调制解调器与主机或通信控制处理机相连，近程终端一般通过传输介质与主机或通信控制处理机相连。一台主机上连接终端的数量是由主机的性能决定的，一般的主机可连接几十至几百台终端。

（2）通信子网 对于不同类型的网络，通信子网的组成有所不同，例如，局域网的通信子网由传输介质和网卡组成，而广域网的通信子网除了包括传输介质、网卡外，还包括负责主机之间数据转发的专用计算机。

通信控制处理机主要用于控制本模块与终端设备之间的数据传输，以及对终端设备之间的通信线路进行控制管理，而且作为网络中各模块之间的接口机，负责模块之间的信息传输控制。

通信控制处理机一般由小型机或高档微机担任，与主机之间通过高速的并行方式交换信息，是为提高主机的效率而设置的，因此也称为前端处理机。

集中器通常由小型机或微机担任，主要作用是把若干终端经低速通信线路集中起来，然后连接到高速线路上与通信控制处理机连接，以便提高通信效率。

调制解调器（Modem）是一种信号转换器，能将模拟信号调制成数字信号，又将数字信号解调成模拟信号的装置，是一般用户通过普通电话线连接计算机网络与终端的设备。

按照数据信号的传输速率不同，网络传输线路分为高速、中速和低速，一般终端和主机、终端与通信控制处理机之间采用低速通信线路；各主机之间、主机与通信控制处理机之间采用高速通信线路。

2、**局域网**

局域网一般是由一个部门或一个单位所组建的。由于其分布范围小，因此数据传输速率高，误差率也低。另外，由于网内设备较少、通信线路成本低，使得局域网的设计、安装和操作都比较方便，因此在企业办公自动化、企业管理、工业自动化和计算机辅助教学等方面得到了广泛的应用。

（1）局域网的组成　局域网的基本组成包括一台或多台服务器、若干个工作站、传输介质、网络适配卡、共享设备、网络操作系统和网络应用软件等。在此先对局域网的硬件作一简单的介绍。

1）网络服务器。网络服务器是网络的控制核心部件，局域网的操作系统运行在服务器上，所有工作站都以服务器为中心，进行相互之间的数据传输。作为信息资源提供者和管理者的网络服务器，由于其在整个网络服务中信息吞吐量大、负荷重、周转快，工作量往往是网络工作站的几倍或几十倍。现代局域网络多使用一台或多台高性能、高质量、大负荷的高档微机或专用服务器，机器硬件配置必须具备大容量的存储器，一个或多个高速、大容量的硬盘，高速、高处理能力的 CPU 或服务器专用 CPU 等。

2）工作站。工作站也称为客户机，是连接在服务器上的各档次的微机或终端设备。工作站一方面为用户提供本地服务，相当于单机使用；另一方面可通过工作站向网络系统请求服务，实现资源共享。工作站也可以从服务器中取出程序或数据，在本地机中进行运算处理，然后把处理结果再存入服务器中。

3）传输介质。传输介质是连接网络中服务器、工作站和各外部设备的电缆。作为信息传输的媒体，传输介质是网络中的神经系统。局域网中常用的传输介质有双绞线、同轴电缆和光导纤维等。

4）网络适配卡。网络适配卡（网卡）是接插在计算机 I/O 扩展槽上的用于在服务器和工作站之间、工作站和工作站之间实现通信连接的最基本的硬件设备。网卡通过传输介质与局域网中其他计算机连接，以实现相互通信和资源共享。

5）共享设备。可以供网络中所有用户使用的设备，包括公用硬盘、打印机、扫描仪等。这些设备一般接在服务器上，由网络操作系统统一管理和控制，为网上用户提供服务。

（2）局域网的拓扑结构　网络的拓扑结构是指网络中通信线路和站点（计算机或设备）的几何排列形式。按其分类可分为星形网、环形网和总线形拓扑结构等，如图 2-2 所示。

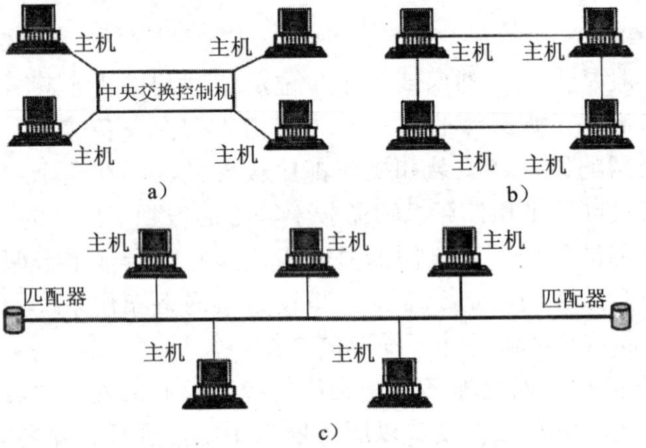

图 2-2　局域网的拓扑结构

a）星形结构　b）环形结构　c）总线形结构

1）星形结构。网上的站点通过点到点的链路与中央交换控制机相连。中央交换控制机的作用是交换和控制网上信息的传输。星形网的特点是集中式控制，增加新站点容易，数据的安全性和优先级易于控制，网络监控易实现，适用于同种机型的互联。但信息的传输要依靠中心交换控制机，一旦中央交换控制机发生故障，将会引起整个网络瘫痪。

2）环形结构。网上相邻的站点之间通过直接点对点的通信链路连成一个封闭的环形，当信息传输时，沿着环从一个站点流向另一个站点，直到目标节点，然后继续传输直到回到原点。环形网的特点是易于安装和监控，但容量有限，增加新站点困难。并且由于通信时信息是通过网中的每台主机传递，一旦其中的某一段线路中断，或其中的某一主机发生故障，会影响整个网络的通信，所以网络的可靠性较差，通常用双环结构来加强环形网的可靠性。

3）总线结构。网上所有的站点共享一条数据通道（总线），网中的所有主机都利用总线来传输信息。其特点是安装简单方便，成本低，但监控较困难，安全性低。另外由于总线结构的一条传输线路被多站点公用，所以信道的利用率较高，且当网中的主机数量增加或减少时，不会影响其他主机的通信，因此可靠性较高。虽然网上的某一站点发生故障不会引起整个网络的瘫痪，但若介质发生故障会导致网络瘫痪。总线结构是局域网中常用的一种结构。

3、网络操作系统

计算机网络由硬件、通信设备和软件组成。计算机网络软件包括网络操作系统、网络通信软件和网络协议、编程语言和数据库管理系统以及用户程序。其中，网络操作系统是网络软件的核心，它负责对计算机网络进行自动管理，处理用户提出的网络请求，分配网络资源，提供网络服务并监视和管理网络的整个活动。

作为一个网络系统软件，操作系统管理并控制着计算机网络运行及网络的软硬件资源，实现网络体系结构中的各层次协议，提供可靠而且有效的网络通信能力。同时网络操作系统决定了网络的性能、功能和类型等，并在用户与计算机之间起着重要的桥梁作用。较为常见的网络操作系统主要有UNIX、Netware和Windows NT Server、Windows 98、Windows 2000 Server以及Linux等。

1）Novell公司是最早销售网络操作系统的公司之一，其生产的Netware曾经是局域网市场上居于主导地位的网络操作系统，它推出时间比较早，运行稳定。在一个Netware网络中允许有多个服务器，用一般的PC即可作服务器。Netware可同时支持多种拓扑结构，具有较强的容错能力；Netware擅长在文件服务器上实现共享硬盘、文件及打印的任务，因此具有强大的文件及打印服务能力；Netware不仅具有一般操作系统的所有资源管理功能，而且还具备联网所需的通信传输控制功能和实现基本通信协议的功能；同时其安全措施也较为完备。但NetWare存在工作站资源无法直接共享、安装及管理维护较对等网复杂、多用户需同时获取文件及数据时会导致网络效率降低等不足。

2）UNIX诞生于AT&T（美国电话与电报公司），是一个通用的多任务、多用户的分时操作系统，使用TCP/IP协议在计算机之间传送数据。运行UNIX的计算机在同一时间能够支持多个登录的用户使用不同的计算机程序，而且在同一台计算机中支持用户运行多项程序。UNIX的内核是操作系统内部的一系列服务，用于控制服务器上的资源，并将这些资源分配给正在服务器上运行的应用程序。UNIX的外壳程序与用户进行交互，使用户能登录到网中，并完成运行程序、复制文件等操作。UNIX从1969年开始经过不断的发展、演变至今，由于其内核设计精巧，与核外程序有机结合并易于扩展，因而功能完善：文件系统采用树形结构，利于查询和管理，并且把设备视同文件，便于操作和使用，因此被广泛应用于大型机、小型机乃至微型机中。尽管UNIX是字符命令方式的操作界面，命令烦琐而难以记忆，但随着UNIX版本的提高、界面的改善、功能的增加，其生命力必将大大增强。

3）Linux可以说是UNIX的普及版本，是芬兰学生Linux TorvaldS将其集成到模仿 UNIX 的单机系统中形成的。1991 年第一个 Linux 的正式版本诞生，从此 Linux 有了快速的发展。Linux 具有多用户（指多个用户能同时从相同的或不同的终端上使用同一个应用程序）、多任务（在同时运行多项任务时互不影响）的功能，Linux 的设备具有独立性（UNIX 把设备看成是一个个独立的文件，增加设备，无非就是在内核中连接设备驱动程序）等优点，虽然还存在与其他系统程序兼容差、不支持所有现存的硬件和缺少技术支持等缺陷，但源代码公开、软件免费是其最大的优势，因而其用户还是不少。

4）Windows NT Server 系列（Windows NT4.0/5.0/Windows2000 Server /Windows2003 Server）是 Microsoft 公司的具有很强联网功能的专为服务器设计的操作系统，支持多种硬件平台。它在设计中采用了许多先进的思想，并保留了深受广大用户欢迎的 Windows 用户界面。目前，Windows NT Server 已基本取代了 Novell Netware 过去的地位。在 Windows NT Server 的设计中融入了对当今流行的应用环境如 Unix、OS/2 的支持，因此具有较强的兼容性及可靠性。Windows NT 的 NTFS 文件系统作为一种可恢复性文件系统，采用了先进的内存管理和安全保证技术，可以提供进一步的安全保护，使系统更具安全性。而且 Windows NT Server 便于安装和使用，安装时系统会自动进行硬件配置检测，消除了费时费力的手动配置，同时 Windows NT 的界面与常用的 Windows95/98/XP 相似，可以充分利用人们对基于 Windows 平台 PC 的使用经验，方便用户使用。另外，Windows NT Server 提供 C2 级安全保证，使得网络操作系统有一个安全注册步骤、存储器保护、监控和随机存取控制权，这一级安全标准被美国国防部定义为“无条件保护”，这意味着网络管理员可以控制谁有系统访问权以及用户拥有的访问类型。

然而，虽然 Windows NT 在兼容性、移植性、可靠性及稳定性等方面的表现均十分出色，但它的管理较 Windows 98 复杂。Microsoft 在 Windows 98 中集成了对等网服务内容。Windows 98 可以同时装入多种网络协议，但要求 Windows 98 网络中的多台机器的协议配置一致。Windows 98 这样的对等式网络不需要专用服务器，每一台工作站都可充当网络服务的请求者和提供者，拥有高度自主权，工作站之间也可互相交换文件。具有安装、使用及维护简单，价格低廉，工作站上资源可直接共享等特点。缺点是数据资料的保密性不好，文件管理也比较分散。

三、网络通信协议

计算机网络的主要功能是相互通信和交流信息。网络通信协议就是计算机之间为互相通信、传递信息而约定的规则。加入网络中的计算机可以是不同类型、不同型号，也可以是不同的操作系统和不同的语言，但它们只有遵循了网络协议，才可以在网络中与其他计算机通信。因此，为保证计算机彼此之间的联系畅通，就应该有一个共同遵守的协议，也就是大家公认的在网络中必须遵守执行的“共同语言”。网络协议本质上是一种用于网络之间相互通信的技术标准，一种网上交流的约定，这约定的格式一般包括发送方信息、发送的数据、接收方信息以及发送成功与否等状态信息。

1、**网络协议及标准**

网络协议所要解决的问题很多，在制定协议时，往往把一个复杂的通信协议分解为若干层，来完成一个复杂的通信过程。为了规范各类协议的内容，国际标准化组织 ISO 制定了开放式系统互联参考模型 OSI（Open System Interconnect Reference Model），该标准将计算机网络体系结构的通信协议规定为物理层、数据链路层、网络层、传输层、会话层、表示层和应用层七个层次，以完成数据在网络上传输所必需的复杂过程。层次结构把用户应用程序作为最高层，物理通信线路作为最低层，从最高层的普遍性到最低层的特定性，如图 2-3 所示。

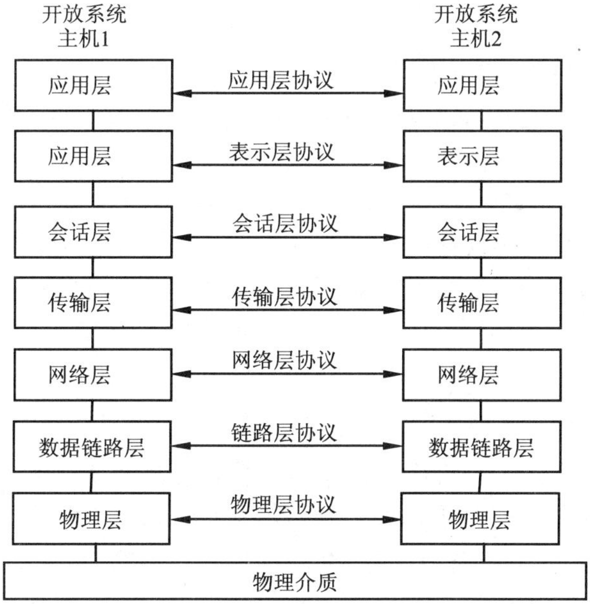

图 2-3　OSI 开放式系统互联参考模型

（1）物理层　定义网络硬件的技术规范，用于实现两个实体之间的物理连接和二进制数据的传输。物理层使用的设备要传输、接收包含数据的信号，需负责产生、携带并检查电压。

（2）数据链路层　定义数据的帧化和如何在网上传输帧，用于建立有线路相连的相邻节点之间的传输链路，并传输数据帧。

（3）网络层　定义地址的分配方法和控制信息的传输，用于控制信息的中间转发和路径选择。

（4）传输层　定义可靠传输的细节，用于建立点对点的通信通道，并传输数据。

（5）会话层　定义如何与远程系统建立通信会话，用于规定网络的物理地址和逻辑地址间的转换关系，包括虚电路连接（对话连接）的建立和拆除。

（6）表示层　定义如何统一不同计算机对字符和数字的数据表示，用于规定信息的标准形式，并规定非标准形式之间以标准形式为中介进行翻译和转换。

（7）应用层　定义了网络应用程序如何使用网络实现各种功能，用于负责管理和执行应用程序，处理信息、远程登录和负责网络管理。

虽然 OSI 标准已被全球普遍接受，成为各网络协议内部的标准结构。但由于在不同的网络之间，因网络条件、设备、环境、用途等各不相同，协议的内容又有不同，为此又形成了其他一些协议标准。比如，在局域网中为了确保不同厂商所生产的设备之间的兼容性，由电气电子工程师协会（IEEE）下的 IEEE802 委员会为局域网制定了各种标准。IEEE 是建立通信标准的国际专业组织，其中的 IEEE802 专门从事局域网的标准化工作，发展了许多网络互联标准，“802”项目的制定为局域网环境下物理电缆电路和传输提供了一系列的标准，称为 IEEE802 标准，是目前局域网广泛使用的网络协议标准。

其他常用的通信协议标准还有公共数据通信网系列协议、局域数字通信网系列协议、专用的报文数据交换协议、EDI 报文标准协议（UNIEDEACT 协议标准）、安全电子交易协议（SET）、支付协议（SEPP）和超文本传输协议（HTTP）等。

2、TCP/IP 协议

作为一个通信协议，为避免数据在传输过程中丢失或传错，就要提供数据传输目的地址和保证数据迅速可靠传输的措施。作为全球最大的网络——互联网——选择了 TCP/IP 作为标准通信协议。TCP（Transmission Control Protocol，传输控制协议）对应于 OSI 的传输层协议，作用是保证信息在网上正确传输，它位于 IP 协议（Internet Protocol，网际协议）之上，而 IP 协议对应于 OSI 的网络层协议，其核心是实现网际互联，负责将信息从一处传到另一处。

TCP/IP 协议所采用的通信方式是分组交换方式。就是数据在传输时为了避免单个用户长时间占用网络线路，并且在信息传输出错时，无须重新传输全部信息，把传输数据分成若干段，每个数据段称为一个数据包，TCP/IP 协议的基本传输单位是数据包。TCP/IP 协议在数据传输过程中主要完成以下功能：首先由 TCP 协议把数据分成若干数据包，给每个数据包写上序号，以便接收端把数据还原成原来的格式；然后 IP 协议给每个数据包写上发送主机和接收主机的地址，有了源地址和目的地址，数据包就可以在网上传送数据了；数据包通过不同的传输途径（路由）进行传输时，由 TCP 协议来处理由于路径不同或其他的原因，可能出现的顺序颠倒、数据丢失、数据失真甚至重复的现象。TCP 具有检查和处理错误的功能，必要时还可以请求发送端重发。

TCP/IP 协议组织信息传输的方式是四层协议方式。用户通过应用层软件提出服务请求，该请求经传输层控制信息的完整发送，到达网际层，便需对信息进行分组发送，最后进入某个具体子网的网内层。

四、Internet 和 Intranet 基础

1、Internet

Internet 是当今世界上最大的计算机互联网络，连接着全球范围内数以万计的计算机和网络，从最初的设计开发发展到现在，已成为一个完整的、复杂的、巨大的系统。若把计算机理解为一棵大树上的一片树叶，而把由树叶组成的树枝理解为网络，则 Internet 就是由树枝组成的整个大树了。

Internet 起源于 1969 年美国国防部的 ARPAnet，20 世纪 80 年代，由于 ARPAnet 网络的不断发展和 TCP/IP 技术的进一步改进，美国国家科学基金会（NSF）在全美建立了由五大超级计算中心所组成的高速信息网络（NSFnet），随后联入了 ARPAnet 并取代 ARPAnet 成为 Internet 的主干网。Internet 的以资源共享为中心的实用服务，使其得以迅速发展，很快走向了世界。今天的 Internet 已遍布世界各地，渗入到社会的各个领域。可以说 Internet 是一个世界范围的信息资源宝库。

Internet 提供的主要服务功能有：

（1）电子邮件（E-mail）　电子邮件服务是互联网最重要的服务功能之一。互联网用户可以向互联网上的任何人发送和接收任何数据类型的信息。网上任何人的信件可以在几秒到几分钟之内送往分布世界各地的邮件服务器中，使拥有电子邮件地址的收件人可以随时取阅。电子邮件不但能传送文本，还能传送含有图片、声音或其他程序产生的文件，并可以通过电子邮件订阅各种电子新闻杂志等，它们将定时投递到你的电子信箱中。E-mail 是一种既经济又快速的网上通信方式。

（2）远程登录（Telnet）　利用 Telnet 服务，用户可以与互联网上的任何一台远程计算机进行连接通信。用户一旦建立连接之后，就可以用自己的账号进行登录（只要你在该计算机上有一个有效的账号）。在输入完账号名称之

后，用户还必须输入密码（Password）以证实账号是属于自己的。只要拥有了一个有效的用户标识符和口令，就可以登录到互联网上的任何一台计算机，然后就像使用自己的计算机一样使用远端计算机。

（3）文件传输（FTP） 文件传输是 Internet 的主要服务项目之一。用户可以使用基于 FTP 协议的文件传输程序登录到远程计算机上，把其中的文件下载到自己的计算机系统；同样，也可以把本地计算机上的文件上传到远程计算机上。

（4）万维网（World Wide Web，简称为 www） WWW 是 Internet 上最令人着迷的服务项目，它将 Internet 上的信息资源以超文本形式组织成网页（Web），当用户阅读这些信息时，会注意到某些信息处被一种特殊的方式加了标记（称为超级链接），借助于这些超级链接，阅览者可以从一个网页跳到另一个网页。一页页含有相关文字、图形图像、声音等信息的页面，借助于浏览器展现在用户面前，任何用户只需鼠标点击，即可浏览感兴趣的页面内容。

除了以上主要服务功能以外，Internet 还有许多其他功能，如菜单式信息浏览工具（Gopher）、网络新闻（Usenet）、电子公告牌（BBS）、网络 E 电话、网络广播、网上游戏和电子商务等，受篇幅所限，在此不逐一列举。

2、Intranet

Intranet（Internal Internet，称为内部互联网），是采用 Internet 技术建立起来的单位内部专用网络。它是以 TCP/IP 协议为基础、以 Web 技术为核心建立的，供机构内部进行信息访问用的独立网络，是一种对机构内部的职能部门、工作人员、业务信息和处理数据等集成机制进行相互协作的信息网络。

Intranet 利用 Internet 的技术，采用浏览器/服务器（B/S，Browser/Server）结构，使得用户端可运用标准的通用浏览器，而不必开发前端软件，从而降低了开发费用，也减少了系统出错的可能性，而且用户面对熟悉的界面不必经过培训即可使用。

Intranet 的应用范围相当广泛，可根据用户的不同需求进行不同的设计，以实现不同的功能。可以把 Intranet 设计成一个简单的信息系统，通过网络传递信息，替代传统的公函、通知等；也可以把 Intranet 设计成较为复杂的办公自动化系统、人事管理系统、财务系统一体的信息系统，提供信息的访问和具体应用；更可以把 Intranet 设计成涵盖企业所有生产、经营、管理的广泛范围，实现电子化的生产、经营和管理。所以 Intranet 自问世以来，取得了迅猛的发展，并且，由于 Intranet 同传统的企业管理信息系统相比有很多优点，投资 Intranet 会取得很高的回报，所以它大有取代传统的企业内部管理系统之势。

3、IP 地址

Internet 上的每一台主机都有一个唯一的地址，作为该主机在 Internet 上的唯一标志，称为 IP 地址。IP 地址是一个 32 位的二进制数，为便于书写，以 8 位一组分成四组，每组用十进制数表示，并由圆点分隔。例如，网易主机服务器的 IP 地址为 202.108.36.196，而“Tom.com”服务器的 IP 地址为 61.135.158.86。

由于目前 IP（IPv4，意为 IP 4.0 版本）地址资源非常紧缺，IPv6（意为 IP 6.0 版本）将作为目前 IP 地址的升级版正在试用中，每个地址由一个 128 位的二进制数表示，IPv6 将大大扩展 IP 地址的数量和安全性。包括 Microsoft、Cisco 等大公司的网络产品和操作系统都已开始支持 IPv6，不久的将来将会出现 IPv4 与 IPv6 共存的情况。

4、域名和域名系统

由于用数字表示的 IP 地址难以记忆，不如用字符表示来得直观。为了便于使用和记忆，也为了易于维护和管理，所以采用一种称为域名的表示方法来表示 IP 地址，如网易主机服务器的域名为 www.netease.com 或 www.163.com。所以，域名就是用字符表示的 IP 地址，其一般形式为：主机名.网络名.机构名.顶级域名。

由于网络中的计算机在信息传递和交换中只能接受二进制的信息，而对字符则无法识别。为此，Internet 上建立了域名管理系统 DNS （Domain Name System），域名被存放在指定数据库中，由 DNS 负责进行域名与 IP 地址的对应翻译工作。

Internet 的域名体系是一个树型结构，最高层为顶级域名，顶级域名一般分为两类：组织性顶级域名和地域性顶级域名。由于 Internet 起源于美国，所以美国不用国家域名，凡没有国家代码的域名表示在美国注册的国际域名。表 2-1 列出了部分组织性顶级域名和地域性顶级域名的标识。

表 2-1　顶级域名

域名缩写	机构类型	地域域名缩写	国家
com	商业机构	cn	中国
edu	教育机构	jp	日本
gov	政府部门	uk	英国
org	非营利性组织	fr	法国
net	网络机构、信息中心	de	德国
ml	军事部门	au	澳大利亚

域名作为Internet网络中的一个主机名，是唯一的。域名和商标在某种意义上有着密切的联系，域名如同企业品牌，是企业的标志之一。所以说，域名是“企业的网上标志”，这说明了域名的重要商业价值。对每个拥有域名的企业、单位而言，随着Internet的发展，要像关注自己的产品商标一样，对域名加以重视。

第二节 数据库技术与电子商务

电子商务是以计算机技术和网络技术为基础实现的基于网络的营销活动，其中涉及大量的数据处理。而数据处理技术经过长期发展，已形成了较为成熟的数据库技术。电子商务活动离不开数据库技术的支持，数据库在电子商务的平台构建中占有重要地位。

一、数据库与数据库管理系统的概念

1、数据与信息

数据与信息的定义尚无定论。一般而言，数据是反映客观实体的一种表示，例如商务活动中客户的姓名、联系方式、成交的数量、金额、合同编号等。而信息则是按特定方式组织起来的，能够对接收者的行为产生影响的数据。信息来源于数据，当数据传递给有关的人，通过相互作用，可能会给人带来某种信息。数据与信息既有联系又有区别，在一定情况下，会相互转化。例如，发货单内容对于负责发货的人员来说是信息，而对于仓库主任来说则可能是一种原始数据。但根据发货单内容加工所得的总库存量和库存结构对于后者则是一种信息。

2、数据库与数据库管理系统

数据库（DataBase，缩写为DB）是在计算机的存储器上合理存放的且相互关联的数据集合。它们按照一定的数据结构方式存储，按一定的要求进行有序集合，并能方便地对这些数据进行存取、处理和管理。

信息系统的基础是数据，因此，数据库技术是信息系统的关键技术。成功的数据库具有向信息系统的使用者（包括业务主管和决策者）提供及时、准确、相关的信息的能力。在实际工作中，用户将直接或间接地访问不同的数据库，为了便于管理数据库中的数据，使其不能随意被篡改或遗失，往往需要由专门的软件来管理数据库，这就是我们平时接触很多的“数据库管理系统”（DBMS）。DBMS是由一组程序组成的，这些程序执行数据库的实际操作，并提供数据库与用户之间或用户与应用程序之间的接口（如 dBASE、

FoxPro、Oracle、Sybase、Informix 等)。数据库、数据库管理系统和使用数据库中的数据的应用程序就构成了整个数据库环境。

3、数据库的数据模型

数据库的核心问题是数据模型，是数据库的组织形式。数据模型给出了描述数据及数据之间联系的抽象方法。常用的数据模型有三种：层次模型、网状模型和关系模型。其中关系模型是最常用、也最重要的一种模型。关系模型是以数学理论为基础，数据的各种处理以关系代数为根据所构造的数据模型。关系模型通过一张二维表的形式描述数据之间的联系，表中的每一行代表一个实体，称为记录；每一列代表实体的一个属性，称为数据项；一张表代表着一个关系，即一个数据库。数据库一般分为平面文件数据库和关系型数据库两种。平面文件数据库是指仅包含一个数据表的数据库，而关系型数据库却是包含两个或两个以上的数据表，数据表的各字段之间存在一种或多种链接关系。

二、电子商务与数据库技术

随着电子商务活动在各个领域的普及，人们对商务活动中的信息量的要求越来越高，人与人之间的交流也日趋频繁。在 Internet 已经成为全球范围内获取、交流信息的有效工具的今天，通过 Internet 在网上发布信息、交流信息已是各种商务活动中必不可少的过程。从事电子商务的企业往往期待通过在 Internet 上发布各种商务信息，达到事半功倍的效果和取得意想不到的投资回报。

数据库技术是电子商务平台建设的一项支撑技术，数据库对电子商务的支持主要表现为：提供电子商务中各种数据的存储和管理，为电子商务提供决策支持。

1、具有后台数据库的网站

随着网络的发展，更多的企业建立起自己的网站系统，以实现电子商务。在电子商务活动中，需要大量的动态数据，这就使网站从处理“文件型”的数据，进而发展到需要结合数据库系统，以满足多方位的需求。建立网上联机数据库，使用数据库来管理整个站点，将网站数据库化，则只要更新数据库的内容，网站中的信息就会自动随之改变。

通过数据库技术，不仅可以采用数据库管理，通过更新数据库中的数据，自动达到更新网页；还可以将网站的内容存储在数据库中，利用数据库的搜索功能，增强网上搜寻功能；又能使使用者借助浏览器，通过 Internet 或 Intranet，存取 Web 数据库的数据，以实现各种基于 Web 数据库的应用。

传统数据库的应用主要体现在对数据的访问，而 Web 数据库无非是在网络环境下应用的数据库，只要建立起网络服务器，就可以通过服务器对数据库进行访问。并且通过网络访问数据库还具有以下优点：

1）将各种网络上的应用软件改变为 Web 数据库应用软件，将浏览器作为用户界面，即可使绝大多数的数据库应用都可以通过网络方便地实现，而无须开发数据库前端。

2）HTML 是网络信息的组织方式，网络数据库的开发者只需了解 HTML，使开发过程简单，标准统一。

3）一般的操作系统中都有现成的网络浏览器可供使用，因此为网络服务器编写的 HTML 文档，可以被大多数平台上的浏览器所浏览，便于跨平台应用。

2、Web 访问数据库的方法

早期 WWW 上大多数信息都是静态的，信息的内容完全由信息的提供者决定，信息的变化只能有网络管理人员来进行更动，用户往往是处在被动状态，因此缺少互动性。随着网络技术和数据库技术的发展，以及电子商务的实现，人们需要更多地在网上进行交互式的交流信息，并按自己的需求去查询感兴趣的信息、在线购物、访问数据库等，这种交互性提高了用户参与的积极性。为了提供动态信息，增强 Web 的交互功能，既需要有后台数据库的支撑，也需要有数据库与 Web 服务器之间的接口。以下介绍几种 Web 访问数据库的方法。

（1）公共网关接口 CGI 方法　CGI 作为外部程序与 Web 服务器的接口，可以将一些动态信息放入数据库，由 Web 服务器通过 CGI 调用应用程序去查询这些数据库，并将获得的动态信息提交给用户。凡遵循 CGI 标准编写的 CGI 程序可以使 HTML 文件在客户机和服务器之间有更多的交互，并可以实现访问数据库的操作。

（2）专用服务器 API 方法　普通的 CGI 程序针对客户机的一次请求只能有一次应答，而且在 CGI 程序没有完成一项任务的全部操作时，服务器始终处于等待状态，因此，服务器的响应速度较慢。为了提高服务和整个系统的效率，专用 Web 服务器 API 随之而现。API 是（Application Programming Interface）应用编程接口的英文缩写，也提供动态交互能力，并由于同系统密切相关，大大提高了执行效率。为此，许多 Web 服务器纷纷提供自己的专用服务器，如 Microsoft 公司的 ISAPI（Internet Server API），Netscape 公司的 NSAPI 等。

Microsoft 公司的 ISAPI 的功能表现为：通过交互式的 Web 应用，可以提高 Web 服务器的响应速度：

1）允许 Web 服务器对 HTTP 的请求和响应作出特殊的处理。

2）利用 ISAPI 的扩展部分可以建立复杂的、交互式的 Web 站点。

3）利用 MS IDC（Internet Database connector）可实现对数据库的操作。

（3）ASP 访问数据库的技术实现　ASP（Active Server Page）作为一个服务器端的脚本执行环境，用户可用它产生和执行动态的、交互的、高性能的 Web 服务器应用程序。当程序在服务器端而不是在客户端执行时，Web 服务器将完成产生浏览器的 HTML 页的所有工作。当 ASP 的执行程序请求访问后台数据库时，只要后台数据库支持 ODBC（Open Database Connectivity），即可以与后台数据库相连，由数据库访问组件执行访库操作。（在服务器上安装数据库的 ODBC 驱动程序，就可以存取位于网络上任何支持 ODBC 的数据库了）正因为 ASP 具有访问和编辑服务器端的数据库表功能，用户只需使用浏览器即可输入、更新和删除 Web 服务器数据库中的数据，所以常常利用 ASP 技术来实现对后台数据库的访问操作。

ASP 可以通过 IDC、ADC、ADO 三种方式对后台数据库进行访问操作。

1）IDC 方式。IDC（Internet 数据库接口）是集成在 Internet Server API（ISAPI）的应用，介于 Web 服务器和后台数据库系统的之间，通过 ODBC 可以访问后台数据库，并进行数据的存取操作，同时 IDC 还可以为用户提供以超文本方式显示的数据。目前，ISAPI 还不具备跨平台的功能，只限于 Windows 操作系统。

2）ADC 方式。ADC 提供一个数据处理的 ActiveX Control，以访问 ODBC 的数据库。ADC 的数据查询操作是在用户端的浏览器上执行的，所以 ADC 在进行数据库的查询操作时，需先将服务器端数据库中成千上万条中的记录下载到用户端，然后再进行查询操作，所以只适合一些特别频繁的数据库查询操作。

3）ADO 方式。ADO 是一个 ASP 内置的 ActiveX 服务器组件（ActiveX Server Component），可以使用 Recordsets 对象作为数据的主要接口，是一种数据库访问技术，为 ASP 提供了完整的站点数据库访问解决方案。

ADO 支持用于建立基于客户端/服务器和 Web 的应用程序的主要功能，它作用于服务器端，由服务器对 Web 数据库进行相应的操作，并提供含有数据库信息的主页内容。ADO 通过在 Web 服务器上设定 ODBC，可建立与多种数据库，如 SQL Server、Oracle、Informix、Access 等的连接，还可使用 VBScript，JavaScript 语言来控制数据库的访问，并生成查询结果的输出页面。通过执行 SQL 命令，让用户在浏览器画面中输入、更新和删除站点服务器的数据库信息。

ADO 同时具有远程数据服务（RDS）功能，通过 RDS 可以在一次往返过程中实现将数据从服务器移动到客户端应用程序或 Web 页、在客户端对数据进行处理，然后将更新结果返回服务器的操作。

ADO 的主要优点是易于使用、高速度、低内存支出和占用磁盘空间较少。要执行 ADO，服务器端须安装 Windows NT Server 和 Internet Information Server（IIS），而客户端只要有 IE 或 Netscape 较新版本的浏览器即可。

三、常用的数据库管理系统

电子商务领域数据库管理系统类型很多，目前在商业领域使用的数据库管理系统主要有 Oracle、Sybase、DB2、SQL server 等。

1、Oracle

Oracle 是一种适用于各种类型包括大型、中型和微型计算机的关系数据库管理系统，它使用 SQL（Structured Query Language）作为数据库语言。SQL 也称结构化查询语言，是由 Boyce 和 Chamberlin 在 1974 年提出，并在 System R 关系数据库管理系统上实现。1987 年被 ISO 定为国际标准。目前所有关系数据库管理系统如 Oracle、Sybase、DB2、Informix、SQL server 等均采用 SQL 作为基础工具语言。

2、Sybase

Sybase 是美国 Sybase 公司在 20 世纪 80 年代中推出的客户/服务器结构的关系数据库系统，也是世界上第一个真正的基于 Client/Server 结构的 RDBMS 产品。

3、DB2

DB2 是 IBM 公司开发的关系数据库管理系统，它有多种不同的版本，如：DB2 工作组版、DB2 企业版、DB2 个人版和 DB2 企业扩展版等，这些产品基本的数据管理功能是一样的，区别在于支持远程客户能力和分布式处理能力。

DB2 是个开放系统，允许所有支持 DRDA（Distributed Relational Database Architecture）协议的产品的开放访问。除了数据库管理功能外，DB2 还包含多种工具，提供了多媒体、面向对象、Internet 和 ODBC（开放数据库连接）应用程序开发的支持。

DB2 可运行在 OS/2、Windows NT、UNIX 操作系统上，通常将运行在这些平台上的 DB2 产品统称为 DB2 通用数据库，这主要是强调这些产品运行环境类似，并共享相同的源代码。DB2 通用数据库主要组件包括数据库引擎应用程序接口和一组工具。数据库引擎提供了关系数据库管理系统的基本功能，如管理数据、控制数据的访问（包括并发控制）、保证数据完整性及数据安全。所有数据访问都通过 SQL 接口进行。

4、SQL Server

SQL Server 是微软公司开发的一个关系数据库管理系统，SQL Server 2000 是目前比较流行的一个版本，它去掉了以前旧版本中多方面的局限性，增加了许多新功能。例如，与 SQL Server 2000 数据库的容量、每个数据库中的文件数、每个表中的列数和文件最大值都大大增加。同时，增加了许多向导，如为数据库建立、数据库管理、安全管理等提供向导，简化了管理和使用。SQL Server2000 支持并增强了数据仓库的功能，使得分布在各处的各种不同类型的数据能方便地获取和分析，便于管理者迅速做出正确的决策，提高了企业的竞争能力。

SQL Server 与 Windows NT/2000 紧密集成，使其能充分利用这些操作系统所提供的各种优良特性。SQL Server 采用二级安全验证、登录验证及数据库用户账号和角色的许可验证。SQL Server 支持两种身份验证模式：Windows 身份验证和 SQL Server 身份验证。

SQL Server 可以在不同的操作平台上运行，支持多种不同类型的网络协议如 TCP/IP、IPX/SPX、Apple Tall 等。SQL Server 在服务器端的软件运行平台是 Windows NT/2000、Windows9x，在客户端可以是 Windows NT/2000、Windows9x，也可以采用其他厂商开发的系统如 Unix、Macintosh 等。

在网站建设中除了考虑系统平台、数据库软件外，需要考虑的还有 Web server、Mail Server、FTP 等软件。

第三节　商务网站的建设与维护

电子商务网站是企业为实现电子商务而构建的计算机网络硬件系统与软件系统的总称，这是由于不同的企业对电子商务的应用要求各不相同之故。

一、设计网络硬件系统

建立 Web 站点是为了电子商务活动中的交流和发布信息，各商家或企业可根据自己的经济情况和硬件条件进行网站的建设。硬件的建设可以分为两种：自己建立网站和外购整体网络服务。

1、自己建立网站

若商家或企业规模大、资金足、技术力量强且网站信息量流通大，选择自己购买各种设备，建立网站接入 Internet，并由自己管理和维护的完全属于自己的Web站点是比较理想的。

（1）网络硬件设备的确定　在网络系统规划的基础上，需要进一步确定网络硬件设备。构建企业局域网和Web网站所需的网络硬件设备包括：服务器，工作站，网络连接设备（交换机、集线器、路由器、调制解调器、防火墙）等。

服务器是网络的主设备，其性能好坏、数量多少，对网络性能、速度、可靠性等指标的影响最大。一般而言，无论企业内部网的大小，最少要有一台主服务器，虽然许多网络功能都能由主服务器兼任，但主服务器负担过重会影响网络的运行效率，所以有条件的还是应该配置多台服务器分工完成网络的各项服务工作。对于Web网站则至少要配置一台Web服务器，有条件的应配置专门的后台服务器。这样，由前台Web服务器实现产品和企业形象宣传，接受客户浏览并根据客户需要生成商品订单，为客户提供其他服务；后台服务器负责根据订单，完成安全电子支付、库存处理、订货处理、配送处理等任务。

对服务器的性能指标，则最好选用处理能力强、速度快、内存容量大、具有超大容量硬盘的专用服务器产品。与一般PC机相比，服务器对其安全可靠性、系统可扩充性（内存和硬盘）、容错能力和故障诊断能力的要求较高。目前公认的服务器国际品牌有Sun、HP、IBM、Intel等。不过专用服务器的价格也比PC机要高得多，而且各厂产品自成系列，配件不能通用，要维修、扩展必须购买原厂产品，其费用也是相当可观的。

对网络工作站的要求相对较低，一般均可采用普通PC微机，配置也可根据需要灵活掌握。网络连接设备要根据所选择的网络结构、形式、布线系统和Internet接入方式而定。其中最重要的是企业内部网的主交换机，它是内部网的中心设备，如果出故障会造成整个网络的瘫痪，其交换速率也是整个网络的瓶颈，故应选择可靠性高、带宽高的产品。

（2）网络拓扑结构的选择和布线系统的设计　常用局域网的拓扑结构有总线型、星型、环型和混合型。局域网常用的网络传输介质有双绞线、同轴电缆和光纤电缆。

内部网使用的拓扑结构和布线系统要根据所选网络的类型、企业建筑物的布局综合考虑，目前一般选择星形结构的以太网较多，建筑物内部一般采用双绞线作为传输介质，距离较远的建筑物之间或高速网络的主干一般采用光纤电缆。但光纤电缆的布线和设备投入相对要高一些。

2. 外购整体网络服务

这种方法的特点是用较少的投入就可建立自己的网站。

（1）虚拟主机　虚拟主机是由企业或商家申请自己的域名，然后在ISP

的相关信息服务器中租用一定的空间，作为一个虚拟的 Web 服务器，以虚拟主机的方式建设自己的 Web 站点。虚拟主机具有独立的域名和 IP 地址，通过虚拟主机，可以自己制作或由 ISP 代为制作网页，利用企业自己的域名在网上发布，并且使用虚拟主机的用户还可以利用它来建立完全属于自己的 WWW、FTP 和 E-mail 服务器。这种方式的特点是经济实用，无须对软硬件设备进行投资，节省了专线通信费用及构造和维护服务器的费用。用户只需对自己的信息进行维护，即可如同拥有自己的 Web 服务器一样。此种方式一般是对在创建 Web 站点的初期，急需发布信息或想做发布信息的尝试，有自己的域名，并不准备做太多投资，且又没有设备管理和维护能力的中小型信息服务商、一般商家或企业所提供的业务。

（2）服务器托管　服务器托管是指用户将自己的 Web 服务器等设备托放在 ISP 的机房内，由 ISP 分配 IP 地址，通过专线连接 Internet。服务器托管的商家或企业的所有设备由 ISP 代为管理和维护，需信息更新时，用户可通过远程登录的方式来维护或直接由 ISP 代为维护。此种方法是对拥有服务器设备，但没有管理和维护能力或没有通信线路的用户而提供的业务。

（3）子域发布　子域发布是通过自己制作网页，或由 ISP 及类似企业代为制作网页，并在受托企业的主机上租用一定的空间，将自己的网页放在受托企业的主页下发布。此种方法是对既没有服务器又没有自己的域名，但又想在 Internet 上发布信息的小信息服务商、商家或企业所提供的业务，其非常经济实用，无需任何软硬件的投资。

二、设计软件系统

1、网络操作系统的选择

常用的电子商务系统的网络操作系统有 Windows NT/2000、Linux、Unix。

2、Web 服务器系统软件的选择

选择 Web 服务器软件，要注意以下几点：

（1）安全性　WEB 服务器是否支持第 3 章中介绍的电子商务中常见的安全性技术与安全交易协议。

（2）易于管理性　能方便直观地发布、维护 Web 站点，提供 Web 站点的管理、域名解析服务、服务器的安全保护、利用日志文件记录站点活动、备份和恢复服务器等功能。

（3）可编程性　服务器要支持 CGI 技术，支持服务器端的脚本程序，允许在服务器端运行 HTML 中嵌入的脚本语言和服务器组件，实现动态网页技术（如 ASP、JSP、PHP）。

目前 Web 服务器软件市场排名前 4 位的是：Apache HTTP Server、微软的 Internet Information Server（IIS）、网景的 Netscape Enterprise Server 和 O'Reilly 公司的 WebSite Professional。

3、数据库管理系统的选择

数据库管理系统的选择主要从其易用性、分布性、并发性、数据完整性、可移植性、安全性和容错性等方面综合考虑。关系型数据库管理系统是一种功能完善、运行可靠的数据库系统。目前流行的四种关系型数据库是：Microsoft 公司的 SQL Server、Oracle 公司的 Oracle 数据库、Sybase 公司的 Sybase 和 IBM 公司的 DB2。

4、其他应用软件的选择

电子商务系统使用的其他软件包括：防火墙软件、网络管理软件、安全交易软件（可由 CA 中心和授权银行提供）、电子商务解决方案套装软件。

综合以上各方面的选择，从系统功能、价格、普及程度等方面考虑，一般中小企业在构建电子商务系统时，可考虑选用微软公司的 Windows NT/2000+IIS+SQL Server+ASP 的软件方案。如果企业在投入和技术支持方面有更强的实力，也可选择 Unix+Apache+Oracle+PHP 的方案，可以获得更好的性能、更高的安全性和稳定性。

三、设计网页

一个好的 Web 站点是那些看上去很吸引人，信息简洁明了，并且不会让用户等待很长时间就会显示信息的站点。创建一个成功站点必须遵守的准则是：

（1）网站目标明确　网站的目标要尽可能的具体。企业要想让自己的站点展示公司的产品，就必须先考虑如何展示这些产品，产品在 Web 市场上如何定位，再得出一个明确的目标。

（2）以受众为导向　站点建设中要考虑到本站点的主要（次要）受众群，他们的观念、喜好、特点等。商业服务中有一句口号：顾客是上帝。在此同样有效。只有适合人们口味的站点，才会有人光顾。

（3）快速下载主要信息　人们不愿在一个站点久待的主要原因往往是因为信息显示到屏幕上所需的时间太长。文件尺寸很大的图像常常会使得用户焦急不安而缺乏耐心，这就很容易让他们单击浏览器上的停止按钮来停止下载你的站点的内容。

（4）注重视觉效果　使你的站点在视觉效果上很吸引人，也是吸引人们光顾站点的好办法。记住，布置良好的页面将使你与好的站点更近一步。

（5）保持页面清晰　用户界面要简洁、引人入胜，操作要符合一般常人习惯，要提供简单明了的网站导航。

（6）文字和图画平衡　页面中的大量文字会使用户觉得枯燥乏味，而大面积的图像又会使页面缺乏实际内容且下载慢，所以保持文字和图画的平衡，试着采用表格或既好看又可服务于特定目的的图形。

（7）智能化的内容　不要将你认为观众必须看的信息隐藏在页面中，而应使重要的信息尽可能的显而易见并易于找到。站点的深度应该不止一级，可把相关的信息组织成第二层次。以适当的排序观点来查看所有排序信息时，最终会得到一个比许多现有站点的组织都好的站点。

四、申请域名

域名是企业在Internet上发布信息或提供服务的身份标识，是企业在网络上的地址和在线的商标，它使一个公司或者服务能够在Internet的版图上划定自己的领地，将其服务通过Internet推送给全球的用户。域名作为企业在网络环境下商业活动的唯一标识具有独占性，与企业商标的定义相对应，域名可以定义为：由人、企业或组织申请的网站使用的Internet标识，并对提供服务或产品的品质进行承诺和提供信息交换或交易的虚拟地址。由此可见，域名不但具有商标和识别企业组织的功能，还具有传递企业产品或服务的品质和属性的功能。

企业的商标是企业无形资产的重要组成部分，一个好的商标对于企业的形象及其产品的销售是非常重要的。同样，域名被视为企业的“网上商标”，是企业在网络世界进行商业活动的基础。所以，域名的命名与一般商标的选择一样必须审慎从事，否则同样会对企业的发展产生不必要的负面影响。

准备申请注册的域名就是企业网站的名字，原则上域名的选择可以任意决定，但作为电子商务网站需要有一个响亮好记的名字，网站的名字如同一个注册商标，一个易于拼写和记忆、琅琅上口又有冲击力的网站域名，将会使网站获益匪浅。如亚马逊是世界上最长的河流，亚马逊网络书店就采用这一响亮的名字，获得了极大的成功。

在确定企业电子商务网站域名的命名时，应考虑以下几个方面：

1、选用企业已有商标或企业名称

如能将企业名称与域名统一，可以营造完整立体的企业形象，不但便于消费者在不同环境下都能准确识别，而且两种商标的宣传可以起到互补和互相促进的作用，目前大多数企业都采用这种方法。

2、选择简单和易记易用的名字

域名不但要容易记忆和识别，还应当简单易用。用户总是通过输入域名地址来浏览企业网站的网页。如果域名过于复杂，就让人不易记忆同时又容易造成拼写错误。如惠普（Hewlett Packard）的域名（www.hp.com）就很简洁易记。申请时，最好选择一个能够让人“望文生义”的名字，至少使人能够透过域名中“www.”与“.COM”之间的字符，领略到一些与网站相关的东西。由于域名数量正呈爆炸性增长态势，域名的选择也越来越困难，因此申请域名时，提供几种备选方案，不失为一种加快申请速度的有效措施。

3、域名的自我保护

企业的域名同企业品牌一样代表了企业的形象。域名的知名度和访问率就是公司形象在Internet商业环境中的具体表现，公司商标知名度和域名知名度一样具有重要的商业价值，具有“域名效应”。随着网络空前的开放性和自由性，域名作为品牌的价值实际上已远远超过了真实市场。如以IBM作为域名，使用者很自然联想到IBM公司，联想到该站点提供的服务或产品同样具有IBM公司一贯承诺的品质和价值。如果被别人抢先注册，注册者利用该域名所附带的属性和价值，可获取巨额商业利润，同时还可能使真正的品牌所有者面临品牌形象受损的风险。因而在注册域名的同时，保护域名也是相当重要的。域名保护的意义，就在于将用户牢牢锁定在自己品牌的周围，保持一个独立、明确、有影响力和号召力的商业品牌形象。

4、申请域名的方法

申请域名可以直接到中国互联网信息中心CNNIC（http://www.cnnic.net.cn）办理，也可以委托网络服务单位代为办理。域名注册申请人必须是依法登记并且能够独立承担民事责任的组织，个人不能申请注册域名。域名注册申请表中的各类联系人都代表组织来办理域名注册申请的各项事宜。

申请人可以先通过互联网、电子邮件、传真等方式提交域名注册申请表给CNNIC，CNNIC收到申请表后的30日内将暂时为申请单位保留域名。申请人必须在随后的30日内送达域名注册所需的全部正式申请材料。若CNNIC在30日内未收到域名注册所需的全部正式申请材料，则该次申请自动失效，保留的域名将被取消。

域名有国际域名和国内域名之分，国际域名的结尾不带“.cn”，国内域名的顶级域名是“.cn”。国内域名在CNNIC注册：国际域名在美国的InterNIC注册。

五、网页的发布和测试

发布网页要先建立Web服务器，将设计好的网页存储到Web服务器的硬盘上，再在Web服务器管理器设置主目录或虚拟目录，确定缺省的主页文件。

网上的观众可能会使用各种不同的浏览器，而每一种浏览器显示站点的方式都可能会有所不同。因此，要在不同的平台环境中（例如 Windows NT/2000、UNIX 和 Macintosh），以不同的连接速度，使用尽可能多的不同的浏览器来对网页中的所有链接和功能进行测试。

六、Web 站点的维护与管理

站点的维护是一个动态过程，设备的更新、页面信息的改变等，都需要随时维护站点。因此在设计阶段就要考虑到站点的维护，其框架要具备开放的、动态的、可扩展的功能，使维护工作能顺利进行。全面管理站点是网站高效运行的前提和保障。管理的对象不仅指网络通信的畅通、服务器的正常运行等硬对象，更包括网站创意、内容延伸、网民咨询等软对象。网站管理必须时刻关注本网站，让网站常换常新。

重“开通”、轻“维护”的网站在 Internet 上屡见不鲜，其主要原因在于商家或企业在网站维护的投入上力度不够。这除了有经济因素外，还有的是缺乏意识。站点的维护是长期性的工作，维护的目的在于保持一个可靠、稳定的系统。所以建设后的网站维护必须投入相应的人力和财力，才能发挥网站潜在的作用。

站点的维护应该从全方位考虑，主要体现在信息的交互性、实时性和系统的安全可靠性上。严格来说，每一个站点都应该由专业人员定期更新维护。维护站点可以从以下几方面考虑：

（1）维护硬件系统的安全可靠　电子商务站点是交互性、实时性都很强的网站，若网站的软件和硬件设备条件不足，运行速度过慢，就会使用户缺乏耐心而失去生意。因此，网站的软硬件设备需要经常更新，以最大限度满足用户的需求。

（2）确保系统安全　网络安全是电子商务网站的维护重点，安全的网络环境，使用户有信心并愿意在网上购物，若经常有泄漏或遗失现象出现，就会失去信誉，而导致网站的失败。

（3）控制站点权限　要保持站点不会失控，控制站点大小的关键在于控制能向站点增加内容的人。如果企业或公司的每一个人都能增加页面、修改信息、增加链接等，那么站点就会不断膨胀。可以通过设置浏览、写作和管理权限来控制这些特权。在工作进行过程中，不同的任务由不同的人员完成，做到井然有序。

（4）站点内容常换常新　Web 内容的更新包括信息的更新和栏目的调整。信息具有很强的时效性，需要定时定期更换过时的信息，以保持信息的有效性。

（5）及时反馈信息　对用户的反馈信息迅速作出反应是站点成功的关键。当用户向你提供反馈信息时，必须及时处理，并作出响应，让用户感觉到访问你的站点所受到的应有的重视和尊重。用户对你的站点一旦产生信心或乐意进入站点，则往往会获得意想不到的收获。

（6）扩大搜索范围　将站点登录到比较有名的搜索引擎（Google、Yahoo等）中，是使更多人进入站点的好方法。只有让更多的人进入你的站点，才能使人们了解你的站点。

（7）数据库资源的维护　商业网站有不少是外人不可进入的信息资源库，具有一定的商业机密，对数据库资源的维护，也是电子商务站点的必要工作。

更新站点中的页面内容时必须接入站点，将需修改的页面下载后才能进行。对本地网站，可以通过网页制作软件 FrontPage 或 Dreamweaver 直接打开站点，修改相应的页面并保存。而对远程站点，则通过由文件传输协议（FTP）支持的网上文件传输。Internet 上的服务器一般都具有 FTP 功能。可以通过 FTP 文件传输软件（如 Cute FTP 软件）实现文件传输。FrontPage 或 Dreamweaver 等制作软件本身也提供 FTP 传输功能。

【复习思考题】

1．简述局域网的基本组成。

2．简述目前常用的几种网络拓扑结构。

3．简述 TCP/IP 协议的功能，并指出其包含哪几层协议？

4．目前常用的网络操作系统有哪些？比较各个操作系统的各自特点。

5．常见的商业数据库系统软件有哪些？通过浏览各公司及相关网站比较其各自特点。

6．简述通过网页访问数据库的优点。

7．简述商务网站建设的步骤和要点。

8．假如让你建设学校的网站，结合实际情况，在选取软硬件设施时应考虑什么因素？

第三章　电子商务安全

电子商务活动的安全，一直是电子商务能否正常开展的核心问题，是电子商务应用的四个支柱之一。

由于互联网网络平台及其应用系统（电子邮件、文件传输系统、数据库系统）的最初设计者主要集中考虑完善计算机软硬件与通信网络功能的实现上，而没有优先考虑网络的安全问题，随着电子商务的迅速发展和广泛应用，其安全性问题已变得日益突出。由于多年来网络系统累积了大量的漏洞，网络中潜伏的好事者常会以此作为缺口来对系统进行攻击，虽然大多数的网络系统产品都打着安全的旗号，但就我们现在的网络协议和不太完善的安全技术来看，网络中时刻存在着危险。

在互联网环境中开展电子商务，客户、商家、银行等诸多参与者都会担心自己的利益能否真正得到保障。因此国际组织、各国政府以及研究机构都在致力于互联网安全问题的研究，期望逐步把网上的世界变得有序、可信、可靠。只有保证了电子商务的安全，才能够吸引更多的社会公众投身电子商务、应用电子商务、发展电子商务，才能使电子商务健康地生存、高速地发展。

第一节　电子商务与信息安全

一、电子商务安全的现状

运作在互联网上的电子商务，每天都在进行数以百万次计的各类交易。由于互联网的高度开放性与电子商务所要求的保密性是矛盾的，而互联网本身又没有完整的网络安全体制，因此基于互联网的电子商务安全无疑会受到严重威胁。就目前而言，电子商务交易的安全性问题已是实现电子商务的关键所在。

在电子商务的发展过程中，各产业对网络已经出现了高度的依赖性。一旦计算机网络受到攻击而不能正常运作，整个社会就会陷入危机的泥沼，所以这种高度的依赖性使社会经济变得十分“脆弱”。随着经济信息化进程的加快，计算机网络上黑客的破坏活动也随之猖獗起来。黑客行为已对经济秩序、经济建设、国家信息安全构成严重威胁。黑客组织在互联网上公开网址、信道，提供免费的黑客工具软件，介绍黑客手法，出版网上黑客杂志和书籍，因此普通人很容易学到网络攻击方式。黑客的袭击在计算机网络发达的国家尤为严重。目前国际黑客对计算机系统中高度敏感的保密信息的攻击和窃取正在日益上升。人们不难想象，黑客的攻击一旦得逞，轻则篡改删除页面，重则导致网络服务乃至整个商务系统瘫痪，长时间内无法恢复，并造成不可估量的损失。

在国外，网络犯罪的人数呈成倍增长之势。美国每年因电子商务安全问题所造成的经济损失达近百亿美元，电子商务企业的电脑安全受到侵犯的比例从 1997 年的 49%上升到 1999 年的 54%。1997 年美国出现了两次大的企业网站瘫痪事件，甚至连美国中情局的服务器在 1999 年也受到过黑客的攻击。著名的美国联机公司因人为操作和技术上的失误，使其计算机系统的 600 万用户陷入瘫痪 10 小时。另一家大公司网络联机通信服务公司的主干网出现重大故障，40 万用户被迫中断联络 40 小时。

在中国，从 1993 年中科院高能物理所与互联网联网，首开国内使用互联网先河之日起，黑客在中国的活动就没有停止过。仅就中科院网络中心而言，在 1993～1998 年期间，多次遭到中外“黑客”的入侵，造成不同程度的影响。1997 年以前，我国已发现的许多计算机犯罪案件主要集中在金融领域，损失金额小的有数千元，大的已超过数百万元。在 1997 年以后，黑客入侵活动日益猖獗，逐步转向电子商务领域，国内各大网络几乎都不同程度地遭到黑客的攻击。

1997 年 7 月，上海某证券系统被黑客入侵。同期西安某银行系统被黑客入侵后，提走 80.6 万元现金。1997 年 9 月，扬州某银行被黑客攻击，利用虚存账号提走 26 万元现金。1999 年 4 月 26 日的 CIH 病毒的爆发，使我国 4 万多台电脑不能正常运行，大多数电脑的硬盘数据被毁，国内很多企业的数据都或多或少地被破坏。中国民航的 20 多台电脑曾被感染，其中在 1999 下半年的航班时刻表的数据被毁，使工作人员 4 个多月的辛苦付之东流。可见网络黑客穷凶极恶、利欲熏心，为了达到他们的丑恶目的，真是不择手段。

电子商务系统在防不胜防的破坏性活动面前，有时会显得软弱无力，谁都无法预测将会受到什么样的挑战。信息安全漏洞难以堵塞，一方面是由于缺乏统一的信息安全标准、密码算法，协议在安全与效率之间难以两全；另一方面，则是由于大多数管理者对网络安全不甚了解。另外信息犯罪属跨国界的高技术犯罪，要用现有的法律来有效地防范十分困难，现有的科技手段也难以侦察到计算机恐怖分子的行踪，罪犯只需要一台计算机、一条电话线、一个调制解调器就能远距离作案。

在电子商务交易中，商家、客户和银行等各参与方是通过开放的互联网连接在一起的，相互之间的信息传递也要通过互联网来进行，这一变化使交易的风险性和不确定性加大，从而对网络传输过程中数据的安全和保密提出了更高的要求，尤其对于电子商务支付中涉及到的敏感数据，则更需确保其万无一失。

电子商务的安全性是由计算机的安全性，特别是计算机网络的安全性发展而来的。电子商务对网络及应用系统提出了许多安全要求，一方面科学家很难开发出对保障网络安全普遍有效的技术，另一方面又缺乏足以保证这些手段得到实施的社会环境。因此安全问题是电子商务系统所要解决的核心问题。只有建立起科学、合理的安全体系结构，才能保证电子商务交易的全面安全实施。

二、电子商务安全的要素

电子商务安全是一个复杂的系统问题，在使用电子商务的过程中会涉及到以下几个有关安全方面的要素。

（1）可靠性　可靠性是指电子商务系统的可靠程度，是指为防止由于计算机失效、程序错误、传输错误、硬件故障、系统软件错误、计算机病毒和自然灾害等所产生的潜在威胁，采取一系列的控制和预防措施来防止数据信息资源不受到破坏的可靠程度。

（2）真实性　真实性是指商务活动中交易者身份的真实性，确保交易双方确实是存在的，不是假冒的。网上交易的双方相隔很远，互不了解，要使交易成功，必须互相信任，确认对方是真实的。能否方便而又可靠地确认交易双方身份的真实性，是顺利进行电子商务交易的前提。

（3）机密性　机密性是指交易过程中必须保证信息不会泄露给非授权的人或实体。电子商务的交易信息直接代表着个人、企业或国家的商业机密。传统的纸面贸易都是通过邮寄封装的信件或通过可靠的通信渠道发送商业报文来保守机密的；而电子商务则建立在一个较为开放的网络环境上，商业保密就成为电子商务全面推广应用的重要屏障。因此要预防非法的信息存取和信息在传输过程中被非法窃取，确保只有合法用户才能看到数据，防止泄密事件的发生。

（4）完整性　完整性是指数据在输入、输出和传输过程中，要求能保证数据的一致性，防止数据被非授权建立、修改和破坏。电子商务简化了贸易过程，减少了人为的干预，但同时也带来了需要维护商业信息完整、统一的问题。由于数据输入时的意外差错或欺诈行为，可能导致贸易各方信息的差异。此外数据传输过程中信息的丢失、信息重复或信息传送的次序差异也会导致贸易各方信息不相同。信息的完整性将影响到贸易各方的交易和经营策略，保持这种完整性是电子商务应用的基础。

（5）有效性　电子商务以电子形式取代了纸张，那么如何保证这种电子形式贸易信息为交易各方共同认可是开展电子商务的前提。电子商务作为一种新的贸易形式，其信息的有效性将直接关系到个人、企业或国家的经济利益和声誉。一旦签订交易后，这项交易就应受到保护，以防止被篡改或伪造。交易的有效性在其价格、期限及数量作为协议一部分时尤为重要。

（6）不可抵赖性　电子商务可能直接关系到贸易双方的商业交易，如何确定要进行交易的贸易方正是所期望的贸易方这一问题，则是保证电子商务顺利进行的关键。在传统的纸面贸易中，贸易双方通过在交易合同、契约或贸易交易所的书面文件上的手写签名或印章来鉴别贸易伙伴，确定合同、契约、交易的可靠性，并预防抵赖行为的发生。这也就是人们常说的“白纸黑字”。一旦交易开展后便不可撤销，交易中的任何一方都不得否认其在该交易中的作为。在电子商务方式下，通过手写签名和印章进行双方的鉴别已是不可能的了。因此要求在交易信息的传输过程中为参与交易的个人、企业或国家提供可靠的标识，使原发送方在发送数据后不能抵赖；接收方在接收数据后也不能抵赖。

（7）内部网的严密性　企业的内部网一方面有着大量需要保密的信息，另一方面传递着企业内部的大量指令，控制着企业的业务流程。企业内部网一旦被恶意侵入，可能给企业带来极大的混乱与损失。保证内部网不被非法侵入，也是开展电子商务的企业应着重考虑的一个安全问题。

三、网络攻击的常用方法

由于网络的全球性、开放性、共享性、动态性发展，使任何人都可以自由地接入互联网，这其中也包括黑客（Hacker）和病毒制造者。他们会采用各种攻击手段进行破坏活动，他们常用的攻击方法主要有以下几种：

（1）系统穿透　未授权人通过一定手段对认证性（真实性，Authenticity）进行攻击，假冒合法用户接入企业内部系统，实现对文件进行篡改、窃取机密信息、非法使用资源等。一般采取伪装或利用系统的薄弱环节、收集情报等方式实现。攻击者可以运用一些软件解开密码，许多黑客还可以采用一种可以绕开或屏蔽密码保护的程序来完成这项任务。

（2）盗用特殊的用户权限　一个授权进入系统做某件事的用户，他在系统中进行未经授权的其他事情。表面看来这是系统内部的误用或滥用问题，但这种威胁与外部穿透有关联。一个攻击者可以通过猜测密码以一个普通用户账号接入，进而可利用系统的薄弱环节，取得系统管理权限，从而严重危及系统的安全。

（3）植入 一般在系统穿透或盗用特殊的用户权限成功后，入侵者常要在系统中植入一个远程控制程序，为以后攻击提供方便条件。如向系统中注入病毒、特洛伊木马（带伪装的远程控制程序）、逻辑炸弹等来破坏系统正常工作。特洛伊木马为攻击者服务，例如一些伪装成系统程序的木马，能远程遥控目标系统，盗取资料。

（4）网络监听 网络监听是指监听在网络节点或工作站之间通过的信息流。当某个监听工具被装在一台主机上，黑客就能轻易地偷听到账户和密码等信息。在一个没有路由器的网络中，数据的传输并没有指明方向，这时每一个网络节点或工作站都是平等的。在网络传送数据过程中，当主机处于监听状态时，数据包就会被打开，其中的内容就被黑客获取。

（5）拒绝服务 拒绝服务指攻击者对目标系统发送大量的网络通数据包使之不堪重负而陷于瘫痪，利用合理的服务请求来占用对目标系统过多的服务资源，致使服务超载，无法响应其他的请求。这种攻击会导致资源的匮乏，无论计算机的处理速度多么快，内存容量多么大，互连网的速度多么快都无法避免这种攻击带来的后果。

（6）电子邮件轰炸 用数百条邮件填塞某人的 E-mail 信箱是一种在线袭扰的方法。许多黑客程序可以不断自动地向目标对象邮寄垃圾邮件。

（7）病毒 计算机病毒是一种有破坏性的程序。病毒可以自我复制，把病毒附着在某一类文件上在计算机之间传播，感染它经过的每一个地方。互联网络成为病毒的制造者、传播者散发病毒的场所。目前病毒传播的趋势是利用电子邮件散发病毒。

（8）中断 攻击者破坏系统中的硬件、硬盘、线路、文件系统等，使系统不能正常工作，并破坏信息和网络资源。高能量电磁脉冲发射设备可以摧毁附近建筑物中的电子器件，正在研究中的电子生物可以吞噬电子器件。

发展电子商务的一个首要问题是解决互联网商务的安全性和可靠性。任何成功的电子商务系统必须能提供足够高的安全性、可靠性和可用性才能赢得客户的信赖和欢迎。

第二节 电子商务安全协议

电子商务安全研究机构对电子商务的安全需求，一方面修改和完善已有的身份认证和加密技术，以适应互联网连接，同时还开发出新的安全产品。在今天的电子商务安全市场里，充满着各种未成型的标准、技术和产品，它们分别可以解决某一方面的安全问题，但却难以实现互操作。为了促进电子商务的发展，需要制定若干采用密码技术的、用于安全交易的国际安全协议标准。

一、电子商务安全协议分类

安全协议的建立和完善是安全保密系统走上规范化、标准化道路的基本因素。根据计算机专用网多年的经验，一个较为完善的电子商务安全系统，至少要实现加密机制、验证机制和保护机制。目前已开发并应用的安全协议主要有以下几种：

（1）加密协议　加密协议有两个要素：一是能把保密数据转换成公开数据，在不安全的公用网中自由发送；二是能用于授权控制，无关人员无法解读。因此数据要划分等级，算法也要划分等级，以适应多级控制的安全模式。

（2）身份验证协议　身份验证是上网的第一道关口，且与后续操作相关。因此身份验证至少应包括验证协议和授权协议。人员要划分等级，不同等级具有不同的权限，以适应多级控制的安全模式。

（3）密匙管理协议　包括密匙的生成、分发、存储、保护、公证等协议，保证在开放环境中灵活地构造各种封闭环境。根据互联网的特点，密匙在网上要做到终端级和个人级，在库中要做到字节级。

（4）数据验证协议　包括数据保密压缩、数据验证、数字签名。数字签名要同时具有端级签名和个人签名的功能。

（5）安全审计协议　包括与安全有关的事件，包括事件的探测、收集、控制，能进行事件责任的追查。

（6）防护协议　除了防病毒卡、干扰仪、防泄射等物理性防护措施外，还对用于信息系统自身保护的数据（审计表等）和各种秘密参数（用户密码、密匙等）进行保护，以增强反入侵功能。

二、国际通用电子商务安全协议

（1）安全套接层协议　安全套接层协议（Secure Sockets Layers，简称为SSL）是由网景公司设计开发的，主要用于提高应用程序之间的数据安全系数，实现兼容浏览器和服务器（通常是 WEB 服务器）之间安全通信的协议。

1）SSL 是一个保证任何安装了安全套接层的客户和服务器间交易安全的协议，该协议向基于 TCP/IP 的客户/服务器应用程序提供了客户端和服务器的鉴别、数据完整性及信息机密性等安全措施。目的是为用户提供互联网和企业内联网的安全通信服务。

SSL 在客户机和服务器开始交换一个简短信息时提供一个安全的握手信号。在开始交换的信息中，双方确定将使用的安全级别并交换数字证书。每个计算机都要正确识别对方。如果客户机没有证书也没关系，因为客户机是发送敏感信息的一方。而正与客户机交易的服务器应有一个有效的证书，否则客户机就无法确认这个商务网站是否与其声称的身份相符。确认完成后，SSL 对在这两台计算机之间传输的信息进行加密和解密。这将意味着对 HTTP 请求和响应都进行加密。所加密的信息包括客户机所请求的 URL、用户所填的各种表（如信用卡号）和 HTTP 访问授权数据（如用户名和密码）等。简而言之，SSL 支持的客户机和服务器间的所有通讯都加密了。在 SSL 对所有通讯都加密后，窃听者得到的是无法识别的信息。

由于 SSL 处在互联网协议 TCP/IP 层的上面，除 HTTP 外，SSL 还可对计算机之间的各种通讯都提供安全保护。例如，SSL 可为 FTP 会话提供安全保护，支持敏感的文档。SSL 能保证 Telnet 会话的安全，此会话中远程计算机用户要登录公司主机并传输用户名和密码。实现 SSL 的协议是 HTTP 的安全版，名为 HTTPS。在 URL 前用 HTTPS 协议就意味着要和服务器之间建立一个安全的连接。例如，输入 https：//www.eCoin.com 就会同 Coin.com（eCoin MicroCommerce System）建立安全的连接。

浏览器会弹出一个提示（图 3-1），表示正在查看的网站使用了 SSL 或 PCT（保密通讯技术）这样的安全协议来确保所收发信息的安全性。当站点使用安全协议时，用户提供的信息例如姓名或信用卡号码等都经过加密，其他人难以读取。然而，这个网页同时也包含未使用该安全协议的内容。用户需根据对该网站和本人计算机所了解的情况，确定是否继续访问该站点。

SSL 有两种安全级别：40 位和 128 位。这是指每个加密交易所生成的私有会话密匙的长度。会话密匙是加密算法为在安全会话过程中将明文转成密文所用的密匙。密匙越长，加密对攻击的抵抗就越强。你可根据 Internet Explorer 或 Netscape 浏览器状态条右下角的锁头开关标志来判别浏览器是否进入了 SSL 会话。如果未进入，则锁头处于打开状态。一旦会话结束，会话密匙将被永远抛弃，以后的会话也不再使用。

2）SSL 的工作原理。SSL 需要认证服务器，并对两台计算机之间所有的传输进行加密。客户机的浏览器在登录服务器的安全网站时，服务器将招呼要求发给浏览器（客户机），浏览器以客户机招呼来响应。这些握手交换使两台计算机确定它们支持的压缩和加密标准。接着浏览器要求服务器提供数字证书，如同要求查看有照片的身份证。作为响应，服务器发给浏览器一个认证中心签名的证书。浏览器检查服务器证书的数字签字与所存储的认证中心的公开密匙是否一致。一旦认证中心的公开密匙得到验证，签名也就证实了，完成了对商务服务器的认证。由于客户机和服务器需要在互联网上传输信用卡号、发票和验证代码等，所以双方都同意对所交换的信息进行安全保护。

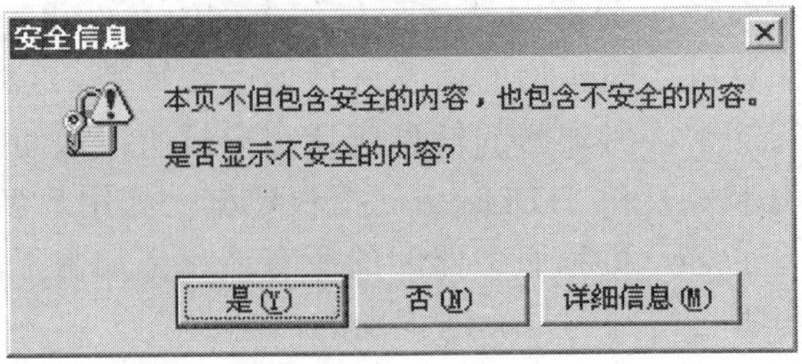

图 3-1 安全提示

SSL 用公开密匙（非对称）加密和私有密匙（对称）加密来实现信息的保密。虽然公开密匙非常方便，但速度较慢。这就是 SSL 对几乎所有的安全通讯都使用私有密匙加密的原因。那么客户机和服务器如何能够共享一个私有密匙而不会让窃听者得到呢?答案是浏览器为双方生成私有密匙，然后由浏览器利用服务器的公开密匙对此私有密匙进行加密。公开密匙存储在服务器在认证时发给浏览器的数字证书上。对私有密匙加密后，浏览器把它发给服务器。服务器用其私有密匙对它解密，得到双方公用的私有密匙。从这时开始就不再使用公开密匙了，只需用私有密匙加密。而后，在客户机和服务器之间传输的所有消息都用共享的私有密匙进行加密，此密匙也叫会话密匙。会话结束后，此密匙就被丢弃。客户机和安全服务器重新建立连接时，从浏览器和服务器的握手开始的整个过程将重复一遍。根据客户机和服务器间的协议，可使用 40 位或 128 位的加密，算法一般是 DES、Triple DES 或 RSA 加密算法。不论用哪种算法，客户机和服务器都在事先就将使用的加密语言达成协议。

3）建立 SSL 安全连接的过程。SSL 的工作方式看似非常复杂，其实建立和断开安全连接的过程是无需用户干预的，应用是比较简单的。下面通过图 3-2～图 3-4 介绍建设银行进行 SSL 安全连接的过程，了解 SSL 建立和断开的过程是浏览器和服务器自动完成的。

图 3-2 显示在登录用户名时即进入 SSL 安全连接。这时浏览器发出安全警报，开始建立安全连接，同时验证安全证书（图 3-3）。客户机不一定要有证书，因为客户机是发送敏感信息的一方。而商家的服务器必须有一个有效的证书，否则客户机就无法确认这个商务网站是否与其声称的身份相符。图 3-4 显示在建设银行上的安全证书的详细内容，大家可看见该安全证书的有效期限是 2006 年 4 月 9 日、签名算法是 md5RSA、公钥算法 RSA（1024 bits）、密匙用法为 Digital Signature（数字签名）等具体信息。

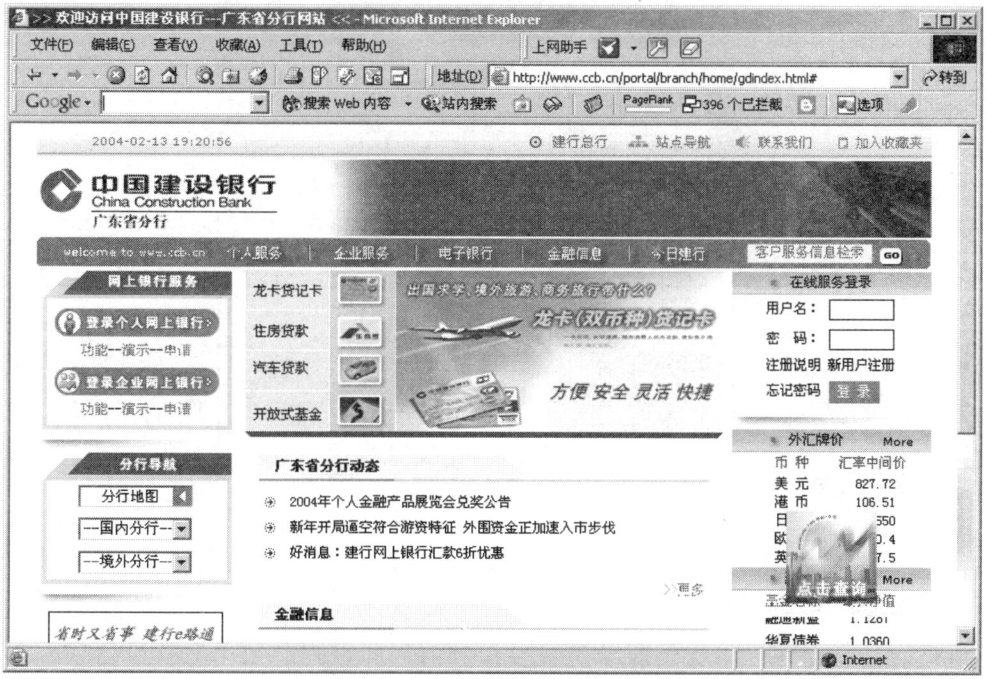

图 3-2　建设银行在线银行

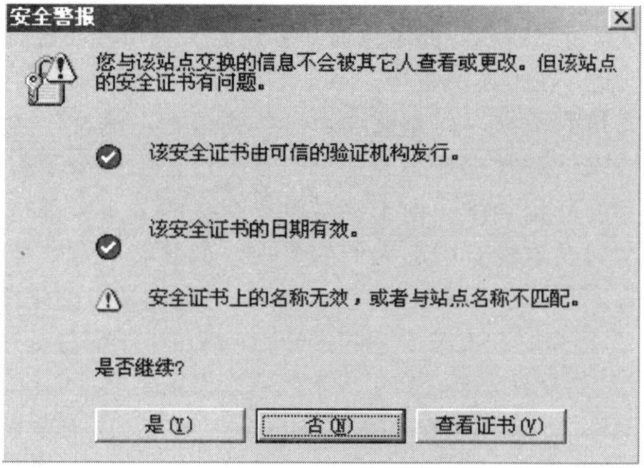

图 3-3　验证服务器安全证书

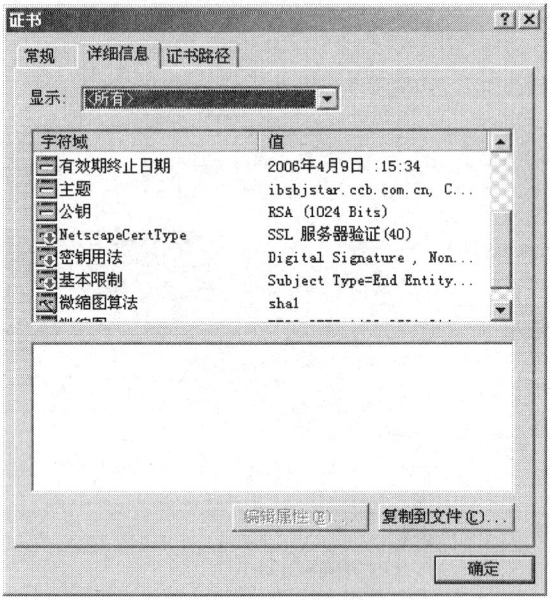

图 3-4 服务器安全证书内容

在传统的邮购活动中，客户首先寻找商品信息，然后汇款给商家，商家再把商品寄给客户。这里商家是可以信赖的，所以客户须先汇款给商家。在电子商务的开始阶段，商家也担心客户购买后不付款，或是使用过期作废的信用卡，因而希望银行给予认证。SSL 安全协议正是在这种背景下应用于电子商务的。在电子商务交易过程中，由于有银行参与，按照 SSL 协议，客户购买的信息首先发往商家，商家再将信息转发给银行，银行验证客户信息的合法性后，通知商家付款成功，商家再通知客户购买成功，并将商品寄送客户。

值得注意的是，在上述流程中，SSL 协议有利于商家而不利于客户。因为客户的信息首先传到商家，商家阅读后再传到银行，这样，客户的资料可能被商家看到。商家认证客户是必要的，但整个过程中缺少了客户对商家的认证。在电子商务的开始阶段，由于参与电子商务的公司大都是一些大公司，信誉较高，这个问题也没有引起人们的重视，但随着电子商务参与者的迅速增加，对商家的认证问题就越来越突出，SSL 协议的缺点便逐渐暴露出来。

（2）SET 为了克服 SSL 安全协议的缺点，满足电子交易持续不断增加的安全要求，更为了达到交易安全及合乎成本效益之市场要求，VISA 和 MasterCard 联合其他国际组织，如 Microsoft、IBM、Netscape、GTE、SAIC、Tedsa 和 Verisign 等，共同制定了安全电子交易（Secure Electronic Transaction，SET）协议。

SET 在保留对客户信用卡认证的前提下，又增加了对商家身份的认证，这对于需要支付货币的交易来讲是至关重要的。SET 将建立一种能在互联网上安全使用银行卡进行购物的标准。安全电子交易规范是一种为基于信用卡进行的电子交易而提供安全措施的规则，是一种能广泛应用于互联网上的安全电子付款协议，它能够将普遍应用的信用卡使用起始点从目前的商店扩展到消费者家里，扩展到消费者个人计算机中。

SET 完全是一项支付协议，只是在持卡人向商家发送支付请求、商家向支付网关发授权或获取请求以及支付网关向商家发送授权或获取回应、商家向持卡人发送支付回应时才起作用，它并不包含挑选物品、价格协商、支付方式选择和信息传送等方面的协议。在 SET 中采用了双重签名技术，支付信息和订单信息是分别签署的，这样保证了商家看不到支付信息，而只能看到订单信息。支付指令中包括了交易 ID、交易金额、信用卡数据等信息，这些涉及到与银行业务相关的保密数据对支付网关是不保密的，因此支付网关必须由收单银行或其委托的信用卡组织来担当。

（3）SHTTP　SHTTP 是指安全 HTTP，它是 HTTP 的扩展，它提供了多种安全功能，包括客户机与服务器认证、加密、请求/响应的不可否认等。这个由 CommerceNet Consortium 所开发的协议处于互联网协议栈的最顶层——应用层。它提供了用于安全通讯的对称加密、用于客户机与服务器认证的公开密匙加密（由 RSA 公司提供）及用于实现数据完整性的消息摘要。值得一提的是，客户机和服务器能单独使用 SHTTP 技术，也就是说客户机的浏览器可用私有（对称）密匙得到安全保证，而服务器可用公开密匙技术来请求对客户机的认证。

SHTTP 安全的细节设置是在客户机和服务器开始的握手会话中完成的。客户机和服务器都可指定某个安全功能为必需（Required）、可选（Optional）还是拒绝（Refused）。当其中一方确定了某个安全特性为“必需”时，只有另一方（客户机或服务器）同意执行同样的安全功能时才能开始连接，否则就不能建立安全通信。假定客户机的浏览器要求用加密来实现所有通讯的保密，这就意味着客户机和服务器之间的所有通讯内容都是通过加密方式来传输的。

SHTTP 与 SSL 的不同之处在于其建立了一个安全会话。SSL 是通过客户机与服务器的“握手”建立了一个安全通信，而 SHTTP 则是通过在 SHTTP 所交换包的特殊头标志来建立安全通讯的。头标志定义了安全技术的类型，包括使用私有密码加密、服务器认证、客户机认证和消息的完整性。头标志的交换也确定了各方所支持的加密算法，不论客户机或服务器（或双方）是否支持这种算法，也不论是必需、可选还是拒绝此安全技术（如保密性），一旦客户机和服务器同意彼此之间安全措施的实现，那么在此会话中的所有信息都将封装在安全信封里。安全信封是通过将一个消息封装起来以提供保密性、完整性和客户机与服务器认证。换句话说，安全信封是二个完整的包，在网络或互联网上传输的所有信息都可用它进行加密以防止他人阅读，信息一旦被改变后会被立即察觉，因为完整性机制提供了能标示消息是否被改变的探测码。客户机和服务器认证是通过认证中心所签发的数字证书来实现的，安全信封组合了所有这些安全功能。

第三节 电子商务安全技术

电子商务使企业内部网和互联网连接，小到本企业、本部门的商业机密，大到国家经济与金融机密都将面临电子商务安全（包括网络黑客和计算机病毒）的严峻考验。欺骗、窃听和非法入侵严重威胁着电子商务的发展与运作，因此这就需要一些端到端的安全技术，如加密技术、数字签名技术、认证技术、密匙管理、数字时间戳、安全检测等来保证电子商务的安全。

一、加密技术

加密技术是实现电子商务安全的一种重要手段，目的是为了防止合法接收者之外的人获取机密信息。

（1）加密法　加密包含两个元素：加密算法和密匙。加密算法就是用基于数学计算方法与一串数字（密匙）对普通的文本（信息）进行编码，产生不可理解的密文的一系列步骤。密匙是用来对文本进行编码和解码的数字。将这些文字（称为明文）转成密文的程序称作加密程序。发送回方将消息在发送到公共网络或互联网之前进行加密，接收方收到消息后对其解码或称为解密，所用的程序称为解密程序，这是加密的逆过程。加密算法和密匙对保护安全至关重要，在各国都有专门的机构控制加密算法的发布，美国政府甚至禁止公布有些加密算法的细节，也禁止出口这些算法。加密的另一个属性是，即使有人知道加密的方法，没有消息加密所用的密匙也无法解开加密的消息。加密消息的保密性取决于加密所用密匙的长度，40 位的密匙是最低要求，更长的（如 128 位）密匙能提供更高程度的加密保障。如果密匙足够长的话，信息是无法解密的。

（2）加密和解密的示范　以一个简单实例来看看加密和解密的过程。一个简单的加密方法是把英文字母按字母表的顺序编号作为明文，1～26 代表 A～Z，27 代表空格，将密匙定为“ROT-13”算法，即将明文加上 13，就得到一个密文，例如，将英文信息“This is a secret”加密后得到密文。解密算法则是将密文减去密匙 13，得到明文，再翻译成对应的字母和符号。

信息 T h i s　i s　a　s e c r e t

明文 20 08 09 19 27 09 19 27 01 27 19 05 03 18 05 20

密文 33 21 22 32 40 22 32 40 14 40 32 18 16 31 19 33

（3）加密的分类　按密匙和相关加密程序类型可把加密分为 3 类：散列编码、对称加密和非对称加密。

1）散列编码。是用散列算法求出某个消息的散列值的过程。散列值相当于消息的指纹，因为它对每条消息都是唯一的。如果散列算法设计得好，由两个不同消息计算得出同一散列值（即引起冲突）的概率是很小的。散列编码对于判别信息是否在传输时被改变非常方便。如果信息被改变，原散列值就会与由接收者所收消息计算出的散列值不匹配。

2）对称加密。又称私有密匙加密（图 3-5），它用且只用一个密匙对信息进行加密和解密，由于加密和解密用的是同一密匙，所以发送者和接收者都必须知道密匙。

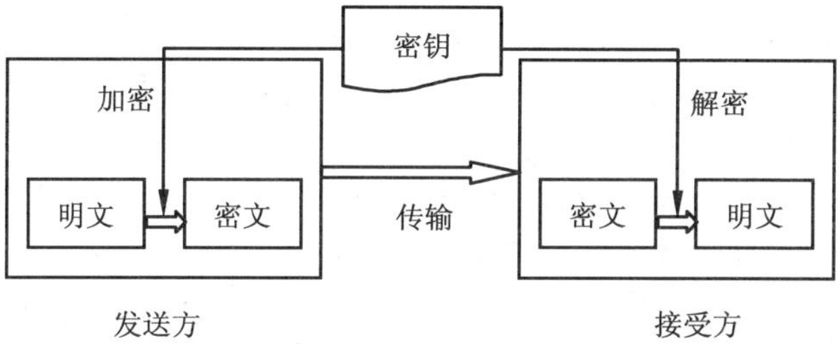

图 3-5　对称加密技术

对称加密方法对信息编码和解码的速度很快，效率也很高，但需要细心保存密匙。如果密匙泄露，以前的所有信息都失去了保密性，致使以后发送者和接收者进行通讯时必须使用新的密匙。将新密匙发给授权双方是很困难的，关键是传输新密码的信息必须进行加密，这又要求有另一个新密匙。私有密匙的另一个问题是其规模无法适应互联网这类大环境的要求。想用互联网交换保密信息的每对用户都需要一个密匙，这时密匙组合就会是一个天文数字。如果每两个人要求一个私有密匙，n 个人彼此之间进行保密通讯就需要 $n(n-1)/2$ 个私有密匙。尽管对称加密在很多情况下都很有效，但也有比较大的局限性。所有各方都必须相互了解，并且完全信任，而且每一方都必须妥善保管一份密匙。如果发送者和接收者处在不同地点，就必须当面或在公共传送系统（电话系统、邮政服务）中元人偷听偷看的情况下交换密匙。在密匙的交换过程中，任何人一旦截获了它，就可用它来读取所有加密消息。因为密匙必须安全地分发给通信各方，所以对称加密的主要问题就出在密匙的分发上，包括密匙的生成、传输和存放。在网络上进行密匙发布非常麻烦，如果企业有几千个在线顾客，那么密匙的发布就很难满足要求。此外对称加密不适合同以前互不认识的交易方在公共网络上交换消息。例如企业如果想安全地与在线顾客交易，每个顾客就都必须有企业分配给它的独特密匙，这个密匙也必须通过独立的安全渠道（如电话）传送给顾客，整个成本很高。所以，由于提供安全密匙管理的难度很大，对称加密也就很难成为电子商务中占主导地位的加密方法。

3）非对称加密。也叫公开密匙加密，它用两个相关的密匙对信息进行编码。1977 年，麻省理工学院的三位教授（Rivest、Shamir 和 Adleman）发明了 RSA 公开密匙密码系统。他们的发明为敏感信息的交换方式带来了新的途径。在此系统有一对密码，给别人用的就叫公钥，给自己用的就叫私钥。这两个可以互相并且只能为对方加密或解密，用公钥加密后的密文只有私钥能解。

比如张三想发给李四信息，可以从公开渠道取得李四的公钥，然后用李四的公钥对自己要发送的信息加密；由于密匙对是唯一的，信息加密后，只有李四才能用其私钥解密信息后阅读。同样，李四也可向张三发一条私人信息，用张三的公钥对信息加密。张三收到李四的信息后可用自己的私钥解密信息后阅读。一旦信息从服务器下载并解密后，就以明文的形式保存在接收者的计算机上，这时接收者就可以阅读了。

与对称加密相比，非对称加密有若干优点：第一，在多人之间进行保密信息传输所需的密匙组合数量很小。在 n 个人彼此之间传输保密信息，只需要 n 对密匙，远远小于对称加密系统需要（n−1）/2 的要求。第二，公钥可以在网上公开。第三，非对称加密可实现数字签名。这就意味着将电子文档签名后再发给别人，而签名者无法抵赖。也就是说，采用非对称加密技术，除签名者外他人无法以电子方式进行签名，而且签名者事后也不能否认曾以电子方式签过文档。非对称加密系统也有缺点，例如，加密解密的速度比对称加密的速度慢得多。当商家和顾客在互联网上进行商务活动的时候，加密解密累积的时间会很多。非对称加密系统并不是要取代对称加密系统，它们是相互补充的。如可用非对称加密在互联网上传输对称加密系统的私有密匙，从而实现更有效的安全网络传输。非对称加密技术可参见图 3-6。

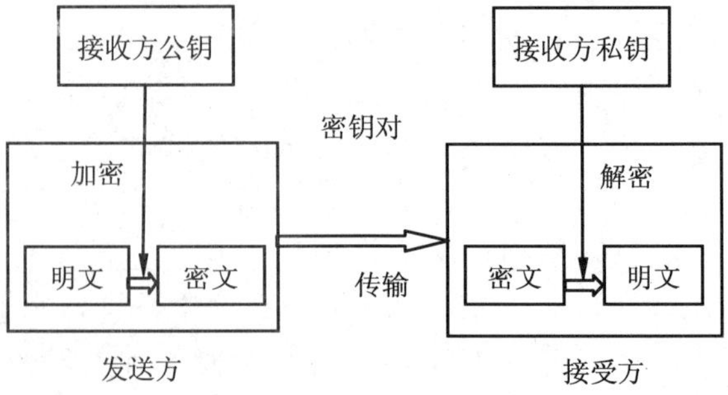

图 3-6　非对称加密技术

二、数字签名技术

对信息进行加密只解决了电子商务安全的第一个问题，而要防止他人破坏传输的数据，还要确定发送信息人的身份，就需要采取另外一种手段——数字签名。

（1）数字签名的概念　数字签名（Digital Signature）技术是将摘要用发送者的私钥加密，与原文一起传送给接收者，接收者只有用发送者的公钥才能解密被加密的摘要。在电子商务安全保密系统中，数字签名技术有着特别重要的地位，在电子商务安全服务中的源鉴别、完整性服务、不可否认服务中都要用到数字签名技术。电子商务中，完善的数字签名应具备签字方不能抵赖、他人不能伪造、在公证人面前能够验证真伪的能力。目前的数字签名建立在公钥加密体制基础上，是非对称加密技术的另一类应用。数字签名主要有3种应用广泛的方法：RSA签名、DSS签名和Hash签名。

Hash签名是最主要的数字签名方法，也称之为数字摘要法（Digital Digest）。它是将数字签名与要发送的信息捆在一起，所以比较适合电子商务。它的主要方式是报文的发送方从明文文件中生成一个128bit的散列值（数字摘要）。在数字摘要算法中，文件数据作为单向散列运算的输入，这个输入通过哈希（Hash）函数产生一个哈希值。发送方用自己的私钥对这个散列值进行加密来形成发送方的数字签名。然后该数字签名将作为附件和报文一起发送给接收方。报文的接收方首先从接收到的原始报文中计算出128比特的散列值（数字摘要），接着用发送方的公钥来对报文附加的数字签名解密。如果两个散列值相同，那么接收方就能确认该数字签名是发送方的。如果有人改动了文件，哈希值就会相应地改变，接收者即能检测到这种改动过的痕迹。通过数字签名能够实现对原始报文的鉴别和不可抵赖性。

数字签名与书面文件签名有相同相通之处，它能确认：① 信息是由签名者发送的；② 信息自签发后到收到为止未曾作过任何修改。这样数字签名就可用来防止：① 电子商务信息作伪；② 冒用他人名义发送信息；③ 发出（收到）信件后又加以否认。数字签名是用数个字符串来代替书写签名或印章，并起到同样的法律效用。

（2）数字签名的优点　数字签名除了具有手工签名的全部功能外，还具有易更换、难伪造、可进行远程线路传回递等优点，它是目前实现电子商务数据传输中安全保密的主要手段之一。在电子支付系统.中，数字签名起到代替传统银行业务中在支票等纸面有价证券上进行真实签名的作用，用来保证报文等信息的真实性。

（3）数字签名的使用方法　只有加入数字签名及验证（Verification）才

能真正实现在公开网络上的安全传输（图 3-7）。满足这两点的文件传输过程是：

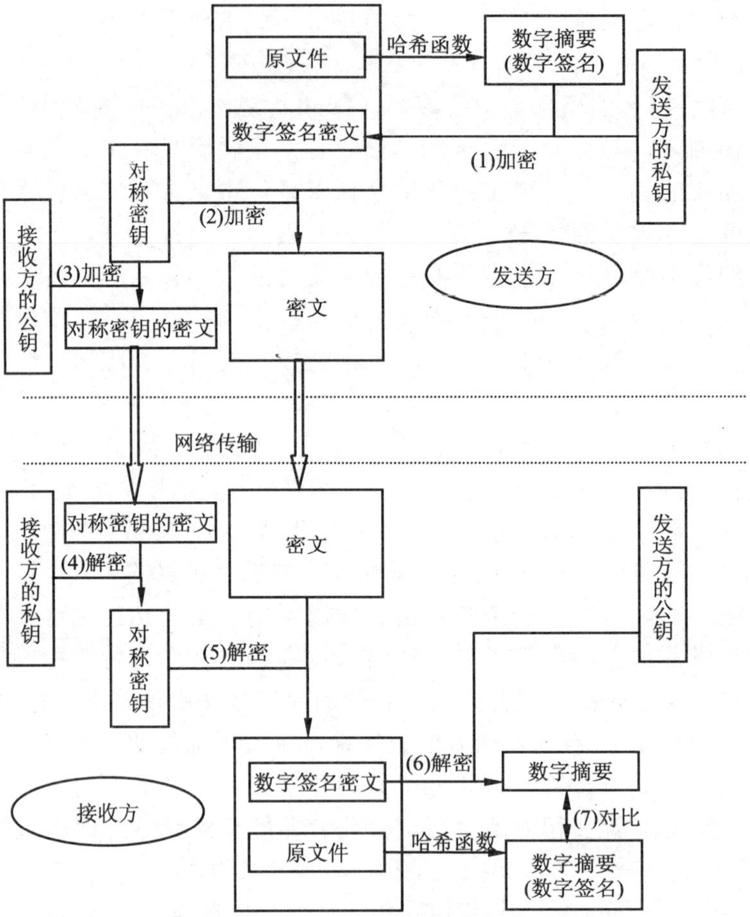

图 3-7 数字签名及验证的传输过程

1）发送方首先用哈希函数从明文文件中生成一个数字摘要，用自己的私钥对这个数字摘要进行加密来形成发送方的数字签名。.

2）发送方选择一个对称密匙对文件加密，然后通过网络传输到接收方，最后通过网络将该数字签名作为附件和报文密文一起发送给接收方。

3）发送方用接收方的公钥给对称密匙加密，并通过网络把加密后的对称密匙传输到接收方。

4）接收方使用自己的私钥对密匙信息进行解密，得到对称密匙。

5）接收方用对称密匙对文件进行解密，得到经过加密的数字签名。

6）接收方用发送方的公钥对数字签名进行解密，得到数字签名的明文。

7）接收方用得到的明文和哈希函数重新计算数字签名，并与解密后的数字签名对比。如果两个数字签名是相同的，说明文件在传输过程中没有被破坏。

三、认证技术

由于电子商务是在网络中完成，交易双方互相之间不见面，为了保证每个人及机构（如银行、商家）都能唯一而且被无误地识别，这就需要进行身份认证。对于非对称加密，有一对公钥/密匙。公钥可以向网络公开，私钥由用户自己保存。公钥加密过的数据只有其本人的人密匙能解开，这样就保证了数据的安全性。经私钥加密过的数据可被所有持有对应公钥人解开。由于私钥只有用户一人保存，这样就证明该信息发自密匙持有者，这种特性可用作签名，具有不可替代性及不可抵赖性。虽然公钥/私钥提供了一种认证用户的方法，但它们并不保证公钥实际上属于所声称的拥有者。为了确保公钥真正属于某一个人，私钥应当被值得信赖的机构认证。在经过认证后，公钥及其他信息一起就形成数字证书，数字证书可以作为鉴别个人身份的证明。

（1）认证中心　电子商务认证授权机构也称为电子商务认证中心（Certificate Authority，CA）。在电子商务交易中，无论是数字时间戳服务（DTS）还是数字证书（Digital ID）的发放，都不是靠交易的双方自己就能完成的，而需要有一个具有权威性和公正性的第三方来完成。CA 就是承担网上安全电子交易的认证服务。它能签发数字证书，并能确认用户身份。CA 通常是一个服务性机构，主要任务是受理数字证书的申请、签发及管理数字证书。

在实际运作中，认证中心可由大家都信任的一方担当，例如在客户、商家、银行三角关系中，客户使用的是由某个银行发行的卡，而商家又与此银行有业务关系或有账号。在这种情况下，客户和商家都信任该银行，可由该银行担当认证中心角色，接收、处理客户证书和商家证书的验证请求。证书包含了客户的名称和公钥，以此作为网上证明身份的依据。

（2）认证中心的职能

1）证书发放可以有多种方法向申请者发放证书，可以发放给最终用户签名的或加密的证书。向持卡人只能发放签名的证书，向商户和支付网关可以发放签名并加密的证书。

2）证书更新持卡人证书、商户和支付网关证书应定期更新。更新过程与证书发放过程是一样的。

3）证书撤消证书的撤消可以有许多理由，如私钥被泄密、身份信息的更新或终止使用等。对用户而言，他需要确认他的账户信息不会发往一个未被授权的支付网关，因此被撤消的支付网关证书需包含在撤消清单中并散发给用户；由于用户不会将任何敏感的支付信息发给商家，所以用户只需验证商家证书的有效性即可。对商家而言，被撤消的支付网关证书需散发给商家；对支付网关而言，需检查用户不在撤消清单中，并需与发卡银行验证信息的合法性；同样，支付网关需检查商家证书不在撤消清单中，并需与收单行验证信息的合法性。

4）证书验证在进行交易时，通过出示由某个 CA 签发的证书来证明自己的身份，如果对签发证书的 CA 本身不信任，可逐级验证 CA 的身份，一直到公认的权威 CA 处，就可确信证书的有效性。认证证书是通过信任分级体系来验证的，每一种证书与签发它的单位相联系，沿着该体系找到一个可信赖的组织，就可以确定证书的有效性。例如，C 的证书是由名称为 B 的 CA 签发的，而 B 的证书又是由名称为 A 的 CA 签发的，A 是权威机构，通常称为根认证（Root CA）。验证到了根认证处，就可确信 C 的证书是合法的。

（3）认证体系的结构　认证体系呈树型结构。根据功能的不同，认证中心划分成不同的等级，不同等级的认证中心负责发放不同的证书。持卡人证书、商户证书、支付网关证书分别由持卡人认证中心、商户认证中心、支付网关认证中心颁发。而持卡人认证中心证书、商户认证中心证书和支付网关认证中心证书则由品牌认证中心或区域性认证中心颁发。品牌认证中心或区域性认证中心的证书由根认证中心颁发。图 3-8 为 CA 体系示意图。

（4）数字证书

1）数字证书的概念数字证书是一个担保个人、计算机系统或者组织的身份和密匙所有权的电子文档。例如，用户证书证实用户拥有一个特别的公钥，服务器证书证实某一特定的公钥属于这个服务器。证书由社会上公认的认证中心发行。认证中心负责在发行证书前需要证实个人身份和密匙所有权，如果由于它签发的证书造成不恰当的信任关系，该机构需要负责任。

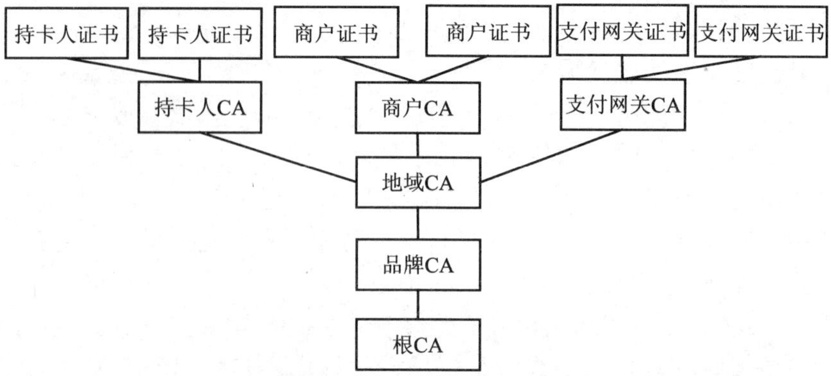

图 3-8　CA 体系示意图

2）数字证书的类型应用程序能识别的证书类型如下：

① 客户证书：这种证书证实客户（例如一个使用浏览器的个人）身份和密匙所有权。在某些情况下，服务器可能在建立 SSL 连接时要求客户证书来证实客户身份。为了取得个人证书，用户可向某一信任的 CA 申请，CA 经过审查后决定是否向用户颁发证书。

② 服务器证书（站点证书）：z 这种证书证实服务器的身份和公钥。当与客户建立 SSL 连接时，服务器将它的证书传送给客户。当客户收到证书后，客户检查证书是由哪家 CA 发行以及这家 CA 是否被客户所信任。如果客户不信任这家 CA，浏览器会提示用户接受或拒绝这个证书。

③ 安全邮件证书：这种证书证实电子邮件用户的身份和公钥。有些传送安全电子邮件的应用程序使用证书来验证用户身份和加密解密消息。

④ CA 机构证书：这种证书证实认证中心身份和认证中心的签名密匙（签名密匙被用来签署它所发行的证书）。

（5）数字证书的内容 证书的格式由 ITU 标准来定义，证书包括申请证书个体的信息和发行证书 CA 的信息。证书由以下两部分组成：

1）证书数据。包括版本信息；证书序列号，每一个由 CA 发行的证书必须有一个唯一的序列号 FCA 所使用的签名算法；发行证书 CA 的名称；证书的有效期限；证书主题名称；被证明的公钥信息，包括公钥算法、公钥的位字符串表示；包含额外信息的特别扩展。

2）发行证书的 CA 签名。证书第二部分包括发行证书的 CA 签名和用来生成数字签名的签名算法。任何人收到证书后都能使用签名算法来验证证书是由 CA 的签名密匙签发的。.

（6）数字证书的有效性只有下列条件为真时，数字证书才有效：

1）证书没有过期。所有的证书都有一个有效期，只有在有效期限以内证书才有效。

2）密匙没有修改。如果密匙被修改，就不应该再使用，密匙对应的证书就应当收回。

3）用户有权使用这个密匙。例如，雇员离开了某家公司，雇员就不能再使用公司的密匙，密匙对应的证书就需要收回。

4）证书必须不在无效证书清单中。认证中心负责回收证书，发行无效证书清单。

（7）世界著名的认证中心一 Verisign 世界上较早的数字证书认证中心是美国的 Verisign 公司（www.verisign-com）。该公司成立于 1995 年 4 月，位于美国的加利福尼亚州。它为全世界 50 个国家提供数字证书服务，有超过 45000 个互联网的服务器接受该公司的服务器数字证书，使用它提供的个人数字证书的人数已经超过200万。

各认证中心对证件的要求都不一样。某家认证中心可能要求个人申请者提供身份证，而另一家认证中心则可能要求提供公证书或指纹。认证中心通常会公布对证件的要求，这样就让从认证中心收到证书的人了解到这家认证中心的验证手续的严格程度。证书按照认证中心对其申请者提供证件要求的严格程度分为高、中、低三档。Verisign提供四类证书，一类证书为低档证书，仅为电子邮件地址提供一个公开密匙；四类证书为高档证书，它的要求比一类证书严格得多，能够提供对个人身份认证及此人同指定公司或组织之间关系的认证。

（8）中国知名的认证中心　近年来国内也成立了一些认证中心，这里介绍几个知名的认证中心及其主要业务。

1）中国数字认证网（www.ca365.com）。提供数字认证，数字签名，CA认证，CA证书，数字证书，安全电子商务。

2）中国金融认证中心（www.cfca.corn.cn）。支持网上银行、网上证券交易、网上购物以及安全电子文件传递等应用。

3）中国电子邮政安全证书管理中心（www.chinapost.com.cn/ca/index.htm）。发放并管理参与网上信息交换的各方所需的安全数字证书。

4）北京数字证书认证中心（www.bjca.org.cn）。为网上电子政务和电子商务活动提供数字证书服务。

5）广东省电子商务认证中心（www.cnca.net）。提供电子商务认证、安全产品和解决案，制作、颁发、管理数字证书。

6）上海市电子商务安全证书管理中心有限公司（www.sheca.com）。上海CA中心从事数字证书的机构，保证电子商务和网上作业安全。

7）海南省电子商务认证中心（hn.cnca.net）。从事电子商务数字证书制作、颁发、管理。

8）天津CA中心（www.ectj.net/ca/ca-1/ca.htm）。提供网上身份认证、数字签名、电子公证、安全电子邮件等服务。

9）山东省 CA 中心（www.ca.gov.cn）。解决电子商务业务中数据传输的安全问题。

四、数字时间戳

（1）时间戳的概念　在电子商务交易过程中，时间同签名一样是十分重要的证明，与寄信用的邮戳一样。数字时间戳服务（Digital Time-Stamp Service，DTSS）也是用来证明消息的收发时间的。用户首先将需要加时间戳的文件经加密后形成文档，然后将摘要发送到专门提供数字时间戳服务的权威机构，该机构对原摘要加上时间后，进行数字签名，用私钥加密，并发送给原用户。在书面合同中，文件签署的日期和签名一样均是十分重要的，是防止文件被伪造和篡改的关键性内容。在电子商务交易中应对交易文件的日期和时间信息采取安全措施，需要在经过数字签名的交易上打上一个可信赖的时间戳，而数字时间戳服务有效地为文件发表时间提供了佐证，从而有利于解决一系列实际和法律问题。

由于用户桌面时间很容易改变，由桌面时间系统产生的时间戳不可信赖，因此需要一个第三方来提供可信赖的且不可抵赖的时间戳服务。作为可信赖的第三方，应请求为服务器端和客户端应用颁发时间戳。打上时间戳就是将一个可信赖的日期和时间与数据绑定在一起的过程。

（2）时间戳产生的过程　用户首先将需要加时间戳的文件用 Hash 编码加密形成摘要，然后将该摘要发送到 DTSS 认证单位。DTSS 认证单位在加入了收到文件摘要的日期和时间信息后再对该文件加密（数字签名），然后送回用户。书面签署文件的时间是由签署人自己写上的，而数字时间戳则不然，它是由 DTSS 岱认证单位来加的，并以收到文件的时间为依据。

（3）数字时间戳的作用

1）数据文件加盖的时间戳与存储数据的物理媒体无关。

2）对已加盖时间戳的文件不可能作丝毫改动（即使仅 1 个字节）。

3）要想对某个文件加盖与当前日期和时间不同的时间戳是不可能的。

五、公开密匙基础设施

公开密匙基础设施（Public Key Infrastructure，PKI）是一种以公钥加密技术为基础技术手段实现安全性的技术。它是一个遵循标准的密匙管理平台，能够为所有网络应用透明地提供采用加密和数字签名等密码服务所必需的密匙和证书管理，并支持 SET、SSL 协议。PKI 可以进行不同 CA 的交叉验证。PKI 由认证机构、证书库、密匙生成和管理系统、证书管理系统、PKI 应用接口系统等几部分组成。

（1）认证机构　CA 是证书的签发机构，它是 PKI 的核心。证书是公开密匙体制的一种密匙管理媒介，它是一种权威性的电子文档，形同网络计算机环境中的一种身份证，用于证明某一主体的身份及其公开密匙的合法性等问题。在使用公钥体制的网络环境中，为了向公钥的使用者证明公钥的真实合法性，PKI 采用 CA 对在公钥体制环境中的主体和主体的公钥进行公证，以便证明主体的身份以及它与公钥的匹配关系等问题。

（2）证书库　证书库是证书的集中存放地，是网上的一种公共信息库，用户可以从此处获得其他用户的证书和公钥。系统必须确保证书库的完整性，以防止伪造、篡改证书。

（3）密匙生成和管理系统 PKI 应该具有生成密匙功能、备份与恢复解密密匙功能以及密匙分配、撤消、暂停、否认和归档等功能。这些功能的实现是由密匙生成和管理系统来完成的。

（4）证书管理系统 证书管理系统是 PKI 的一个重要组件。同日常生活中的各种证件管理一样，证书在 CA 中必须进行有效的管理，如证书的获取、证书的鉴别、证书的有效性检查、证书的撤消作废等。

（5）PKI 应用接口系统 PKI 为用户提供了良好的应用接口系统，使各种各样的应用能够以安全、一致、可信的方式与 PKI 交互，确保所建立起来的网络环境的可信性，同时降低管理维护成本。

PKI 的优点很多，主要有：

1）透明性和易用性。PKI 可以向应用系统屏蔽密码管理的细节，使密码服务对用户简单易用，同时便于单位、企业完全控制其信息资源。

2）可扩展性。zPKI 的证书库等具有良好的可扩展性。

3）可操作性强。PKI 建立在标准之上，这些标准包括加密标准、数字签名标准、密匙管理标准、证书格式、文件信封格式、SSL、SET 等。

4）支持多应用 zPKI 能面向广泛的网络应用，提供文件传送安全、文件存储安全、电子邮件安全、电子表单安全、Web 应用安全等保护。

5）支持多平台 zPKI 应用接口系统是跨平台的，可以支持目前广泛使用的操作系统平台。总之，作为网络环境的一种基础设施，PKI 具有良好的性能，是一个比较完整的安全体系。电子商务建设过程中涉及的许多安全问题都可由 PKI 解决。

六、病毒防范措施

电子商务是依赖于内部网的，由于在网络环境下，计算机病毒有不可估量的威胁性和破坏力，因此对网络计算机病毒的防范是电子商务安全性建设中极其重要的一环。

1．计算机网络病毒的类型

1983 年，美国科学家佛雷德·科恩最先证实电脑病毒的存在。它是一种人为制造的寄生于计算机应用程序或操作系统中的可执行、可自行复制、具有传染性和破坏性的恶性程序。从 1987 年发现第一类流行电脑病毒起，病毒数每年正以 40%的比率增加。一个小巧的病毒程序可令一台微型计算机、一个大型计算机系统或一个网络系统处于瘫痪。计算机病毒已对计算机系统和网络安全构成了极大的威胁，它不仅成为一种新的恐怖活动手段，而且正演变为一种信息战中的进攻性武器。计算机网络病毒可分为以下几种：

（1）蠕虫　它是一种短小的程序，这个程序使用未定义过的处理器来自行完成运行处理。它通过在网络中连续高速地复制自己，长时间地占用系统资源，使系统因负担过重而瘫痪。

（2）逻辑炸弹　这是一个由满足某些条件（如时间、地点、特定名字的出现等）时，受激发而引起破坏的程序。逻辑炸弹是由编写程序的人有意设置的，它有一个定时器，由编写程序的人安装，不到时间不爆炸，一旦爆炸，将造成致命性的破坏。

（3）特洛伊木马　它是一种未经授权的程序，它提供了一些用户不知道的功能。这些程序带有人们喜爱的名字，当使用者通过网络引人自己的计算机后，它能将系统的私有信息泄露给程序的制造者，以便他能够控制该系统。例如它能将输入的计算机用户名、密码或编辑文档复制存入一个隐蔽的文件中，供攻击者检索。

（4）陷阱入口　是由程序开发者有意安排的。当应用程序开发完毕时，放入计算机中，实际运行后只有他自己掌握操作的秘密，使程序能正常完成某种事情，而别人则往往会进入死循环或其他歧路。

（5）核心大战　这是允许两个程序互相破坏的程序，它能造成对计算机系统安全的威胁。

2．计算机网络病毒的危害

计算机病毒的危害可以分为对计算机网络的危害和对计算机的危害两个方面。

（1）病毒对网络的主要危害　病毒程序通过“自我复制”传染正在运行的其他程序，并与正常运行的程序争夺计算机系统资源；病毒程序可冲毁存储器中的大量数据，致使计算机其他用户的数据蒙受损失；病毒不仅侵害所使用的计算机系统，而且侵害与该系统联网的其他计算机系统；病毒程序可导致以计算机为核心的网络失灵。

（2）病毒对计算机的危害　计算机病毒破坏磁盘文件分配表，使用户在磁盘上的信息丢失；将非法数据置入操作系统 DOS 的内存参数区），引起系统崩溃；删除硬盘或软盘上特定的可执行文件或数据文件；修改或破坏文件的数据；影响内存常驻程序的正常执行；在磁盘上产生虚假坏分区，从而破坏有关的程序或数据文件；更改或重新写人磁盘的卷标号；不断反复传染拷贝，造成存储空间减少，并影响系统运行效率；对整个磁盘或磁盘上的特定磁道进行格式化；系统挂起，造成显示屏幕或键盘的封锁状态。

3．网络反病毒技术

网络反病毒技术包括预防病毒、检测病毒和消除病毒 3 种技术。

（1）预防病毒技术　它通过自身常驻系统内存，优先获得系统的控制权，监视和判断系统中是否有病毒存在，进而阻止计算机病毒进入计算机系统和对系统进行破坏。这类技术有加密可执行程序、引导区保护、系统监控与读写控制（如防病毒卡等）。

（2）检测病毒技术　它是通过对计算机病毒的静态或者动态特征来进行判断的技术，如自身校验、关键字、文件长度的变化等。

（3）消除病毒技术　它通过对计算机病毒的分析，开发出具有删除病毒程序并恢复原文件的软件。

网络反病毒技术的具体实现方法包括对网络服务器中的文件进行频繁地扫描和监测；在工作站上采用防病毒芯片以及对网络目录和文件设置访问权限等。

4、计算机病毒的防范措施

在实际应用中，防范网络病毒应注意从两方面着手：第一，加强网络管理人员的网络安全意识，有效控制和管理本地网与外界进行的数据交换，同时坚决抵制盗版软件的使用；第二，选择和加载保护计算机网络安全的网络防病毒产品。随着网络技术的不断发展，网络反病毒技术将成为计算机反病毒技术的重要方面，也是计算机应用领域中需要认真对待的问题，这将成为网络管理人员及用户的长期任务，只有做好这项工作，才能保证计算机网络长期安全稳定地运行。具体地说，要有效地在整个网络环境下预防病毒应该做到以下几点。

（1）安装防病毒软件　应用于网络的防病毒软件有两种：一种是单机版防病毒产品；另一种是联机版防病毒产品。前者是以事后消毒为原理的，当系统被病毒感染之后才能发挥这种软件的作用，适合于个人用户，这类产品有 KV3000、瑞星等。后者属于事前的防范，其原理是在网络端口设置一个病毒过滤器，即事前在系统上安装防病毒的网络软件，它能够在病毒入侵到系统之前，将其挡在系统外边。

（2）定期清理病毒　许多病毒都有一个潜伏期，有时虽然计算机仍在运行，但实际上已经染上了病毒。病毒定期清理制度可以清除处于潜伏期的病毒，防止病毒的突然爆发，使计算机始终处于良好的工作状态。

（3）控制权限　可以将网络系统中易感染病毒的文件的属性、权限加以限制。对各终端用户，允许他们具有只读权限，断绝病毒入侵的渠道，从而达到预防的目的。

（4）警惕网络陷阱　网络上常常会出现非常诱人的广告及免费使用的承诺，在从事网络营销时对此应保持高度的警赐。例如有人发送给某个用户电子邮件，声称为“确定我们的用户需求”而进行调查。作为对填写表格的回报，允许用户免费使用 5 小时。如果用户被诱惑，那便掉入黑客的诡计之中了。这些程序是类似“特洛伊木马”病毒程序的变体。

它看起来像一种合法的程序，但是它静静地记录着用户输入的每个密码，然后把它们发送给“黑客”的互联网信箱。

（5）不打开陌生地址的电子邮件　网络病毒主要的传播渠道是电子邮件，而电子邮件传播病毒的关键是附件中的宏病毒。宏病毒是一类主要感染 Word 文档和文档模板文件的病毒。当有人发一封电子邮件给某个用户，如果它们带有病毒，只要用户打开这些文件，用户的计算机就会被宏病毒感染了。此后用户打开或新建文件都可能带上宏病毒，这就导致了宏病毒的感染。

七、防火墙系统

1. 防火墙的概念

（1）防火墙的定义　防火墙是在内部网和互联网之间构筑的一道屏障，是在内外有别及在需要区分处设置有条件的隔离设备，用以保护内部网中的信息、资源等不受来自互联网中非法用户的侵犯。具体来说，防火墙是一类硬件及软件。它控制内部网与互联网之间的所有数据流量，控制和防止内部网中的有价值数据流入互联网，也控制和防止来自互联网的无用垃圾和有害数据流入内部网。简单地说，防火墙成为一个进入内部网的信息都必须经过的限制点，它只允许授权信息通过，而其本身不能被渗透。如果把局域网比作一个要塞，那防火墙就是保护要塞的城墙。

防火墙从本质上来说是一种保护装置，是用来保护网络资源、数据以及用户信誉的。它使人侵者要么无法进入内部系统，要么即使进入也带不走有价值的东西。计算机网络系统资源也是一种财富，如果未经允许擅自使用，对拥有者来这就是一种侵犯，防火墙也能有效地防止这种侵犯。

（2）防火墙系统的构成　防火墙主要包括安全操作系统、过滤器、网关、域名服务和电子邮件处理 5 部分。防火墙常常被安装在受保护的内部网络连接到互联网的接点上。防火墙只允许合法的数据流通过，过滤器则执行由防火墙管理机构制订的规则，检验各数据组决定是否允许放行。有的防火墙可能在网关两侧设置两个内、外过滤器，外过滤器保护网关不受攻击，网关提供中继服务，辅助过滤器控制业务流，而内过滤器在网关被攻破后提供对内部网络的保护。

防火墙本身必须建立在安全操作系统所提供的安全环境中。安全操作系统可以保护防火墙的代码和文件免遭受入侵者攻击。这些防火墙的代码只允许在给定主机系统上执行，这些限制可以减少非法穿越防火墙的可能性。

2、防火墙系统的功能和不足之处

防火墙具有高度安全性、高度透明性及良好的网络性能，而这些特性本身相互制约、相互影响。它有着一系列的功能，也存在不足之处。

（1）防火墙的主要功能

1）保护易受攻击的服务防火墙能过滤那些不安全的服务，防止用户的非法访问和非法用户的访问，只有预先被允许的服务才能通过防火墙，这样就降低了受到非法攻击的风险性，大大地提高了企业内部网的安全性。

2）控制对特殊站点的访问防火墙能控制对特殊站点的访问，如有些主机能被外部网络访问而有些则要被保护起来，防止不必要的访问。通常会有这样一种情况，在内部网中只有电子邮件服务器、FTP 服务器和 WEB 服务器能被外部网访问，而其他访问则被防火墙禁止。

3）集中化的安全管理对于一个企业而言，使用防火墙比不使用防火墙可能更加经济一些。这是因为如果使用了防火墙，就可以将所有修改过的软件和附加的安全软件都放在防火墙上集中管理。如不使用防火墙，就必须将所有软件分散到各个主机上。

4）集成了入侵检测功能，提供了监视互联网安全和预警的方便端点。

5）对网络访问进行日志记录和统计如果所有对互联网的访问都经过防火墙，那么防火墙就能记录下这些访问，并能提供网络使用情况的统计数据。当发生可疑操作时，防火墙能够报警并提供网络是否受到监测和攻击的详细信息。

（2）防火墙系统的不足之处　尽管防火墙有许多防范功能，但由于互联网的开放性，它也有一些力不能及的地方，主要表现在：

1）防火墙不能防范不经由防火墙（绕过防火墙）或者来自内部的攻击。

2）防火墙不能防止感染了病毒的软件或文件的传输。

3）防火墙不能防止数据驱动式攻击当有些表面看来无害的数据被邮寄或复制到互联网主机上并被执行而发起攻击时，就会发生数据驱动攻击。

3、防火墙系统的类型

防火墙根据不同的标准有不同的分类。比如根据其实现的形式，防火墙可以分为软件防火墙和硬件防火墙。根据其防护的规模，防火墙可以分为个人级防火墙和企业级防火墙。

根据其实现的网络层次，防火墙又可以分为数据包过滤、应用级网关和复合型三种类型。

（1）数据包过滤　数据包过滤（Packet Filtering）技术是在网络层对数据包进行选择，选择的依据是系统内设置的过滤逻辑，被称为访问控制表（Access

Control Table)。通过检查数据流中每个数据包的源地址、目的地址、所用的端口号、协议状态等因素或它们的组合来确定是否允许该数据包通过。数据包过滤防火墙逻辑简单，价格便宜，易于安装和使用，网络性能和透明性好，传输性能、可扩展能力强。它通常安装在路由器上，因此在原有网络上增加这样的防火墙几乎不需要任何额外的费用。

包过滤防火墙的安全性有一定的缺陷，因为系统对应用层信息无感知，也就是说，防火墙不理解通信的内容，所以可能被黑客所攻破。归纳来说，数据包过滤防火墙的缺点有：

1）非法访问一旦突破防火墙，即可对主机上的软件和配置漏洞进行攻击。

2）数据包的源地址、目的地址以及 IP 的端口号都在数据包的头部，很有可能被窃听或假冒。

（2）应用级网关　应用级网关（Application Level Gateways）也常常称为代理服务器，是在网络应用层上建立协议过滤和转发功能。应用型防火墙的物理位置与包过滤路由器一样，但它的逻辑位置在 OSI 七层协议的应用层上，所以主要采用协议代理服务（Proxy Services），就是在运行防火墙软件的堡垒主机上运行代理服务程序。应用型防火墙不允许网络间的直接业务联系，而是以堡垒主机作为数据转发的中转站。堡垒主机是一个具有两个网络界面的主机，每一个网络界面与它所对应的网络进行通信，既能作为服务器接收外来请求，又能作为客户转发请求。如果认为信息是安全的，那么代理就会将信息转发到相应的主机上，用户只能够使用代理服务器支持的服务。在业务进行时，堡垒主机监控全过程并完成详细的日志（log）和审计（audit），这就大大地提高了网络的安全性。应用型防火墙易于建立和维护，造价较低，比包过滤路由器更安全，但缺少透明性，效率相对较低。

（3）复合型防火墙　包过滤路由器虽有较好的透明性，但无法有效地区分同 IP 地址的不同用户；应用型防火墙可以提供详细的日志及身份验证，但又缺少透明性。因此，在实际应用中，往往将两火墙技术结合起来，相互取长补短，从而形成复合型防火墙。

【复习思考题】

1．阐述网络攻击常用的方法。

2．描述 SSL 的工作原理。

3．应用所学的简单加密技术，编一份密文，由同学相互解密。

4．阐述加入数字签名和验证的网络文件传输过程。

5．描述 CA 的架构。

6．写一篇短文，谈谈你对防火墙的认识和理解。

第四章　电子商务法律规范与公共政策

人们在网络这个虚拟空间里自由地漫游、畅谈、听音乐、发表意见、发泄不满。网络空间自由，不受约束，在这样的环境中，传统著作权、名誉权等遭遇到新的危险。而当互联网被用于商业目的以后，带来了一系列新的法律问题，如域名抢注、网络交易欺骗、不正当竞争及网络犯罪等，这些新问题对传统法律规范提出了重大挑战。

电子商务的法制建设是一项非常复杂的系统工程，它包括立法、司法和行政多个方面，涵盖了电子合同、知识产权保护、消费者权益保护、消费者隐私的影响、税收、安全防范等诸多法律问题。创造一个良好的法制环境是推动电子商务健康有序发展的前提和保障。目前，美国、欧盟、新加坡等发达国家的电子商务立法活动已走在前列，印度、中国等发展中国家则正在奋起直追。截止 2000 年 8 月，全球有 30 多个国家和地区已经或者正在制定有关电子商务的法律。

早在 1995 年，美国犹他州颁布了《数字签名法》，1997 年美国正式颁布《全球电子商务框架》，1999 年，美国的全国州法统一委员会通过了《统一电子交易法》；1998 年经济合作与发展组织（OECD）公布了 3 个重要文件，即《OECD 电子商务行动计划》、《有关国际组织和地区组织的报告：电子商务的活动和计划》、《工商界全球商务行动计划》；加拿大统一法律委员会于 1999 年提出《统一电子商务法（草案）》《个人信息保护与电子文件法案》；欧盟于 1997 年提出《关于电子商务的欧洲建议》，1998 年又发表了《欧盟电子签名法律框架指南》和《欧盟关于处理个人数据及其自由流动中保护个人的权利的规则》（或称《欧盟隐私保护规则》），1999 年发布了《数字签名统一规则草案》；德国于 1997 年制定了《信息与通信服务法》，其中包括“通信服务使用法”、“通信服务中个人信息的保护法”、“电子签名法”、“禁止对未成年人传播不道德出版物修正案”、“版权法修正案”、“价格标示法修正案”等；意大利 1997 年制定了《意大利数字签名法》；荷兰于 1998 年提出了《电子商务行动计划》；丹麦提出了《数字签名法草案》；俄罗斯于 1995 年颁布了《俄罗斯联邦信息法》；澳大利亚于 1996 年颁布了《电子交易法案》。

在亚洲，马来西亚于 1997 年制定了《数字签名法》，同年韩国也制定了《电子商务基本法》，新加坡于 1998 年正式颁布了《新加坡电子商务法》，日本于 2000 年颁布了《数字签名规则》。我国由于电子商务起步较晚，综合性的电子商务立法尚未全面展开，国家和地方立法主要集中在计算机和网络管制方面，对于实质意义上的电子商务立法还没有出台。1996 年国务院第 195 号令发布了《中华人民共和国计算机信息网络国际联网管理暂行规定》，1997 年国务院颁布了《国务院关于修改《中华人民共和国计算机信息网络国际联网管理暂行规定的决定》，对《中华人民共和国计算机信息网络国际联网管理暂行规定》进行修正。同年国务院信息化工作领导小组办公室发布了《中国互联网络域名注册暂行管理办法》，公安部发布了由国务院批准的《计算机信息网络国际联网安全保护管理办法》。此外有关部门还公布了《中国互联网络域名注册实施细则》、《中华人民共和国计算机信息系统安全保护条例》、《关于加强计算机信息系统国际联网备案管理的通告》、《互联网信息服务管理办法》、《中华人民共和国电信条例》、《互联网电子公告服务管理规定》、《互联网站从事登载新闻业务管理暂行规定》、《互联网上网服务营业场所管理办法》、《互联网内容服务管理办法》、《开放经营的电信业务市场管理暂行规定》、《计算机信息系统保密管理暂行规定》、《电子出版物管理规定》、《中国公众多媒体通信管理办法》、《计算机软件保护条例》、《计算机软件著作权登记办法》、《计算机信息系统国际联网保密管理规定》、《网上证券委托暂行管理办法》以及《金融机构计算机信息系统安全保护工作暂行规定》。

第一节　电子商务交易中的法律问题

电子商务在表现形式上改变了传统的商业方式，却没有改变其商业属性，因而传统商业活动中大量通过合同进行的交易方式在电子商务中也必然运用合同来进行的。但是，电子商务采用数据电文形式进行信息的通信和存储，因此合同形式从传统的纸质合同改为电子交易。那么，电子交易的效力能否得到法律的承认就成为了电子商务立法所必须解决的核心问题。

一、电子合同

合同是平等主体的自然人、法人、其他组织之间设立、变更、终止民事权利义务关系的协议。电子合同的概念分为广义与狭义两种。广义的电子合同是经电子手段、光学手段或其他类似手段拟定的约定当事人之间权利与义务的契约形式，即我们通常所指的用“数据电文”拟定的合同。根据联合国贸易法委员会公布的《电子商务示范法》第 2 条规定，数据电文是指“经由电子手段、光学手段或类似手段生成、发送、接受或储存的信息，这些手段包括但不限于电子数据交换（EDI）、电子邮件、电报、电传或传真”。

狭义电子合同是指由 EDI 方式拟定的合同。电子合同被人们越来越广泛地应用于各行各业，甚至跨部门、跨国界，成为市场竞争中必不可少的竞争手段之一。美国和欧盟大部分国家的海关宣布，1992 年起采用 EDI 方式办理海关业务，贸易者如不采用 EDI 方式，其海关手续将被推迟处理，或不被选为贸易伙伴。由于 EDI 通过标准电子单证通信方式取代繁琐的审批手续、大量的单证制作，从而使它的工作效率大大的提高。

（1）电子合同的主体　电子合同订立过程中会涉及到很多主体，这不仅仅指双方当事人。在合同订立过程中，因为网上交易可以通过不同途径完成。一种是网络中心只是与销售者联网，消费者通过网络中心进入销售者的网站直接与销售者签订合同。另一种情况是，消费者进入网络中心的网站与网络中心签订交易合同，网络中心再与销售者签订交易合同。在不同交易途径中网络中心扮演不同角色，可能成为电子合同的当事人，或者居间合同的居间人。在订立合同工过程中，我们还将遇到电子商务“认证机构”、“电子代理人”等第三人。

（2）中国法律对电子合同形式的要求　我国合同法第 10 条规定，“当事人订立合同，有书面形式、口头形式和其他形式。法律、行政法规规定采用书面形式的，应当采用书面形式。当事人约定采用书面形式的，应当采用书面形式。”第 11 条规定，“书面形式是指合同书、信件和数据电文（包括电报、电传、传真、电子数据交换和电子邮件）等可以有形地表现所载内容的形式”。《合同法》第 11 条电子数据交换和电子邮件列入书面形式的类型之中，从法律上确认电子合同具有等同书面合同的效力。合同以书面形式订立的立法意义在于，合同签订以书面形式进行，不仅能防止欺诈行为，而且在诉讼纠纷中具有重要的举证意义。

（3）电子合同订立地点的确认　国际性商业合同履行起来往往牵涉到多国管辖权。一旦发生合同纠纷，在哪一个国家法院受理，适用何国法律，具有重大的区别。这是因为国与国之间的法律常常有较大的差异，如在责任承担方面、计算损失方法方面等等。

中国在现行合同法都明确规定了合同订立时明确的履行期限、地点等条款。但在电子合同中，订立合同在不同地点的计算机系统间完成，对电子合同生效地点的确认比对合同生效时间的确认更加复杂。联合国贸法会《电子商务示范法》对确认数据电文的发函与收到的地点标准做出了具体规定，“除非发端人与收件人另有协议，数据电文应以发端人设有营业地点为其发出地点，而以收件人设有营业地的地点视为其收到地点。就本款的目的而言：① 如发端人或收件人有一个以上的营业地，应以对基础交易具有最密切关系的营业地为准，如果并无任何基础交易，则以其主要的营业地为准；② 如发端人或收件人没有营业地，则以其惯常居住地为准”。我国《合同法》第 34 条规定，“采用数据电文形式订立合同的，收件人的主营业地为合同成立的地点；没有主营业地的，其经常居住地为合同成立的地点。当事人另有约定的，按照其约定。”

（4）电子合同成立时间　在传统合同法中，成立时间的确认具有重要意义。它直接涉及合同当事人权利和义务的保护问题。中国现行合同法采用了大陆法系的原则，即到达主义原则。《合同法》第 16 条规定，“要约到达受要约人时生效。采用数据电文形式订立合同，收件人指定特定系统接收数据电文的，该数据电文进入该特定系统的时间，视为到达时间；未指定特定系统的，该数据电文进入收件人的任何系统的首次时间，视为到达时间”。《合同法》第 26 条第 2 款规定，“采用数据电文形式订立合同的，承诺到达的时间适用本法第 16 条第 2 款的规定”，即只要要约到达上述任何一种“特定系统”，即视为到达。

二、电子签名

“电子签名”也叫数字签名是一个来源于电子计算机技术领域的概念。在“电子签名”进入了法律范围后，它的含义被逐渐根据法律原有的关于“签名”、“盖章”等概念过滤和吸纳。要了解电子签名的技术特征和法律效力，还是应当从法律上的“签名”这个基本概念开始。

我国《合同法》第 32 条规定，“当事人采用合同书形式订立合同的，自双方当事人签字或者盖章时合同成立”。这说明签名是合同成立的重要依据，当然在贸易活动中签名还有其他作用：① 证据作用：签名表明了签署人的身份，签名将签署人与被签署文件联系起来；② 仪式作用：签名表示签署人意识到了签署的法律后果，表示签署人对被签署文件所指涉的行为和活动有所认识；③ 认同作用：在法律将签名作为交易活动的形式要件时，签名意味着签署人对被签署文件的同意或授权，意味着签署人对签署所产生的法律效果的期待；④ 提高效率：签名通常表明对某个交易的澄清或最后确认，便于认定交易的实施。

联合国国际贸法会《统一电子签名规则（草案）》第 2 条根据《电子商务法》第 7 条提出“‘电子签名’系指在数据电文中，以电子形式所含、所附或在逻辑上与数据电文有联系的数据和与数据电文有关的任何方法，它可用于数据电文有关的签名持有人和表明此人认可数据电文所含信息。”这一概念着重阐明电子签名的目的是利用技术手段对签署文件的发件人身份作出确认以及有效保障传送文件内容不被当事人篡改，不能冒名顶替传送虚假资料以及事后不能否认已发送或已收到资料等网上交易的安全性问题。这是从广义上讲，电子签名是指包括各种电子手段在内的电子签名。

狭义的电子签名是指以一定的电子签名技术为特定手段的签名，通常指数字签名，它是以非对称性密钥加密方法产生的数字签名。所谓数字签名是指只有信息发送者才能生成的，别人无法伪造的一段数字串，这一数字串同时也是对发信者发送的信息的真实性的一个证明。美国《犹他州数字签名法》就是最早以法律形式对数字签名作出规定的。由于狭义电子签名所使用的技术，要比广义电子签名所使用的技术更加精确、更加趋于成熟，所以世界上一些国家在数字签名立法中对数字签名技术选择方案都采用美国犹他州的模式。

除了上述两种电子签名，还有相对他们折中的概念，即所谓的“强化电子签名”。强化电子签名又称安全电子签名。联合国国际贸委会《统一电子签名规则（草案）》在第 1 条中规定，“强化电子签名，是指可以通过应用安全程序，或各种安全程序的结合对其生成之时的状况进行验证的电子签名，以保证该电子签名：① 对于签署者所使用的目的是独特的；② 可以客观地证明数据电信签署者的身份；③ 由签署者或以签署者独占控制的方式生成并附加于数据电信；④ 是与数据电信紧密联系的，即一旦数据电信有任何变化，就会被反映出来。”强化电子签名的特点在于着重强调电子签名的效果，而在具体实现方式上尽量泛化，以囊括各种技术手段，以便既能全面支持业已成熟的，又为生物法电子签名等新技术的发展与应用在法律上预留了空间。

我国《合同法》第 33 条规定，“当事人采用信件、数据电文等形式订立合同的，可以在合同成立之前要求签订确认书。签订确认书时合同成立。”这就是说，在实行合同签署时，可以不签订确认书，直接使用数字签名；也可以根据实际情况，先签订使用这种方法的确认书，以提高合同的可靠性。

三、电子认证

电子签名只是从技术手段上对签名人身份作出辨认及能对签署文件的发件人与发出电子文件所属关系作出确认的方式，它主要用于数据电文本身的安全，使之不被否认或篡改，是一种技术手段上的保证。但如何解决判定公共密钥的确定性以及私人密钥持有者否认签发文件的可能性等问题，则需要电子认证来解决。电子认证是指在开放性的网络环境下，由第三方机构所提供的鉴别服务。随着因特网广泛的应用，认证机构（Certification Authority，简称 CA 认证机构）服务的作用，就显得越来越重要了。认证机构就是承担网上安全电子交易认证服务、签发数字证书并能确认用户身份的服务机构。目前，许多国家都建立了相应的认证机构，如美国、新加坡和我国香港特别行政区。我国的一些行业也建立了 CA 体系，如中国电信 CA 安全认证体系、中国金融认证中心等。

认证是一种服务，其根本的作用是信用公证，目的是降低电子交易的风险。在电子交易中，交易方的资金实力、生产能力、合同履约能力和诚信水平等是影响交易成功的关键。认证机构提供认证服务，一方面可以向电子交易双方当事人提供大量预防性措施，以减少一方当事人试图抵赖发出、收到某一电子意思表示并欺骗另一方当事人的可能性；另一方面，在交易当事人之间发生纠纷的情况下，也能及时提供有效的解决方法。

（1）电子认证的程序　发件人利用密钥制造系统产生公共和私人密钥，发件人在做电子签名前，签名者（发件人）必须将其身份资讯和公共密钥送到一个经合法注册，具有从事电子认证服务许可证的第三方（CA 认证机构），登记并由该认证机构签发电子印鉴证明（认证证书）。然后，发件人对其要约信息以其私人密钥制作数字签名文件，同电子印鉴证明一并发送给收件人，向其发出要约。收件人经由电子认证证书及电子签名的验证，即可确信电子签名文件的真实性和可靠性。收件人承诺，则电子合同成立。

（2）电子认证的机构　目前在国际上安全认证机构的设置主要有两种途径：一是直接由国家有关职能部门下属单位直接设立，从事电子认证服务工作；二是由政府相关部门作出授权，规定严格的审批条件和程序签发认证证书，同时行使监督权，以确保网络交易的安全性。无论哪种途径，政府扮演的角色至关重要，他要审批一系列满足条件，包括硬件和软件。硬件条件主要是指技术、设备、资金、环境等；软件是指人员、规章制度等。因为只有经国家主管部门授权经营的电子认证服务公司或由主管部门批发经营许可证的 CA 认证机关签发的电子认证证书才具有权威性，政府主管部门可规定法律统一的技术方案以及规范不同级别的电子认证机关的电子认证标准及程序。

【案例】

当事人一方被冒名顶替　做相反意思表示

北京某知名高校心理系学生薛某通过国际互联网向美国密执安州某高校申请奖学金，不久即收到这家高校准备为其提供 1.3 万美元奖学金的电子邮件。但随后薛某又收到这所大学取消该项奖学金的电子邮件，称其既然已经接受了其他学校的邀请就当然失去了获得该项奖学金的权利。

事后经过调查，薛某发现使她的留学梦想化为泡影的那封电子邮件竟然是自己的同学张某冒名顶替发出的。一怒之下，薛某诉至法院，要求其同学张某承担赔偿责任。

起诉的依据是，有人证明在向美国大学发出拒绝信的当天只有张某一人在试验室，并且在拒奖信发出的 4 分钟前，曾用同一台电脑往美国发送过电子邮件。实验证明，关机后重新开启该电脑需运行 5 分钟后方可进入发电子邮件的状态。同时有人证明张某确实发过电子邮件，并在完成发信之后与薛某一起回到宿舍，但是张某拒绝透露其所发信件的内容和对象，所以不可能有别人在4分钟之内用同一电脑发出拒绝信。被告则认为没有直接证据证明拒奖信的发出是被告所为，本案中不排除是其他人通过修改电脑的编号作案的可能性。

最后法院调解结案，由被告赔偿原告人民币3万元。

【评析】

在任何法律关系中，对当事人身份的认定，都是非常重要的，而网上身份认定则显得更为重。在本案中不仅涉及到当事人身份认定的问题，还涉及到电子签名和电子证据的效力、侵权行为等多个相关问题：

1、电子合同当事人的确认问题

在本案中，因美国的学校无法对薛某身份加以辨别，直接影响到电子商务的安全性和可信性，因此，在商务交易中如何确认当事人身份的问题成为直接影响电子商务发展的障碍，也成为界定当事人权利义务关系所必须重视的法律问题。如果，薛某事先与美国学校就奖学金的最终确认事项约定签订书面确认书，或者以双方协议的形式实施电子签名则可能避免上述问题。

2、电子证据的效力问题

电子证据是以通过计算机储存的材料和证据证明案件事实的一种手段，它最大的功能是储存数据和资料，并能综合、连续地反映与案件有关的资料数据。但是，电子证据的物质载体是电磁脉冲，行为人蓄意操作、改变数据或程序，或者截收、监听等对电子证据的数据表示没有任何影响。因为计算机信息是采用二进制数据表示的，以数字信号的方式存在，而数字信号是非连续性的，所以，如果有人故意或因差错对电子证据进行删节、剪接，从技术角度上是无法查清的。在本案中认定被告张某侵权的证据均为间接证据，而其中大部分是电子证据，众所周知由于电子数据存在被删改的可能性，所以其效力的认定将成为审理这类案件的关键问题。

本案最后达成调解原因就在于此。原告所掌握的证据不能够直接证明被告侵权行为的存在，但同时这些证据又可以推断出是被告冒名顶替发出了拒奖信。被告方面，也只能猜测修改可能性的存在，却无法证明自己并没有进行侵权行为。在这种情况下，由于法院无法根据电子证据判定侵权责任的所在，因此法院适时地进行了调解，才使得纠纷得以解决。目前主要问题是需要从法律上确定电子数据证据效力的问题。

3、电子签名和电子认证

应当从技术和法律上确定电子签名和电子认证制度，保证交易的安全性和可信性。电子合同交易中的当事人确认问题，其解决在很大程度上要依赖于计算机技术的发展。这就使得尽快建立在现有技术条件下，解决电子合同纠纷的相关制度的工作，变得十分的紧迫和必要。

第二节 电子商务中的知识产权保护

知识产权从广义上来讲是包括一切人类智力创作的成果。而狭义的知识产权包括著作权、商标权、专利权。知识产权是一种无形资产，它具有专有性、地域性和时间性的特征。随着全球使用互联网的人数不断翻番，计算机网络和电子商务对知识产权法的影响与其他法律部门相比最为广泛和深刻。传统的知识产权法律体系已经难以适应与电子商务有关的知识产权问题的研究。现在各国都在积极制定与电子商务发展相适应的知识产权法律规定。

一、域名与商标权

在现实生活中，每一个公司都有自己的名称和营业地址，很多公司对自己所生产的产品还进行商标注册，用来标注生产、销售产品或提供服务，以区别其他企业提供的同类产品或服务。自从出现互联网后，很多公司还拥有了自己的域名。

域名是以数码代号为基础的网络名称，是在虚拟世界从事商务活动的入门标志。例如 www.microsoft.com 是世界著名的计算机软件公司，这个就是微软公司的域名，它由三部分组成：第一部分“www”表示万维网（网络提供商的名称）；第二部分“.com”表示商业公司，称之为域位；第三部分“Microsoft”是微软公司用以区别其他商业组织或其他机构的标志。

每一个与互联网相联结的网络和主机都被指派了一个独一无二的地址。互联网中的地址方案分为两套：IP 地址系统和域名地址系统。IP 地址是数字型的，使用起来不方便，而域名地址是字符型的相对使用简单从而代替了 IP 地址。但是这两套地址系统其实是一一对应的，也就是说每一个域名地址都与特定的 IP 地址对应，这样就允许各站点用户为自己的网络地址选择一个字符型名称来命名。

域名具有三方面的法律特征：① 标识性，互联网上的不同用户是通过各自的域名来标识自身与其他相区分；② 唯一性，域名在全球都是具有唯一性的，即每个域名在全球范围内都是独一无二的；③ 排他性，一个域名出现就意味着其他域名不能使用与之相同的名称。

由于域名在互联网上是唯一的，一个域名一经注册，其他任何机构就不能再注册相同的名称了。而且在互联网上申请域名注册要遵循“先申请先注册”的原则，即只有申请注册的域名与已注册的所有域名都不相同，才能获得有效的注册。每个用户都想有一个好听的，好记的，有一定特征能给他人深刻印象的域名，所以大部分机构、企业、公司、集团、单位都愿意采用自己单位名称的缩写或商标来定义自己的域名，这样便于他人认识方便查找。

互联网用户与日俱增，域名的需求也就与日俱增。鉴于域名资源越来越少，2000 年 11 月，互联网名称与数码分配公司在原有的通用国际顶级域名的基础上另外确定了 7 个新的顶级域名，即.biz（商业）、.aero（航空业）、.coop（商业协会）、.info（信息）、.museum（博物馆）、.name（个人）、.pro（专业人员）。新增的域名只能暂时缓解.com 域名的拥挤情况。

当有限的供给与无限的需求发生矛盾时，一些投机者就开始恶意抢注那些热门域名来获取金钱。恶意注册行为是行为人明知属于他人享有权利的知名商标、商号或其他标识的文字组成，却故意将他人的知名商标、商号涵盖的文字注册为自己的域名，再以高价将这些域名卖给该知识产权所有人的行为。一段时间抢注风十分盛行，域名侵权案件涉及美国、欧洲、澳洲和亚洲以及其他国家的著名商标、品牌，引起了国际社会的关注和不安。

目前，各国在恶意抢注问题仍然没有系统的法律规定，采取的法律对策主要是依据商标法或关于商业标识保护方面的法律以及不正当竞争法等抢注人的行为做出规范。我国《中国互联网络域名注册暂行管理办法》已经进行了规定：当某个三级域名与我国境内注册的商标或者企业名称相同，并且注册域名不为注册商标或者企业名称持有方拥有时，注册商标或者企业名称持有方若未提出异议，则域名持有方可以继续使用其域名；若注册商标或者企业名称持有方提出异议，在确认其拥有注册商标权或者企业名称权之日起，各级域名管理单位为域名持有方保留 30 日域名服务，30 日后域名服务自动停止，其间一切法律责任和经济纠纷均与各级域名管理单位无关。《中国互联网络域名注册暂行管理办法》还规定，注册域名可以变更或者注销，不许转让或者买卖。

【案例】

从个体工商户抢注“KELON”商标案看恶意抢注的法律效力

原告：广东科龙（容声）集团有限公司（以下简称“科龙公司” ）

被告：吴永安，永安制衣厂负责人（个体工商户）

【案情介绍】

吴永安系广东省新会市荷塘镇南村个体工商户，为永安制衣厂负责人，曾委托广东的嘉星信息联机有限公司于 1997 年 9 月向中国互联网信息中心（CNNIC）注册“kelon.com.cn”这一域名。其注册费 2000 元人民币和年运行费 300 元人民币均由吴永安支付。该域名注册后，吴永安一直未使用，其主页一片空白。1997 年下半年，科龙公司以自己的英文商标“KELON”作为域名向中国互联网络信息中心注册时，发现吴永安已抢注了“www.kelon.com.cn”域名，遂要求吴永安撤销其注册的域名，遭到拒绝。1998 年 1 月，吴永安用传真向科龙公司索取 5 万元的转让费让科龙公司买回该域名，遭到科龙公司拒绝。1998 年 9 月 10 日，科龙公司向北京市海淀区人民法院提起诉讼，请示法院确认永安制衣厂注册“KELON”域名属恶意侵权行为，判令其停止以域名方式侵犯科龙公司的合法权益。12 月，被告改为要求原告支付 2000 元注册费和 300 元的年度运行费，但原告予以拒绝。

北京市海淀区人民法院于 1999 年 3 月在北京正式开庭审理此案。在法庭上，原告诉称被告的抢注行为违反了《中华人民共和国反不正当竞争法》（以下简称《反不正当竞争法》）、《中华人民共和国商标法》等法律规定，侵犯了其合法权利（商标权，商号权和使用商标商号注册域名的权利），故请求人民法院：

（1）确认被告注册域名属恶意侵权行为；

（2）判令被告停止以 CNNIC 域名方式侵犯原告的合法权益；

（3）判令被告负担诉讼费。

经法院调查，科龙公司经国家工商行政管理局商标局核准，早在 1992 年 1 月 30 日就已经注册了“KELON”商标，并取得对该商标的商标专用权。1996 年 8 月 28 日，该商标又被核准由科龙公司在其他 20 余种其他商品上使用。

制衣厂负责人吴永安自知理亏并慑于法律的威严，于 1999 年 3 月 5 日通过特快专递寄信给海淀区人民法院，称永安制衣厂决定自 1999 年 3 月 5 日起注销“www.kelon.com.cn”域名。同时主动向中国互联网信息中心提出申请，要求注销其注册的“www.kelon.com.cn”域名，并交回了注册证书，同时通知了广东的嘉星信息联机有限公司。CNNIC 在 1999 年 3 月 8 日对此作了肯定的答复。3 月 10 日由海淀区人民法院的 3 位法官组成合议庭进行审理。

被告经法院传票传唤未到庭应诉，亦未提出正当理由。根据《中华人民共和国民事诉讼法》第 130 条的规定：“被告经传票传唤，无正当理由拒不到庭的，或者未经法庭许可中途退庭的，可以缺席判决。”合议庭对此案进行合议后作出裁决。

1999 年 5 月 6 日，北京市海淀区人民法院作出民事裁定：

……综观本案全部证据，被告吴永安向中国互联网络信息中心申请注册“KELON”域名，并已获得域名注册证书，但其在注册该域名后，将网页闲置，使得社会公众享有的网络信息、获取公用信息的需求无法实现。其后，被告吴永安得知原告科龙公司注册同一域名未果之时，提出要求科龙公司给付其 5 万元“补偿费”。在诉讼中，被告吴永安先是降低索要数额，后又主动申请注销域名注册，综合被告的上述行为，本院认定被告吴永安注册“KELON”域名行为系以合法形式掩盖非法目的的无效民事行为，法律理应予以禁止。

在本案公开开庭缺席审理之后，鉴于被告吴永安已向中国互联网络信息中心申请撤销已注册的“KELON”域名，并已由该中心注销完结，从而使被告吴永安的无效民事行为在本院作出裁决之前停止，对原告科龙公司“KELON”域名注册权利的妨碍不复存在，本案诉讼失去审理对象，原告科龙公司亦提出撤诉申请。据此，依据《中华人民共和国民事诉讼法》第 131 条第 1 款、第 140 条第 1 款第 5 项之规定，裁定如下：

（1）准许原告广东科龙（容声）集团有限公司撤回对被告吴永安域名注册纠纷的起诉。

（2）案件受理费人民币 100 元，减半收取，由原告广东科龙（容声）集团有限公司负担 50 元（已交纳）。

二、著作权

在网络上，著作权法律问题是非常普遍和复杂的，侵权诉讼案件屡见不鲜。因此，电子商务的参与者应对有关的法律问题有所了解，以免陷入不必要的纠纷之中。

网络上的知识产权信息是公开的，很难被权利人所控制。网络时代的著作权法律问题对传统的知识产权提出了新的挑战，在网上发表文章是否拥有著作权？随意下载网上信息后自行出版图书是否是侵犯知识产权？

在美国“花花公子”案件是第一个涉及到计算机联网系统纠纷的版权案例。“花花公子”杂志诉 Starware 公司从网络上取得其 53 张照片资料，并将之放在 CD-ROM 上贩卖而侵犯了其版权。在我国，关于网络的侵权案件也经常被炒作，王蒙等六作家状告世纪互联公司也是影响较大的著作权纠纷案。上述两起案件法院均判决原告胜诉，这表明了法律界的态度：网络环境下，应加强保护著作权人的权利。

（1）著作权的新客体　网络的出现为著作权增添了新的客体：计算机软件、数据库和多媒体。1990 年我国制定的《著作权法》明确地将计算机软件作为作品来加以保护，并制定了《计算机软件保护条例》。在保护内容上，计算机软件同其他作品一样，最重要的是防止他人对之任意复制。数据库是一个经过系统选择或有序排列而形成的信息材料的集合体。现有的国际知识产权法对有关数据库的保护，只有《尼泊尔公约》和《世界知识产权组织版权条约》。所谓多媒体是指将传统的单纯以文字方式表现的计算机信息在程序的驱动下以文字、图形、声音、动画等多种多样的方式展现出来的作品。目前仍然没有任何法律规定将多媒体纳入著作权，而且多媒体应属于何种作品，计算机程序、视听作品还是汇编作品？这些问题还是有待研究的。

（2）网络侵权行为　目前从国内外的发展情况来看，常见的网络侵犯著作权的行为有以下几种：

1）将受著作权保护的传统作品进行数字化，侵犯了作者的复制权。

2）以商业为目的的讲网络上他人作品下载、复制光盘。

3）将数字化后的作品或者本身就是以数字形式存在的作品上载到网络上，侵犯了著作权人的信息网络传播权。

4）未经许可将作品原件或复制品提供给公众交易或传播，或者明知为侵害权利人著作权的复制品仍然向网上散布以及拟散布的输入上载。

5）网络服务商的侵权行为；如网络服务商提供设备，引导并鼓励用户将游戏软件上载 BBS 以及获取游戏软件行为。

6）违法破解著作权人为防止侵权而采用的技术手段的行为。

7）非法下载网络上传输的作品。

8）故意删除、篡改网络作品著作权管理信息，从而使网络作品面临侵权的危险的行为。

（3）网络著作权纠纷的法律适用　网络著作权纠纷的法律适用于《著作权法》规定：

第四十五条　有下列侵权行为的，应当根据情况，承担停止侵害、消除影响、公开赔礼道歉、赔偿损失等民事责任：

- 未经著作权人许可，以表演、播放、展览、发行、摄制电影、电视、录像或者改编、翻译、注释、编辑等方式使用作品的，本法另有规定的除外（认定向公众传播作品侵害使用权的）。
- 使用他人作品，未按照规定支付报酬的（认定侵害获得权的）。
- 其他侵犯著作权以及与著作权有关的权益的行为（认定故意去除或改变著作权管理信息而导致侵权后果的行为构成侵权的）。

第四十六条　有下列侵权行为的，应当根据情况，承担停止侵害、消除影响、公开赔礼道歉、赔偿损失等民事责任，并可以由著作权行政管理部门给予没收非法所得、罚款等行政处罚：

- 剽窃、抄袭他人作品的（认定剽窃、抄袭他人作品的）。

第三节　消费者权益的保护和消费者隐私权的影响

互联网的应用，使传统的有形市场逐渐被网络空间所代替，这不仅使经营者方式发生巨大变化，同时对于个人消费行为以及相应的消费者权益保护问题都带来了新的问题。为了促进电子商务的健康发展，我们必须对消费者权益保护法重新审议，因为消费者的信心是发展电子商务的关键，如果消费者在网上购物时，其权益和安全性得不到保障，他们就会改变消费方式。

一、消费者权益的保护

在传统交易中，消费者面对着产品手把手的交易中都会碰到商品质量和服务质量等问题。那么在网络上购物所面临的风险将更大，出现的问题也将更多，诸如付了款却收不到货，或是收到的货却与之订购的不相符等等。

目前这些问题还只能依赖于现行的《消费者权益保护法》、《合同法》、《产品质量法》来解决。

（1）电子商务中消费者知情权问题　我国《消费者权益保护法》第 8 条第 2 款规定，“消费者有权根据商品或者服务的不同情况，要求经营者提供商品的价格、产地、生产者、用途、性能、规格、等级、主要成份、生产日期、有效期限、检验合格证明、使用方法说明书、售后服务，或者服务的内容、规格、费用等有关情况”。这条规定说明消费者享有对货物和服务的知情权。知情权是指消费者享有知悉其购买、使用的商品或者接受的服务的真实情况的权利。

电子商务中的交易除了进行交易、送货外，其他在传统购物中的看货、了解情况、试用、讨价还价都变成了虚拟的方式。消费者与供应者并不见面，只是通过网上的宣传了解商品信息，这样自然就产生了如何在消费者不能面对商家和商品的情况下，还能保证消费者可以得到真实可靠的交易信息？我们可以考虑建立一个有助于保护消费者的信用体系，这个体系包括企业的基本情况、资质证明、产品信息及证明、交易情况与信用状况等。

（2）电子商务中格式合同的问题　所谓格式合同是指合同条款由一方当事人预先拟订，对方只能表示全部同意或不同意的合同。格式合同的产生主要目的是降低交易成本，节省谈判时间和费用。在网络时代的商务交易中，商家为了最大限度的保护自己权益和提高利润，绝大多数都采用了格式合同。由于格式合同通常是由商家拟订，所以其利用自己优越的交易地位经常制订不合理的过分有利于自己的条款，加重了消费者的责任。这使得消费者在交易过程中，尤其是一些垄断行业中，往往不得不签定一些非自愿的条款，虽然合同法中当事人享有意思自治原则。

【案例】

从网上购物遇假案看 B2C 在线交易的责任承担问题

【案情介绍】

原告系某电大女生，被告为某网络信息服务公司。原告于 2000 年上半年在被告网上订购了“KOSE 特效嗜喱”一瓶，后发现系假货。为进行网上购物纠纷诉讼之需，原告于 2000 年 8 月 29 日前往公证处，申请对其在网上购物的整个过程进行保全证据。于是在公证员在场的情况下，原告操作计算机在被告的网上订购了“美美化妆品专卖店（化名）”的护肤品中心的“KOSE 特效银杏减肥嗜喱”一瓶，价值人民币 88 元，并在订货表上确认了送货地点和送货时间。公证员在该时间至原告家中等候。届时，该化妆品专卖店的一名送货员将原告订购的“KOSE 特效银杏减肥嗜哩”一瓶送到，原告付清货款人民币 88 元，在送货单上签字后，当场取得盖有该化妆品有限公司的发票专用章的发票和送货单各一张。嗣后，经中日合资春丝丽有限公司上海分公司及高丝国际贸易（上海）有限公司工作人员证实，该产品并非日本 KOSE 公司制造。为此，原告诉至法院，要求根据《消费者权益保护法》的规定，判令被告承担退一赔一的民事责任，共计人民币 176 元；并赔偿公证费 400 元。

另查，被告系外商独资企业。2000 年 6 月 28 日被告与筹建中的美好化妆品有限公司（化名）签订了合作协议书，协议书就该化妆品公司在被告的网上设立网上专卖店销售其经营的系列产品事宜，确定了合作原则、合作目标、协议签订的必要条件、合作方式、双方责任与义务、信息确认及结算方式、纠纷处理等条款。根据协议，美好化妆品公司应支付被告一次性店铺入驻费 1000 元，一次性网页制作费 5000 元，一次性商品登录费 1000 元和每月网页维护费 500 元；被告在商家专卖区域设立美好公司的网上专卖店标志；顾客将在美好公司的网上专卖店内选购物品，被告及时将顾客订单 E-mail 传递给美好公司；美好公司负责开具发票及产品送达事宜，并负责产品的质量保证和售后服务。

【案例评析】

本案属于电子商务中企业与消费者之间的交易，即 B2C 交易模式。目前 B2C 在线交易主要有二种：一种是网络直销，即企业借助网络（通过自己的网站或主页）直接向客户或消费者销售商品，如消费者直接从网站上购物；另一种是中介模式，即商家（或厂家）在网站的商品交易中心建立在线商店，消费者和商家通过网站的交易平台（交易中心）进行交易。前一种模式，商家或厂家需要自建网站，自己管理，花费很大，还需要投入巨额广告费用，以获得较高的点击率。所以这种模式较适合大型企业。而后一种是由商家或厂家委托一知名网站代为打理，网站收取相应的费用。因而商家或厂家的花费较少，比较适合中小型企业。这是从营销的角度来分类的，如果从法律的角度，它们分别是什么样的法律关系呢?网络直销很清楚，它在消费者（买方）与网站或设立网站的公司（卖方）之间成立买卖合同关系；而后一种交易模式就复杂得多，需要结合具体情形分析。

专卖店设立协议是构筑在线交易的一种特殊的或新型的合同关系，这种合同关系包含几种合同的因素，但基本的目的是为欲在网上开展交易的商家提供手段、技术帮助、传递信息等。既然如此，在判断商事交易主体时亦应当适用传统商事的基本原则。在这里，公示或显名原则非常重要。

从本案网上购物实际过程来看，消费者（原告）首先进入网站主页面，在其打开商家专卖店频道进入美美专卖店看到网页的商品陈列、商品规格及价目表等，这些构成要约引诱，消费者下单行为是要约行为；而原告的要约虽然是直接发给网站，但网站只是负责将订单传递给商家，且网站将商家的联系方式告知了原告，并由商家打电话向消费者确认并送货上门，发票也由商家开具。在这一系列行为中，要约的承诺是商家，送货人出具的发票是商家，而且原告在订立合同时（至少是最后确认订货之时）即知道商家是谁（即知道是美好公司）。另外，在实际销售活动中，网站在“商家专卖”频道中有个法律声明，其中一条规定：因在网站购物而遇到商品质量之类的纠纷，您可以按该商品销售商的承诺和有关法律解决，网站在其责任范围内协助您与销售商协商解决。同时规定，只要消费者向商家提交订单，视为接受该规定。这项声明的法律意义无非是要表明网站与商家是相互独立的，网站不承担购物纠纷的法律责任。因此，本案网上交易过程已向消费者表明了真实的卖方，按照商事主体显名规则，这里应当将美好公司解释为卖方。

当然，按照相反的解释，如果在交易过程中，网站并没有清楚地给消费者足够的提示，以表明真正的商家（卖方）是谁，且由网站确认、送货、开具发票，那么，卖方当然地应是网站（公司）。

为了保护消费者的权益，在网上购物可以准用《消费者权益保护法》第38 条的规定，在消费者不能找到真正的卖方是谁或专卖店已经关闭时，可以直接起诉网站，要求承担违约责任。但这种责任是基于对于消费者的特殊保护而产生的，而不是因为网站本应为专卖店出售的商品的卖方。

既然网站不是网上专卖店商品销售的卖方，那么消费者就不应当基于合同要求网站承担违约责任（例如本案卖一罚一责任）。但是，消费者登录网站，到网站里设立的专卖店购物，甚至因购物成为网站购物中心的会员，如果网站一点责任都没有，那么网站的信用如何建立起来，交易安全如何保证呢?毕竟是网站搭起消费者与商家买卖关系的平台或通道。这里涉及网站与消费者之间的关系性质问题。

网站是向社会开放的信息处理和中转站，它为不特定公众提供、传播（发布）信息，也为不特定公众向他人传输信息。网站往往被人们称为“第四媒体”。对于从事 B2C 经营的网站而言，它既将商家的产品信息传递给公众（消费者），又将消费者的订购信息、支付信息等传递给商家。那么网站对于发布和传递的信息应当承担什么义务和责任呢?《欧盟电子商务指令》第 15 条即要求各成员国不应对服务商在从事传输服务、储存服务和主机服务过程中施加监督其传输或储存的信息的一般性义务，也不应对之施加积极查找表明为非法活动的事实或背景的一般性义务。我国国务院 2000 年 9 月 25 日公布的《互联网信息服务管理办法》第 13 条规定，互联网信息服务提供者也只是保证所提供的信息内容的合法，而没有规定这种信息真实、有效。因此，对于单纯信息提供和传输服务而言，网络公司对信息的真实性不直接承担责任。因为在网络环境下，网站自己实际很难控制许多信息源。

若信息涉及到商事交易特别是在网站与商家存在事先的服务或“合作”关系前提下，网站应对其向社会公众发布的信息的真实性和有效性承担责任。这是因为网站能够事先控制信息的发布，应当向社会公众承担一定的注意义务，审查这些信息的真实性和有效性。实际上网站这里只对信息真实性负形式审查义务。网站应审查在其网上开店的商家的营业执照等身份证明，只要商家的有关身份证明合法，网站将其信息发布出去，就算尽到责任了。对于商品，网站不可能也没有权力逐一检查，只要商家能提供该批商品的合格证、来源、销售许可证等证明，网站据此发布的信息就算是真实的信息。总之，只要网站尽到形式审查义务，并将该信息公开就符合了法律的规定。

二、消费者隐私权的影响

隐私权是个人对其私人领域的一种控制权，包括个人对自己私人事务的决定权。隐私权的客体包括私人信息、私人活动和私人领域。

私人信息即当事人姓名、生日、婚姻状况、教育程度、爱好、电话号码、家庭住址、电子邮件地址、信用卡号码、收入状况等。网上的私人活动有当事人上网浏览、购物、娱乐以及其他一些活动。网上的私人领域有电子信箱、电脑系统和数据资料等。

在传统的消费中，隐私保护不属于消费着权益保护的内容，因为商家一般不会询问客户的姓名、地址和收入等情况。但是随着电子商务的发展，我们发现个人信息，包括个人资料、消费习惯、阅读习惯、交往信息、通信信息等，都非常容易被商家和网络经营者收集和利用，侵犯消费者隐私权的行为日益增多。

电子商务对消费者隐私权的影响主要表现在以下几个方面：① 对私人信息的侵害，即未经许可非法搜集、分析、使用、保存和散布这些信息资料。② 对私人活动的侵害，主要表现在对他人上网浏览或购物的全过程实行记录、监视、分析和利用英特尔奔腾芯片上的序列号、微软浏览器上的上网记录设置，都使得用户的上网过程明明白白。③ 对私人领域的侵害，这种侵害表现为发垃圾邮件、采用非法手段访问他人电脑系统和数据资料库等。

目前在电子商务流程中有一个很普遍的模式，就是当个人在网上浏览、购物或注册会员时，总要填写一些关于个人信息的表格，如姓名、生日、婚姻状况、教育程度、爱好、电子邮件地址、收入状况等，对电子商务中个人数据的开发如何加以规范，较为复杂。从商家角度看，其要了解他人的个人信息，主要目的是为了向客户提供更多更好的服务，出发点是好的。但是从消费者角度看，有人感觉个人隐私被泄露。对此应如何取舍如何规范，在既保障消费者个人信息不被侵害，又要保证信息的流动性使电子商务成为商家和消费者沟通的渠道，这些问题都有待探讨。

我国曾有某些网站和公司向社会销售电子邮件地址，在其自我推销的电子邮件中这样写到："我们收集了全球3400万个电脑用户（国内400万用户）、20万家企业的E-mail信箱地址，如果我们利用这丰富的网络资源来推广产品或发布商业信息，将为我们带来巨大的经济利润。而您只需支付几十元人民币，以上所有的E-mail信箱地址即可在我们的网站下载。如果需用CD-ROM光碟交货请加付由深圳到您所在地的足够邮资。"

这些情况表明，在网络环境下的商务活动中，消费者的私人信息、私人活动和私人领域极有可能受到侵害，并且有的已经受到了侵害。

只有当个人隐私和信息流动带来利益取得平衡时，全球信息基础设施上的商务活动才可能兴旺起来。但是网络的安全如此让人担忧，那么如何保护消费者的隐私权呢？

经济合作与发展组织（Organization for Economic Cooperation and Development，简称为OECD）针对电子商务制定了消费者保护指导基准。该基准的核心内容是几个国际应用的基本原则：

1）限制收集原则。需经本人同意，以合法、公正的手段于适当场所收集。

2）目的明确原则。进行收集的目的必须明确。

3）限制利用原则。除本人同意外，不得作目的范围以外的利用。

4）安全保护原则。资料应采取合理的安全保护措施。

5）个人参与原则。个人有权向资料管理人要求不保有自己的资料，知悉自己的资料，并可以请求删除、改正自己的资料。

6）责任义务明确原则。明确管理人员的责任。

在美国实践中，美国政府较为重视电子商务中个人隐私的保护，为了不损害民间创新性，其采取了行业自律的策略。在法国制定的《计算机与自由法》中规定：对信息公平而合法的收集、数据必须是为了专门及法定的目的才能编入档案、负责档案的人有责任采取所有必要的措施来确保档案的留存及数据的机密、任何人有权知晓包含以他为对象的数据的档案的存在情况。

在我国还没有针对个人隐私权保护的法律，其他的法律法规中的相关规定也很单薄，尤其是网络与电子商务中的隐私权问题，在我国法律界还是一个新的命题。我们在制定新的法律法规之前，当务之急是完善现行法律中对一般隐私权的规定。如我国《宪法》的第38条、39条、40条，《最高人民法院关于贯彻执行<中华人民共和国民法通则>若干问题的意见（试行）》第140条的规定。只有将隐私权上升为一种独立的权利种类，我国电子商务环境下的消费者的隐私权保护立法才能建立。

第四节　电子商务中的法律责任

《中华人民共和国计算机信息网络国际联网管理暂行规定实施办法》第14条规定，“违反本规定第六条、第八条和第十条的规定的，由公安机关责令停止联网，给予警告，可以并处15000元以下的罚款；有违法所得的，没收违法所得。”第15条规定，“违反本规定，同时触犯其他有关法律、行政法规的，依照有关法律、行政法规的规定予以处罚；构成犯罪的，依法追究刑事责任。”

《中华人民共和国计算机信息系统安全保护条例》第23条规定，“故意输入计算机病毒以及其他有害数据危害计算机信息系统安全的，或者未经许可出售计算机信息系统安全专用产品的，由公安机关处以警告或者对个人处以5000元以下的罚款、对单位处以15000元以下的罚款；有违法所得的，除予以没收外，可以处以违法所得1至3倍的罚款。”第24条规定，“违反本条例的规定，构成违反治安管理行为的，依照《中华人民共和国治安管理处罚条例》的有关规定处罚；构成犯罪的，依法追究刑事责任”。

针对非法侵入计算机系统的犯罪，《刑法》第285条规定，“违反国家规定，侵入国家事务、国防建设、尖端科学技术领域的计算机信息系统的，处三年以下有期徒刑或者拘役。”

针对破坏计算机信息系统的犯罪，《刑法》第286条第一款规定，“违反国家规定，对计算机信息系统功能进行删除、修改、增加、干扰，造成计算机信息系统不能正常运行，后果严重的，处五年以下有期徒刑或者拘役；后果特别严重的，处五年以上有期徒刑。”第二款规定“违反国家规定，对计算机信息系统中存储、处理或者传输的数据和应用程序进行删除、修改、增加的操作，后果严重的，依照前款的规定处罚。”

针对制作、传播计算机病毒等破坏性程序的犯规，《刑法》第286条第三款规定，“故意制作、传播计算机病毒等破坏性程序，影响计算机系统正常运行，后果严重的，依照第一款的规定处罚”。

针对以计算机为工具实施的犯罪，《刑法》第 287 条规定，“利用计算机实施金融诈骗、盗窃、贪污、挪用公款、窃取国家秘密或者其他犯罪的，依照本法有关规定定罪处罚。”

第五节 公共政策

公共政策是电子商务应用的四大支柱之一。它是指政府制订的促进电子商务发展的宏观政策，包括互联网络的市场准入管理、内容管理、电信及互联网络收费标准的制定、电子商务的税收政策等。

随着经济信息快速发展，网络上不良行为和恶意破坏也随之猖獗，电子商务交易安全将直接影响到整个国民经济的正常运行。有效保护消费者、企业和银行的各种权益成为计算机网络安全保护的一个新重点。

一、国标互联网络行业市场准入

在对信道、互联单位、接入网络及国际联网经营者的管理上，我国的《中华人民共和国计算机信息网络国际联网管理暂行规定》中作了一些明确的规定，如计算机信息网络直接进行国际联网，必须使用邮电部国家公用电信网提供的国际出入口信道。任何单位和个人不得自行建立或者使用其他信道进行国际联网；已经建立的互联网络，根据国务院有关规定调整后，分别由邮电部、电子工业部、国家教育委员会和中国科学院管理，新建的互联网络，必须报国务院批准。接入单位拟从事国际联网经营活动的，应当向有权受理从事国际联网经营活动申请的互联单位主管部门或者主管单位申请领取国际联网经营许可证；未取得国际联网经营许可证的，不得从事国际联网经营业务。接入单位拟从事非经营活动的，应当报经有权受理从事非经营活动申请的互联单位主管部门或者主管单位审批；未经批准的，不得接人互联网络进行国际联网。

建立登记备案制度，《计算机信息网络国际联网安全保护管理办法》规定：互联单位、接入单位、使用计算机信息网络国际联网的法人和其他组织（包括跨省、自治区、直辖市联网的单拉和所属的分支机构），应当自网络正式联通之日起 30 日内，到所在地的省、自治区、直辖市人民政府公安机关指定的受理机关办理备案手续，用户在接入单位办理入网手续时，应当填写由公安部监制的用户备案表。

二、网络内容管理规定

《计算机信息网络国际联网安全保护管理办法》第 5 条规定，“任何单位和个人不得利用国际联网制作、复制、查阅和传播下列信息：（一）煽动抗拒、破坏宪法和法律、行政法规实施的；（二）煽动颠覆国家政权，推翻社会主义制度的；（三）煽动分裂国家、破坏国家统一的；（四）煽动民族仇恨、民族歧视，破坏民族团结的；（五）捏造或者歪曲事实，散布谣言，扰乱社会秩序的；（六）宣扬封建迷信、淫秽、色情、赌博、暴力、凶杀、恐怖，教唆犯罪的；（七）公然侮辱他人或者捏造事实诽谤他人的；（八）损害国家机关信誉的；（九）其他违反宪法和法律、行政法规的。”

《中华人民共和国计算机信息网络国际联网管理暂行规定实施办法》第13条规定，“从事国际联网业务的单位和个人，应当遵守国家有关法律、行政法规，严格执行安全保密制度，不得利用国际联网从事危害国家安全、泄露国家秘密等违法犯罪活动，不得制作、查阅、复制和传播妨碍社会治安的信息和淫秽色情等信息。”

三、网络安全的保护

《计算机信息网络国际联网安全保护管理办法》第6条规定，“任何单位和个人不得从事下列危害计算机信息网络安全的活动：（一）未经允许，进入计算机信息网络或者使用计算机信息网络资源的；（二）未经允许，对计算机信息网络功能进行删除、修改或者增加的；（三）未经允许，对计算机信息网络中存储、处理或者传输的数据和应用程序进行删除、修改或者增加的；（四）故意制作、传播计算机病毒等破坏性程序的；（五）其他危害计算机信息网络安全的。 ”

《中华人民共和国计算机信息系统安全保护条例》规定，计算机信息系统的建设和应用，应当遵守法律、行政法规和国家其他有关规定：计算机信息系统实行安全等级保护。安全等级的划分标准和安全等级保护的具体办法，由公安部会同有关部门制定。计算机机房应当符合国家标准和国家有关规定。在计算机机房附近施工，不得危害计算机信息系统的安全。

进行国际联网的计算机信息系统，由计算机信息系统的使用单位报省级以上人民政府公安机关备案。运输、携带、邮寄计算机信息媒体进出境的，应当如实向海关申报。计算机信息系统的使用单位应当建立健全安全管理制度，负责本单位计算机信息系统的安全保护工作。

对计算机信息系统中发生的案件，有关使用单位应当在24小时内向当地县级以上人民政府公安机关报告。对计算机病毒和危害社会公共安全的其他有害数据的防治研究工作，由公安部归口管理。国家对计算机信息系统安全专用产品的销售实行许可证制度。具体办法由公安部会同有关部门制定。

四、网络保密管理

《计算机信息系统国际联网保密管理规定》规定，上网信息的保密管理坚持“谁上网谁负责”的原则。凡向国际联网的站点提供或发布信息，必须经过保密审查批准。保密审批实行部门管理，有关单位应当根据国家保密法规，建立健全上网信息保密审批领导责任制。提供信息的单位应当按照一定的工作程序，健全信息保密审批制度。凡以提供网上信息服务为目的而采集的信息，除在其它新闻媒体上已公开发表的，组织者在上网发布前，应当征得提供信息单位的同意；凡对网上信息进行扩充或更新，应当认真执行信息保密审核制度。凡在网上开设电子公告系统、聊天室、网络新闻组的单位和用户，应由相应的保密工作机构审批，明确保密要求和责任。任何单位和个人不得在电子公告系统、聊天室、网络新闻组上发布、谈论和传播国家秘密信息。面向社会开放的电子公告系统、聊天室、网络新闻组，开办人或其上级主管部门应认真履行保密义务，建立完善的管理制度，加强监督检查。发现有涉密信息，应及时采取措施，并报告当地保密工作部门。

五、电子商务的税收问题

电子商务以一个虚拟市场进行交易活动，其无纸化操作的快捷性、交易参与者的流动性，使得传统销售模式下的税收难以适应，如何有效的对网上交易征税成为了各国政府面临的一个共同的难题。

美国作为电子商务应用最广、普及率最高的国家，已对电子交易制定了较为明确的税收政策。在税收政策上，认为对电子商务的税收，应遵循中性原则，以免阻碍新技术的发展。1996 年美国财政部发表了《全球电子商务选择性的税收政策》认为“税收应不影响企业对市场行为和贸易方式的经济选择，而应确保市场成为确定贸易方式成败的唯一力量”。文件认为，最好的中性是不开征新税或附加税。同时在税收管辖权上认为地域管辖权应让位于居民管辖权。

1997 年欧洲贸易委员会发布了《欧洲电子商务动议》，支持了美国财政部提出的中性原则，认为通过修改现行税原则比开征新税和附加税更好。

在我国要不要对电子商务征税，对我国的税收制度也带来了直接挑战。在本世纪初全球有 1.45 亿网络用户，电子商务交易额达到上万亿元，我们有必要提前对电子商务模式下的税收制度进行探索。但是由于电子商务的特性，使税收面遭遇到了前所未有的难题，如纳税主体的不确定、征收客体的不确定、纳税环节模糊不清、传统税种与课征方式功能软化、电子商务中的税务稽查问题、电子商务税收管辖权的问题、电子商务引发的国际避税问题。

怎样解决电子商务征税的问题，主要集中在法律设施和技术手段的研究上，我国的财税体制、税收征收管理和征管手段都应逐步完善，以适应电子商务的要求。

【复习思考题】

1. 常见的网络侵犯著作权的行为有哪几种？
2. 电子商务对消费者隐私权的影响主要表现在哪些方面？
3. 目前我国刑法规定的计算机网络犯罪主要有哪些种类？

第五章　企业电子商务应用

【案例】　王者之尊 —— 通用汽车网络营销策略分析

1、概述

通用汽车公司（www.gm.com）是世界上最大的汽车公司，它是由威廉 · 杜兰特于 1908 年 9 月在别克汽车公司的基础上发展起来的，成立于美国的汽车城底特律，除生产销售汽车外，还涉足航空航天、电子通信、工业自动化和金融等领域，从汽车产量看，该公司占美国汽车产量的一半左右，而小轿车则占 60%左右，通用汽车公司在美国最大的 500 家企业中居首位，在世界最大工业企业中位居第二。

通用汽车公司是美国最早实行股份制和专家集团管理的特大型企业之一，通用汽车公司生产的汽车，典型地体现了美国汽车豪华、宽大、内部舒适、速度快、储备功率大等特点，而且通用汽车公司尤其重视质量和新技术的采用，因而通用汽车公司的产品始终在用户心目中享有盛誉。

2、网站设计

整观通用的站点（图 5-1），我们会发现，通用在网站的设计上，充分利用了网站的分帧分层，即连续又间断的特点，将营销主题以渗透性的表现手法化解在各层各页上，具备十足的商业感召力。

在首页设计上充分体现了“关系唯上，客户至尊”的营销主题，阐明了通用是始终以顾客为中心的营销思想。

网站按公司和产品两大部分来组织内容，配以经销商的评价，或是公司管理层对企业方针的阐述，而背景多为春风得意地驾驶着通用汽车的各国顾客，这既体现了通用公司的顾客遍布全球，更突出了通用公司一贯以人为本的营销思想。

在信息组织脉络上，分为产品介绍、企业介绍和汽车导购，使访问者不但可以查询到遍布世界的汽车经销商、零售商和各种型号汽车制造分厂的目录，还可以查阅到通用汽车的历史和新闻及汽车求职等消息，更可以向访问者提供多渠道多选择的产品咨询与购买方案规则，网上汽车导购成为站点不变的主题。

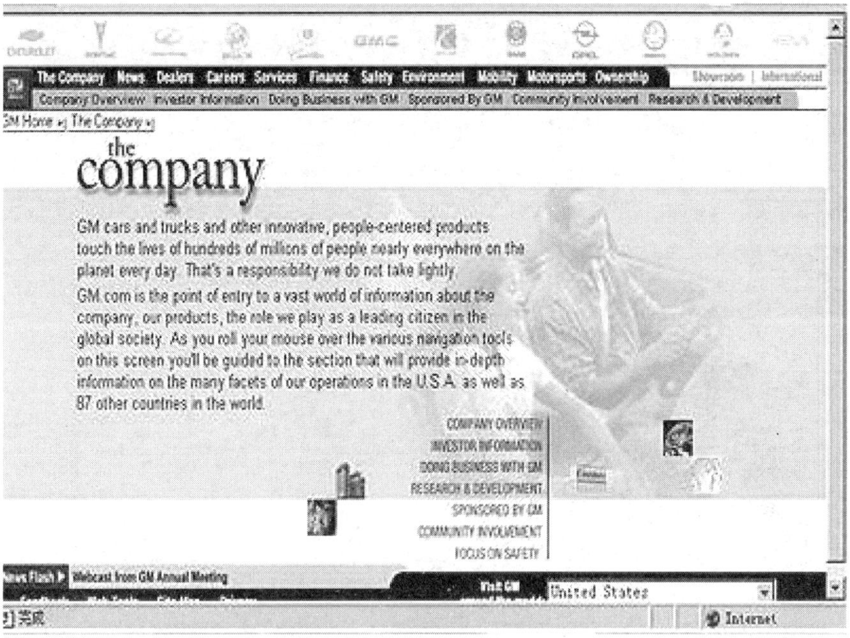

图 5-1　通用汽车公司主页

3、**未来战略**

通用汽车公司计划通过与主要的互联网企业结成联盟，使网站的访问流量大大增加；公司还将加大在消费类电子商务市场上的投入力度，使每年高额的采购业务全部通过 TradeXchange 电子商务系统来完成。

1997 年 6 月上海汽车工业（集团）总公司与美国通用汽车公司合资组建了上海通用汽车有限公司，1998 年 12 月 17 日，第一辆由上海通用汽车生产的别克轿车正式下线，1999 年 4 月 12 日，上海通用汽车正式批量生产 GL、GLX、新世纪三款别克轿车。在中国制造的别克轿车，保留了其品牌的优良传统：世界水平的技术和服务质量，将为中国市场的消费者提供世界级轿车的全新体验。网站（图 5-2）对其他各款新车作了详尽的介绍，并且列出了遍布全国的零售商网络，以方便各地购车人。在整体设计上，突出了通用的魅力和服务无限的宗旨。

通用公司的站点将通用汽车各项规格指标与竞争对手加以比较，以专业技术的开放性战略使之不落后于微软等信息技术网站的“汽车销售点”网站的发展，通用公司将该站点视为客户信息、客户联系技术以及客户经济状况的采集窗口，既是客户与企业的联系纽带，又是企业客户信息管理的外延，在互联网呈指数级增长的今天，通用公司将如何保住自己在世界经济领域的地位，成为新一代的霸主，我们将拭目以待。

图 5-2 通用汽车公司中国网站

第一节 电子商务与企业经营管理

一、电子商务在企业经营管理中的作用

电子商务之所以逐步受到企业界的青睐，主要是因为它在企业的经营管理中具有以下作用。

1、降低企业管理成本

从事电子商务的企业在初期物质、资金及人员投入上都明显低于传统企业。通过企业的内部信息化管理在经营活动的各个环节，如采购、库存、生产、配送等都可以节约成本，从而提高了企业的竞争力。如美国的Dell公司，最早是通过电话和邮寄来实施直销的，后来，通过用户利用因特网，在计算机的帮助下自行选择和下达订单，给Dell公司带来了相当明显的效益，因为Dell公司无需再雇佣大量的电话接线员来接受顾客下达的订单，同时也避免了电话订单中许多不能明确的因素，从而大大地提高了效率。

2、提高企业运营效率，缩短生产周期

企业可以运用企业资源计划、供应链管理、管理信息系统、客户关系管理系统来协调相关部门的步骤，提高企业的运营效率。企业可以通过网上的信息搜集对市场变化作出快速反应；使用电子通信手段与客户联系，缩短了签约时间；通过增值网共享产品规格和图样，提高了产品设计和开发的速度；根据客户订单进行即时生产、即时销售，缩短了生产周期；采用高效快捷的配送中心提供送货服务，提高了配送效率；电子商务促进了供应商、生产企业、配送中心及顾客的纵向一体化。内联网的运用提高了企业信息传递的效率，减少了产品商讨开发、生产和配送的周期，让企业能以更高效率地经营业务，提高企业的核心竞争力。

3、扩展企业市场范围

计算机网络构建了一个虚拟的空间，电子商务则构建了一个虚拟的全球性市场。在这个虚拟的空间里，距离没有了意义，时间没有了限制。在虚拟的市场里，企业可以方便地建立自己的网站，组建虚拟的商场，通过网络进行商务谈判，签订电子合同，实施电子支付。在这个虚拟的市场中，企业的经营规模不受限制，业务范围不受地区和国界的限制，使交易活动可以在任何时间、任何地点进行。

4、企业与客户建立良好的沟通

市场中顾客需求千差万别，消费者的情况又各不相同，因此要想采取有效营销策略来满足每个消费者的需求是非常困难的。互联网出现后改变了这种情况，企业可以利用互联网将企业中的产品介绍、技术支持和订货情况等信息都放到网上，消费者可以随时随地根据自己的需要有选择地了解有关信息，这样就克服了在为顾客提供服务时的时间和空间障碍。成本低，速度快、不通过中间商直接双向沟通；顾客可以随时选购商品。

5、为顾客提供个性化服务

电子商务的最大特点在于以消费者为主导，消费者可根据自己的个性特点和需求在全球范围内寻找满足品，不受地域限制。通过进入感兴趣的企业网址或虚拟商店，消费者可获取产品的更多信息，使购物更显个性。这种个性消费的发展将促使企业重新考虑其营销战略，以消费者的个性需求作为提供产品及服务的出发点。此外，随着计算机辅助设计、人工智能、遥感和遥控技术的进步，现代企业将具备以较低成本进行多品种小批量生产的能力，这一能力的增强为个性营销奠定了基础。但是，要真正实现个性营销还必须解决庞大的促销费用问题。电子商务的出现则为这一难题提供了可行的解决途径。企业的各种销售信息在网络上将以数字化的形式存在，可以极低成本发送并能随时根据需要进行修改，因而可以节省庞大的促销费用，企业也可以根据消费者反馈的信息和要求通过自动服务系统提供特别服务。

6、改变企业竞争方式

在网络经济时代，竞争方式正在发生重大变化，企业拥有的大型商场、仓库及众多员工不再成为竞争的优势。现在的竞争是高科技的竞争，是速度、质量、成本、效率和服务等综合实力的竞争。电子商务为广大中小企业在高科技的竞争中取胜提供了一个新的机遇，它会改变新财富分配的格局。

二、企业如何实施电子商务

1、企业开展电子商务的理由

电子商务将彻底改变传统的商务活动方式，开展电子商务，决不是一时的时髦，而是企业生存发展的需要，企业开展电子商务的理由至少有以下几条：

（1）客观经济环境变化的需要　近年来，企业面临的经营环境已发生了根本性的变化，从供给上讲，资本与技术的扩散，造成全球性的生产过剩，从需求上讲，消费者的需求越来越趋向个性化、多样化，而且变化越来越快。

客观经济环境的变化要求企业实时跟踪市场行情，预见客户需求变化，迅速对客户要求做出反应，并以批量生产的价格，为客户提供订制化的产品，而电子商务，则为企业实现这一目标提供了一种低成本的技术手段。

（2）企业生存竞争的需要　电子商务将大幅度地降低企业经营成本，传统上单靠劳动力便宜参加竞争的企业或地区，如不开展电子商务，将不再有价格优势可言；未来几年内，大量企业、机关、家庭都将上网，企业与客户、供应商、消费者及政府的联系将主要通过互联网进行，企业不开展电子商务，就将成为信息社会中的“信息孤岛”，被排除主流经济圈之外，最后“无商可务”。

如今，交易成否的决定权，已逐渐转移至买方，与客户建立密切、良好的合作关系，已成为企业制胜的关键，而电子商务则是客户服务的最佳手段。

（3）企业迅速发展的需要　如果说在生产高级轿车的技术上我国要比发达国家落后10年的话，那么，在电子商务技术上我国与发达国家的差距不到一年。电子商务将为我国企业的迅速发展提供空前的机遇。

一方面，电子商务将促使信息与技术在国际间快速传播，至少在获取信息的能力上，我国企业将缩小与发达国家同行的距离，另一方面，以网络技术为代表的“新经济”的发展，代表着发达国家又一次产业大升级，这将为我国带来巨大的市场空间，而电子商务，则可以成为我国企业进入这一市场的利器。

2、企业开展电子商务正是时机

目前，即使在开展电子商务最先进的美国，网络企业也是亏多赚少，再加上网络股票的下跌，使不少人对电子商务的前景产生怀疑，极端的直斥电子商务是泡沫，平和一些的也认为，电子商务距为企业带来利润，还有相当的距离。特别在我国，开展电子商务的条件还远不具备。

情况真的如此吗？答案是否定的。

1）网络企业并不等于开展电子商务的企业，在一些纯网上企业，包括亚马逊书店（Amazon）、8848 网上商场等亏损累累的同时，一些传统企业却借助电子商务而大获其利。比如，因特尔、西斯科及戴尔公司等，1999 年戴尔公司的网络销售收入已达 61 亿美元，占总销售收入的 40%。

纯粹的网上企业当然有其生存的空间，但电子商务的真正生命力在于与传统产业的结合，特别是在我国。我们可能很难预言一个单靠网络广告收入的企业多长时间能赢利，但我们却可以大胆预言，一个制造业企业开展电子商务立即就可以带来效益，至少，企业可以节约通信、采购成本，可以了解市场行情，还可以免费宣传自己。

2）电子商务并非只有唯一的模式，它也是分层次、分阶段的。目前，由于受条件限制，我国绝大多数企业开展完整的电子商务尚有困难，但却并不妨碍从简、从易做起，比如，“在线找客户，离线做交易”，又如在网上采购招标等，而且，它同样可以为企业带来巨大的效益，比如，北京开关厂通过在线采购招标，一年投入 3000 元，节约采购成本 240 万，投资回报率高达 80000%。

3）虽然目前国内开展电子商务的环境确有很多不尽人意之处，以至有所谓“三座大山”的说法，即“上网价格高，速度慢，人员少；网上结算体系不成熟；商品配送困难”等。但是，企业可以研究市场，却无权抱怨环境，一个企业人的使命就是创造条件，去适应环境，“三座大山”对有志者来讲，正意味着机会，只有当一个企业克服了障碍，而别的企业却不能克服时，它才可能作为先行者获取丰厚的报酬，否则，如果没有障碍，人人都能开展，它可能反到无法赢利了。

冷静、客观地分析我国目前的经济社会环境，只要企业定位准确，现阶段仍然可以在网上为企业找到赢利的空间。

3、企业实现电子商务的战略层次

企业电子商务战略的选择包括三个方面，即：B2B 战略选择、企业内部信息化战略选择以及 B2C 战略选择。根据电子商务运作程度的不同，可以把企业实现的电子商务战略分为三个层次：

（1）初级电子商务战略　初级电子商务战略是指企业开始在传统的商务活动之中，部分引入计算机网络信息处理与交换技术，代替企业内部或外部的信息存储和传递方式。如建立企业内部网，实现企业信息资源的存储和处理；在 Internet 上建立网页宣传企业形象；通过内部网实现电子邮件传递。

初级电子商务战略的特点是投资成本低，易于操作。在初级电子商务战略之下，并未构成交易成立的有效条件，并不涉及复杂的技术和法律问题。

（2）中级电子商务战略　中级电子商务战略将企业利用计算机网络的信息传递构成了履行商务合同的部分义务。例如企业实施网上在线交易系统，贸易伙伴之间约定文件或单据的传输等。使企业逐渐走上了建立企业外联网（Extranet）的道路。

相对于初级层次，中级电子商务战略程度有所加深，但仍需要不同程度的人工干预，但已经构成合同履行的一部分，从而涉及到复杂的技术和法律问题。

（3）高级电子商务战略　高级电子商务战略将企业商务活动全过程利用计算机网络的信息处理和信息传输所代替，最大限度地降低了人工干预，实现信息流、商流、资金流和部分物流完整的实现。企业通过业务流程再造，为电子商务系统的建立奠定了坚实的基础。企业通过构架完整的供应链管理系统，开展基于因特网的营销活动。

这一层次的电子商务是企业与企业、企业与消费者、企业与政府的电子商务的有机结合。企业建立和实现电子商务的步骤，可以逐步完善。

4．企业实施电子商务的步骤

企业实施电子商务应当循序渐进地进行。从实现技术上来说，电子商务走过了从简单到复杂再到完善的过程。而从企业经营管理角度上，也应当遵循这一过程。

企业首先应当健全信息机制，高效获取内部和外部信息，并通过网络实现企业内外的共享；企业需要进一步完善管理信息系统，使得其能够从仅处理内部信息扩展到能够处理外部信息，形成 Intranet 和 Extranet 相结合的网络，使得企业内部、分销商和企业伙伴之间，都可以通过这个网络进行交流。

企业的电子商务实施步骤具体包括：

（1）商情发布阶段　多数企业都是先从电子邮件开始，简化并理顺企业内外的联系。这是企业开展电子商务的最简单方法。随着网络应用的普及，企业开始建立自己的网页并将信息发布上网，从而不必向每个人发送同样的电子邮件，Internet 提供了厂家与客户联系的新渠道。

（2）建立企业 Intranet　经过简单的商情发布阶段以后，企业要解决的问题是组建企业 Intranet，保证企业内部的工作流程和业务流程逐步实现自动化。这个阶段又称为办公自动化和企业内部 Intranet 阶段。再进一步，利用 Intranet 使商业伙伴、供应商和分销商进行合作成为可能，信息不仅在企业内部流动，也在企业之间流动，更多的动态信息将在网上出现，包括各类商业文件，这个阶段称为企业外联网（Extranet）阶段。

（3）在网上开展商务交易活动 完整的企业电子商务解决方案就是要通过新的市场和电子渠道增加企业收入。应包括以下四个方面的具体应用：

1）市场与售前服务，主要通过建立主页等手段树立企业和产品的品牌形象。

2）销售活动，如 POS 机管理、智能目录、安全付款等。

3）客户服务，即完成电子订单和售后服务。

4）电子购物与电子交易。

（4）建立完整运作规则之下的企业电子商务应用 在建设完整运作规则之下的企业电子商务系统时，应当考虑到以下几个方面：

1）电子商务关系到企业业务模式，而不仅仅是技术。

2）在现有的基础上构建电子商务。

3）从简单开始，快速增长。

4）制定期望的目标和计划。

通过以上几个步骤，企业根据适合自身的电子商务战略，选择电子商务方案提供商的整体方案，最终实现全方位的电子商务应用。

三、企业电子商务的模式

不同的企业在运用电子商务时，主要是根据自身和经营特点，实施电子商务战略的。基于因特网的企业电子商务主要有两种典型的商业模式：即 B2C 模式和 B2B 模式。

1、企业 B2C 电子商务模式

对企业而言，在网上销售实物商品与销售无形产品和服务是有很大不同的，它们的方式也有较大的区别。

（1）实物商品的 B2C 电子商务模式 这种模式是指商品的购买是在国际互联网上成交的，而实际商品的交付仍然通过物流配送方式，而不是通过网络载体来实现的。

目前在网上交易活跃的实物商品依次为：

1）电脑产品。

2）旅游。

3）娱乐。

4）服饰。

5）食品饮料。

6）礼品鲜花。

目前虽说网上实物商品的交易不算十分普及，但网上成交额有增无减。以网络直销模式而闻名天下的美国戴尔公司 1996 年便不失时机地设立了网上商店，当时每天的销售额约为 100 万美元。现在每天的网上销售额高达 600 万美元，而戴尔的网站每周约有 200 万人访问。

莎啦啦（中国）连锁鲜花网（http：//www.salala.com.cn），也是一个比较成功的网上鲜花店。2000 年 5 月它引进了包括国内数家财团和新加坡财团在内的风险投资，开始走上创立中国网络鲜花第一品牌之路。莎啦啦鲜花网以鲜花零售为自己的主要业务，同时兼营礼品。同时拥有较完备的网上支付手段、庞大的配送网络、优秀的服务意识。莎啦啦成立以来成长迅速，先后开辟了新浪、8848、网易等网上专卖店，同时也加强了连锁店的开发工作，现在拥有超过 200 个分布在全国各地的连锁店，成为行业内规模、实力首屈一指的专业网络鲜花店。目前莎啦啦已经成为新浪网在鲜花类别的唯一战略合作伙伴。

（2）无形产品和服务的 B2C 电子商务模式　无形产品和服务的电子商务主要有：网上订阅模式、付费浏览模式、广告支持模式和网上赠予模式。网络本身具有信息传递和信息处理的功能，因此无形产品和服务（如信息、计算机软件、视听娱乐产品等）就可以通过网络直接向消费者提供。

1）网上订阅模式。是指企业通过网页安排向消费者提供网上直接订阅、直接信息浏览的电子商务模式。该模式主要用来销售报刊杂志、有线电视节日等，主要包括在线服务如美国在线（AOL）和微软网络（Microsoft Network），在线出版如《华尔街日报》、《今日美国》，在线娱乐如网上游戏、在线电影等。

2）付费浏览模式。是指企业通过网页安排向消费者提供计次收费性网上信息浏览和信息下载的电子商务模式。付费浏览模式让消费者根据自己的需要，在网上有选择地浏览文章、书籍或是杂志刊物等想要的信息，并以付费的形式获取在数据库里查询所需的内容。

3）广告支持模式。是指在线服务商免费向消费者或用户提供信息在线服务，而营业活动全部由广告收入支持。如 Yahoo 和 baidu 等在线搜索服务网站就是依靠广告收入来维持其经营活动的。

4）网上赠予模式。是指企业借助于国际互联网全球广泛性的优势，向互联网上的用户免费赠送软件产品，以扩大其知名度和市场份额。这种模式实质是一种“先试用，后购买”方式。用户先免费下载有关软件，试用 60 或 90 天后，再决定是否购买。适宜采用这种模式的企业主要有软件公司和出版商。在这一方面网景公司（Netscape）做得很成功，而微软公司在使用这一模式来扩大市场份额上与网景相比也有过之而无不及。微软公司在网上赠 IE 浏览器、网络服务器和互联网信息服务器（IIS）等。

2、企业 B2B 的电子商务模式

尽管国内目前在企业对消费者的网上购物方面热热闹闹，从网站的宣传

和各种媒体的报道都表现了极大的热情和关注，但大多数的交易还是在企业之间发生的。据 eMarketer 最新研究报告，目前，世界上 80%的电子商务交易额是在企业之间，而不是企业与消费者之间完成的。B2B 业务在电子商务中的比例将在未来几年内继续增长，因此可以看出企业之间的电子商务有着巨大的需求和旺盛的生命力，是电子商务的主体。

企业间电子商务模式可以为两种类型，即垂直型的 B2B 和水平型的 B2B。

（1）垂直 B2B 模式　垂直 B2B 可以分为两个方向，即上游和下游。生产商或商业零售商可以与上游的供应商之间形成供货关系；生产商可与下游的经销商形成销货关系。采用此方案的企业，需要建立自己的 B2B 网站，并将其与企业内部的 Intrant 连接为一体，实现网上原材料采购、产品销售、客户服务与企业内部的产品计划管理、进货管理、库存管理、生产与制造管理、财务会计管理、运输与配送管理的系统集成。

在美国由三大汽车厂所形成的汽车零件交易网便是一种垂直 B2B 模式，在这种模式里，汽车厂要很快地找到有足够货源的零件供应商，而供应商也可以迅速地将产品销售出去，甚至连库存品也可通过拍卖的方式售出。目前在国内也有不少垂直型的 B2B 企业电子商务网站，如易创化工网（www.chempages.com）、中国粮食贸易网（www.cctn.net.cn）、中国纺织在线（www.chinatextileonline.net）、中国纸网（www.paperec.com）、美家美装饰网（www.Meijiamei.com）、易连电子商务网（www.easelink.com）等。

垂直型 B2B 模式追求的是“专”。其吸引的是针对性较强的客户，而这批针对性较强的客户是这些网站最有价值的财富，是真正的潜在商家，这种市场一旦形成，就具有极大的竞争优势。

（2）水平 B2B 模式　水平 B2B 是将各个行业中相近的交易过程集中到一个中介场所，为企业的采购方和供应方提供了一个交易的机会。采用水平 B2B 方案的企业，不需建立自己的电子商务网站，只要注册成为电子商务中介网站的会员，就可以在网站上发布企业的供求信息，完成询价、报价、贸易谈判、签订合同等交易过程，并可在中介企业的支持下，实现网上支付、物流配送和商品交割等环节。

可提供电子商务中介服务的网站有中国商品交易中心（www.ccec.com.cn）、阿里巴巴（http://www.alibaba.com）、首都电子商场（http://info.beijing.com.cn/）等。

水平 B2B 模式追求的是“全”，这一模式能够获得收益的机会很多，而且潜在的用户群也比较大，所以它能够迅速地获得收益。但是其风险主要体现在用户群是不稳定的，被模仿的风险也很大。

第二节 电子商务与供应链

一种新的概念在企业生产经营中得到认同，即，从生产到最终的销售应实行统一的高效管理 —— 供应链管理。

生产企业与批发商或者生产企业与零售商的联合，组成了高效的供应链管理系统。在这一系统下，曾经在原来的商务活动中被认为是理所当然的，而且是非常重要的“订货”行为，今后将不复存在。

随着供应链管理的实施，供应链体系内的重复多余环节将会被消除，最终只剩下最直接的交易过程，即生产企业与零售商之间的直接交易。

一、供应链与供应链管理

实现信息共享是供应链管理系统建设的基础。在早些时候，企业间的信息交换多是通过专用线路或者 VAN（增值网）等 EDI 信息交换系统来实现的。

但是，随着互联网的迅速发展，最近利用互联网的 Web 技术作为系统基础来实现信息共享的企业越来越普遍。

1、供应链（Supply Chain）的概念

我们先来看一个例子（图 5-3）。这是一个非常典型的完整供应链。它从

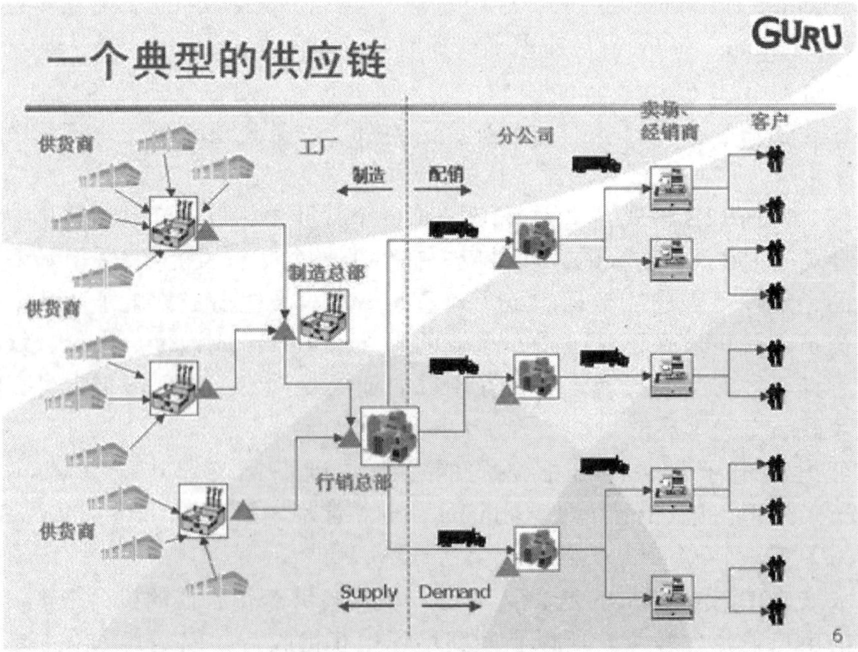

图 5-3 典型供应链举例

供货商向制造工厂供货开始。每个工厂都可能负责不同的部分，即不同区域的工厂生产的是不同型号的产品，或者生产产品里面的某一个部分，最后汇集到制造总部。制造总部做完之后，转给行销总部，行销总部会把产品送给分公司，分公司经过经销商再卖给客户。

企业从原材料和零部件采购、运输、加工制造、分销直至最终送到顾客手中的这一过程被看成是一个环环相扣的链条，这就是供应链。

供应链的概念是从扩大的生产（Extended Production）概念发展来的，它将企业的生产活动进行了前伸和后延。

譬如，日本丰田公司的精益协作方式中就将供应商的活动视为生产活动的有机组成部分而加以控制和协调。这就是向前延伸。

后延是指将生产活动延伸至产品的销售和服务阶段。所谓供应链，是指产品生产和流通过程中所涉及的原材料供应商、生产商、批发商、零售商以及最终消费者组成的供需网络，即由物料获取、物料加工、并将成品送到用户手中这一过程所涉及的企业和企业部门组成的一个网络。

供应链一般分为内部供应链和外部供应链。

供应链意味着在上下游企业之间形成一条从供应商到制造商再到分销商的贯穿所有企业的“链”，把所有相邻企业依次连接起来，实现了管理的“纵向一体化”。这条链上的节点企业必须达到同步、协调运行，才有可能使链上的所有企业都能受益。供应链是围绕核心企业，通过对信息流、物流、资金流的控制，从采购原材料开始，制成中间产品以及最终产品，最后由销售网络把产品送到消费者手中的将供应商、制造商、分销商、零售商、直到最终用户连成一个整体的功能链状结构模式，如图 5-4 示。

图 5-4　供应链中的链状结构模式

2、供应链管理（Supply Chain Management，简称为 SCM）的概念

供应链管理就是指对整个供应链系统进行计划、协调、操作、控制和优化的各种活动和过程，其目标是要将顾客所需的正确的产品（Right Product）能够在正确的时间（Right Time）、按照正确的数量（Right Quantity）、正确的质量（Right Qulity）和正确的状态（Right Status）送到正确的地点（Right Place）——即“6R”，并使总成本最小。

以前的供应链管理重点放在管理库存上，作为平衡有限的生产能力和适应用户需求变化的缓冲手段，它通过各种协调手段，寻求把产品迅速、可靠地送到用户手中所需要的费用与生产、库存管理之间的平衡点，从而确定最佳的库存投资额。因此其主要的任务是管理库存和运输。

现在的供应链管理则把供应链上各个企业作为一个不可分割的整体,使供应链上各个企业分担的采购、生产、分销和销售职能成为一个协调发展的有机体。

供应链管理以同步化、集成化生产计划为指导，以各种技术为支持，尤其以计算机网络为依托，围绕供应、生产作业、物流、满足需求来实施。供应链管理主要包括计划、合作、控制从供应商到用户的物料和信息，其目标在于提高用户服务水平和降低总的交易成本，并且寻求两个目标之间的平衡。

美国日用品制造商 Proctor&Gamble（简称 P&G，宝洁）和全球最大的百货零售企业 WalMart，早期就启用了供应链管理，在近年全球经济不景气的情况下，他们却继续保持着不断增长盈利的势头，企业发展也达到了相当大的规模。P&G 有 10 万名员工，生产 250 种日用品，供应全球 100 多个国家的 50 亿人消费；WalMart 有 140 万名员工，在全球拥有 4400 多家大型百货零售店和大卖场，每星期就有 1 亿人光顾。

3、电子商务时代的供应链管理

传统商务的本质特征，是生产和消费之间存在一个物理空间上的中间第三方 —— 商场；而电子商务是 Internet 爆炸式发展的直接产物，Internet 本身所具有的开放性、全球性，低成本，高效率的特点，也成为电子商务的内在特征，并使得电子商务大大超越了作为一种新的贸易形式所具有的价值，它不仅会改变公司本身的生产、经营以及管理活动，而且将影响到整个社会的经济运行与结构。

电子商务的出现强迫制造商和批发商对零售商和顾客作出更加积极的响应，并创造出对供应链规划能力的要求。同时，竞争的压力正逼迫制造商降低成本，缩短订货时间，提高操作效率。因此，制造商处于极大的压力之下，他们需要利用计算机技术更好地管理供应链，提高制造效率并改善物流工作，同时保持对变化市场和顾客需求的积极响应。供应商、制造商、零售商和顾客之间的交互正日益向复杂和全球化的方向发展。

通过信息技术的运用，可以有效地实现供应商、制造商、分销商和用户之间的信息集成。在企业内部，信息技术的应用也可以改善部门之间的联系。Internet 加强了用户的“pull”机制，使用户可以直接从供应商那里获得产品的同时获得有用信息，而且通过 Internet，可使企业能以更低的成本加入到供应链联盟中。例如，零售商的销售信息可以直接由他们的供应商提取，供应商再根据这些信息主动做好生产计划和库存补充计划。因此，供应链各节点企业通过信息技术实现信息集成，整个供应链的信息流成为一个整体，可以大大提高整个供应链的生产力，在为用户提供更大的附加值的同时，也提高了自己的竞争力。

建立在新技术的平台之上的供应链应用也取得了进步，提高了组织通过协作信息共享和规划来集成过程的能力。在电子商务时代的供应链管理模式之下，信息正在取代库存，擅长管理信息的企业不会有昂贵的库存积压。当竞争从企业对企业转向供应链对供应链时，不理解这一趋势的企业将被淘汰，而利用先进的供应链管理实践则会为企业带来巨大的竞争优势。

二、电子商务下供应链管理的内容

供应链管理主要涉及到四个领域：供应、生产计划、物流、需求。供应链管理以同步化、集成化生产计划为指导，借助网络技术、资源管理、信息管理等支持，围绕着四个领域来实施。其目标在于寻求降低总的交易成本和提高客户服务水平之间的平衡点，如图 5-5 所示。

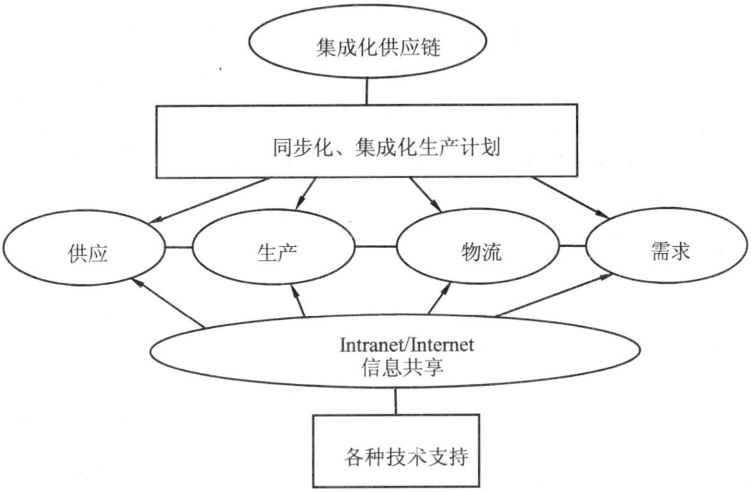

图 5-5　供应链管理涉及的领域内容

供应链管理是实现电子商务的关键，它要求广泛收集顾客需求信息，根据信息作出能够保持良好利润水平的采购预测，及时与生产商的信息沟通，有效实行物流的跟踪与库存控制，降低流通过程中每个环节的库存量。

供应链管理的内容包括以下几个方面。

（1）物流管理　即材料和产品的移动和存储策略的管理，材料和产品是从供应商通过公司的分配系统向零售店和客户运动的。

（2）实物分配管理　通过计划和调整，控制货物的实际运动。

（3）分配需求计划　涉及关于仓库、码头、运输的容量和发货管理的物流或配送主管制定计划的过程。

（4）实物库存管理　决定库存的水平和重新进货的频率，它取决于经营的水平、业务管理的服务水平。

（5）仓库管理　包括存货地点，产品存放、挑选、接收、分配的管理，以及这些过程的质量监督。

（6）劳务管理　包括劳务、工作量计划、劳务质量监督、时间和出勤率，个人信息和员工薪资总额信息。

（7）商品的运输管理　包括选择运输方式、运输计划、船队管理、装载量计划、运输工具时刻表。路径计划和时刻表、交付时刻表、运输工具的跟踪和监督等。

（8）单元化　决定在分配渠道的每个阶段产品的最合适的数量管理。

（9）沟通　需要在供应链中向上和向下传递的所有信息，即需求预测、销售记录、追加订货等。

三、电子商务下供应链管理的方法

我们首先要提出一个供应链管理的三字诀，即 See、Think 和 Respond，即看、想和反应。第一个讲的是要有锐利的眼睛，要看到市场到底需要什么东西；第二个是要有聪明的大脑，去做供应链规划。第三个是敏捷的四肢，能够很快地做出反应，即执行。这三个步骤的先后顺序很重要，一定要先从第一步开始，做完之后才能进入到第二步，最后做第三步。当然，其中最难的就是供应链的执行。

2000 年电子商务最热门的时候，大家又谈到一个名词，叫供应链协同。协同就是讲计划和执行的协同，即大家一起来进行规划，一起来做执行。ERP 实际上是供应链管理的第一步。ERP 就是由很多循环构成的，比如订单管理、生产派工、库存管理、采购管理等，这些循环结合起来就是一个好的 ERP 系统。第二步是数据同步采集与实时分析，即 B2B、EAI、EIP 等。通过 B2B 的方式，把所有的数据采集回来，有了数据之后，才能去评估供应链到底做得好不好。第三步开始做所谓的接单，即电子订单系统。其实国内的很多企业都在使用这个系统，有些是自己的分公司在使用，有些是给经销商使用的。通过这个系统可以降低库存。第四步就是所谓的供应链规划。第五步就是所谓的电子采购系统 SRM，包括采购订单的管理。最后一步就是 VMI 库存管理。由此构成了全方位供应链管理。

目前应用较多的供应链管理的方法有快速响应法（QR）、客户有效响应法（ECR）、电子订货系统（EOS）及企业资源计划（ERP）。

1、**快速反应法**（Quick Response）

是指物流企业面对多品种、小批量的买方市场，不是储备了“产品”，而是准备了各种“要素”，在用户提出要求时，能以最快的速度抽取“要素”，及时“组装”，提供所需服务或产品。

QR是美国纺织服装业发展起来的一种供应链管理方法。它是美国零售商、服装制造商以及纺织品供应商开发的整体业务概念，目的是减少原材料到销售点的时间和整个供应链上的库存，最大限度地提高供应链管理的运作效率。

QR要求零售商和供应商一起工作，通过共享POS信息来预测商品的未来补货需求，以及不断地监视趋势以探索新产品的机会，以便对消费者的需求能更快地作出反应。在运作方面，双方利用EDI来加速信息流，并通过共同组织活动来使得前置时间和费用最小。

QR的着重点是对消费者需求作出快速反应。下面以美国零售业的著名企业WalMart公司与服装制造企业Semino1e Manufacturing Co.，以及面料生产企业Milliken公司合作建立QR系统为例说明QR的实施阶段。

WalMart与Semino1e和Milliken建立QR系统的过程可分为三个阶段。

（1）QR的初期阶段　WalMart公司1983年开始采用POS系统，1985年开始建立EDI系统。1986年与Seminole公司和Milliken公司在服装商品方面开展合作，开始建立垂直型的快速供应（QR）系统。当时合作的领域是订货业务和付款通知业务。通过电子数据交换系统发出订货明细清单和受理付款通知，来提高订货速度和准确性，以及节约相关事务的作业成本。

（2）QR的发展阶段　为了促进行业内电子化商务的发展，WalMart与行业内的其他商家一起成立VICS委员会（Vo1untary Inter-Industry Communications Standards Committee）来协商确定行业统一的EDI标准和商品识别标准。VICS委员会制定了行业统一的EDI标准并确定商品识别标准采用UPC商品识别码。WalMart公司基于行业统一标准设计出POS数据的输送格式，通过EDI系统向供应方传送POS数据。供应方基于WalMart传送来的POS信息，可及时了解WalMart的商品销售状况，把握商品的需求动向，并及时调整生产计划和材料采购计划。供应方利用EDI系统在发货之前向WalMart传送预先发货清单（Advanced Shipping Notice简称为ASN）。这样，WalMart事前可以做好进货准备工作，同时可以省去货物数据的输入作业，使商品检验作业效率化。WalMart在接收货物时，用扫描读取机器读取包装箱上的物流条形码，把扫描读取机器读取的信息与预先储存在计算机内的进货清单ASN进行核对，判断到货和发货清单是否一致，从而简化了检验作业。在此基础上，利用电子支付系统EFT向供应方支付货款。同时只要把ASN数据和POS数据比较，就能迅速知道商品库存的信息。这样做的结果使WalMart不仅节约了大量事务性作业成本，而且还能压缩库存，提高商品周转率。在此阶段，WalMart 公司开始把 QR 的应用范围扩大至其他商品和供应商。

（3）QR 的成熟阶段　WalMart 把零售店商品的进货和库存管理的职能转移给供应方（生产厂家），由生产厂家对 WalMart 的流通库存进行管理和控制。即采用生产厂家管理的库存方式（Vendor Managed Inventories 简称为 VMI）。WalMart 让供应方与之共同管理营运 Wal-Mart 的流通中心。在流通中心保管的商品所有权属于供应方。供应方对 POS 信息和 ASN 信息进行分析，把握商品的销售和 WalMart 的库存动向。在此基础上，决定什么时间，把什么类型商品，以什么方式向什么店铺发货。发货的信息预先以 ASN 形式传送给 WalMart，以多频度小数量进行连续库存补充，即采用连续补充库存方式（Continuous Replenishment Program 简称为 CRP）。由于采用 VMI 和 CRP，供应方不仅能减少本企业的库存，还能减少 WalMart 的库存，实现整个供应链的库存水平最小化。另外，对 WalMart 来说，省去了商品进货的业务，节约了成本，同时能集中精力于销售活动。并且，事先能得知供应方的商品促销计划和商品生产计划，能够以较低的价格进货。这些为 WalMart 进行价格竞争提供了条件。

2、客户有效响应法

客户有效响应法，简称为 ECR，它是在食品杂货分销系统中，分销商和供应商为消除系统中不必要的成本和费用，给客户带来更大效益而进行密切合作的一种供应链管理策略。

ECR 的最终目标是建立一个具有高效反应能力和以客户需求为基础的系统，使零售商及供应商以业务伙伴方式合作，提高整个食品杂货供应链的效率，而不是单个环节的效率，从而大大降低整个系统的成本、库存和物资储备，同时为客户提供更好的服务。

要实施“客户有效响应法”这一战略思想，首先，应联合整个供应链所涉及的供应商、分销商以及零售商，改善供应链中的业务流程，使其最合理有效；其次，再以较低的成本，使这些业务流程自动化，以进一步降低供应链的成本。具体地说，实施 ECR 需要将条码、扫描技术、POS 系统和 EDI 集成起来，在供应链（由生产线直至付款柜台）之间建立一个无纸系统，以确保产品能不间断地由供应商流向最终客户，同时，信息流能够在开放的供应链中循环流动。这样，才能满足客户对产品和信息的需求，即给客户提供最优质的产品和适时准确的信息。

“客户有效响应法”是一种运用于工商业的策略，供应商和零售商通过共同合作（如：建立供应商、分销商、零售商联盟），改善其在货物补充过程中的全球性效率，而不是以单方面不协调的行动来提高生产力，这样能节省由生产到最后销售的贸易周期的成本。

通过 ECR，如计算机辅助订货技术，零售商无需接发订购单，即可实现订货；供应商则可利用 ECR 的连续补充技术，随时满足客户的补货需求，使零售商的存货保持在最优水平，从而提供高水平的客户服务，并进一步加强与客户的关系，同时，供应商也可从商店的销售点数据中获得新的市场信息，改变销售策略；对于分销商来说，ECR 可使其快速分拣、运输包装，加快订购货物的流动速度，进而使消费者享用更新鲜的物品，增加购物的便利和选择，并加强消费者对特定物品的偏好。

3、**电子订货系统**（E1ectronic Ordering System，简称为 EOS）

电子订货系统是指将批发、零售商场所发生的订货数据输入计算机，即刻通过计算机通信网络将资料传送至总公司、批发商、商品供货商或制造商处。

因此，EOS 能处理从新商品资料的说明直到会计结算等所有商品交易过程中的作业，可以说 EOS 涵盖了整个商流。在寸土寸金的情况下，零售业已没有许多空间用于存放货物，在要求供货商及时补足售出商品的数量且不能有缺货的前提下，更必须采用 EOS 系统。EDI / EOS 因内涵了许多先进的管理手段，因此在国际上使用非常广泛，并且越来越受到商业界的青睐。

EOS 系统并非是单个的零售店与单个的批发商组成的系统，而是许多零售店和许多批发商组成的大系统的整体运作方式。EOS 系统基本上是在零售店的终端利用条码阅读器获取准备采购的商品条码，并在终端机上输入订货材料，利用电话线通过调制解调器传到批发商的计算机中；批发商开出提货传票，并根据传票，同时开出拣货单，实施拣发，然后依据送货传票进行商品发货；送货传票上的资料便成为零售商的应付账款资料及批发商的应收账款资料，并接到应收账款的系统中去；零售商对送到的货物进行检验后，便可以陈列与销售了。

4、**企业资源计划**（Enterprise Resource P1anning，简称为 ERP）

企业资源计划系统的核心管理思想就是实现对整个供应链的有效管理，主要体现在以下三个方面。

（1）体现对整个供应链资源进行管理的思想　在电子商务时代仅靠企业自身的资源不可能有效地参与市场的竞争，还必须把经营过程中的有关各方如供应商、制造工厂、分销网络、客户等纳入一个紧密的供应链中，才能有效地安排企业的产、供、销活动，满足企业利用全社会一切资源快速高效进行生产经营的需求，以期进一步提高效率和在市场上获得竞争的优势。换句话说，现代企业竞争不是单一企业与单一企业的竞争，而是一个企业的供应链与另一个企业供应链之间的竞争。ERP 系统实现了对整个企业供应链的管理，适应了企业在电子商务时代市场竞争的需要。

（2）体现精益生产、同步工程和敏捷制造的思想　ERP 系统支持对混合型生产方式的管理，其管理思想表现在两个方面：一是“精益生产 LP（Lean Production）”思想，它是由美国麻省理工学院提出的一种企业经营战略体系，即企业按照大批量生产方式组织生产时，把客户、销售代理商、供应商、协作单位纳入生产体系，企业同其销售代理、客户和供应商的关系，已不再是简单的业务往来关系，而是利益共享的合作伙伴关系，这种合作伙伴关系组成了企业的一个供应链，这是“精益生产”的核心思想。二是“敏捷制造 AM（Agile Manufacturing）”思想。当市场发生变化，企业遇有特定的市场和产品需求时，企业的基本合作伙伴不一定能满足新产品开发生产的要求，这时，企业就会组织一个由特定的供应商和销售渠道组成的短期或一次性供应链，形成“虚拟工厂”，把供应和协作单位看成是企业的一个组成部分，运用“同步工程 SE（S im ultaneous Engineering）”组织生产，用最短的时间将新产品打入市场，时刻保持产品的高质量、多样化和灵活性，这就是“敏捷制造”的核心思想。

（3）体现事先计划与事中控制的思想　ERP 系统中的计划体系主要包括：主生产计划、物料需求计划、能力计划、采购计划、销售执行计划、利润计划、财务预算和人力资源计划等，且这些计划功能与价值控制功能已完全集成到整个供应链系统当中。

另一方面，ERP 系统通过定义与事务处理相关的会计核算科目与核算方式，以便在事务处理发生时同时自动生成会计核算分录，保证了资金流与物流的同步处理和数据的一致性。从而实现了根据财务资金现状，可以追溯资金的来龙去脉，并可以进一步追溯所发生的相关业务活动，改变了资金信息滞后于物料信息的状况，便于实现事中控制和实时做出决策。

此外，计划、事务处理、控制与决策功能都在整个供应链的业务处理过程中实现，要求在每个业务流程处理过程中最大限度地发挥每个人的工作潜力与责任心，流程与流程之间则强调人与人之间的合作精神，以便在组织中充分发挥个人的主观能动性与潜能，实现企业管理从“金字塔式”组织结构向“扁平式”结构的转变，提高企业对市场动态变化的响应速度。

第三节　生产企业的电子商务应用

一、网上采购与销售

1、网上采购

（1）网上采购概述　在经历了 2001 年 dot com 梦幻的破灭后，人们开始用更理性的眼光审视电子商务这一舶来的商业模式。到底电子商务应该怎么做，才能在现在全球经济衰退的低潮期对企业经营提供帮助呢？

2001 年月初，日本最大的电脑制造商富士通宣布了一项采购系统实施计划，旨在通过该系统的搭建实现在互联网上即时采购半导体与其他零部件，这样可以节省 15%的费用。另外，不久前欧洲最大的汽车制造商之一大众公司也表示，该公司计划利用互联网从供应商那里采购所有品牌的汽车零配件。采购计划的金额将高达 500 亿欧元。大众利用互联网采购的汽车配件已经达到了公司采购配件数量的 80%。

由于市场行情变幻莫测，掌握第一手信息资料至关重要。产品价格随行情而波动，为了降低企业原料采购成本，节约费用，实行网上采购往往会取得良好效果，因为这种方式更直接，可以避开中间环节。企业网上采购的主要目标，是对于那些成本低数量大或影响业务关键的产品和服务订单，实现处理和完成过程自动化。

当前的网上采购处在快速的成长阶段，许多的企业和公司出于自身业务的急剧成长或竞争需要，纷纷对网上采购进行了大量的投资。这些投资包括对企业原有的 ERP 系统改造或自行构建新的电子商务系统。

网上采购是大势所趋，无订单采购和无票据自动结算将是网上采购的最佳形式。

网上采购一般过程如下：

1）公司员工或申请部门通过一个界面，例如：IE 浏览器，来填写订购要求。

2）订单以电子方式传递给相应的管理程序，被自动审核。

3）必要时订单被提交企业的主管官员审批。

4）订单被批准后，以电子方式通告给供货商，并且将被执行完成。

5）订购的商品或服务接下来将登记到可支付账户的财务核算系统，并且被传递到申请人手中。

目前，国际流行的网上采购数据传送途径主要包括以下几种形式：人工向供应商发送电话或纸质文件、传真订购；向供应商发送电子邮件订单；向供应商的站点提交订单；门户网站招标；与供应商基于相同的 ERP 系统的集成；电子交易平台。

以上的几种方式中，电子交易平台解决方案的优点是显而易见的，它为买方和卖方提供了一个快速寻找机会、快速匹配业务和快速交易的电子商务社区。供需双方能够快速建立联系，从而使企业订购和销售能够快速履行。在电子交易平台中，由于所有的商家都能得到相同质量的服务，并遵照工业标准的协议进行交易处理，商家之间的信息沟通更加便利，而且，加入的商家越多，信息沟通越有效。

（2）网上采购的模型及模块功能设计　现阶段网上采购的重点应放在企

业信息流和资金流的有效集成上，解决采购与财务结算中的瓶颈问题，以确保网上采购行为的正常畅通。网上采购模型如图 5-6 所示。

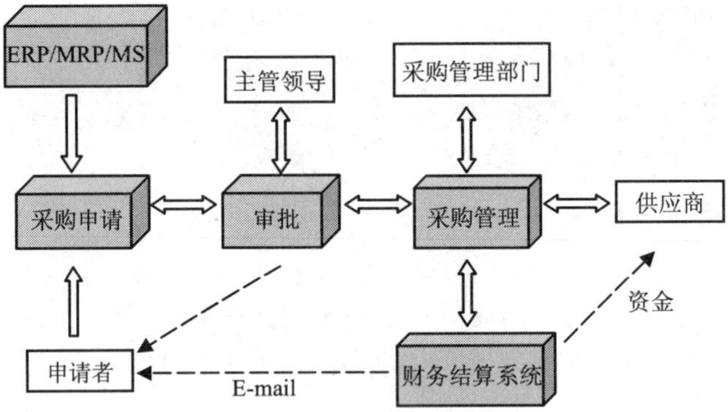

图 5-6 网上采购模型

在这一模型中，将网上采购划分为：采购申请、采购审批、采购管理三个功能模块。各模块的具体功能如下：

1）采购申请模块

① 接受公司员工提出的低价值产品（如办公用品、书籍或电脑零配件）或服务申请。

② 接受企业关键原材料供应部门或生产部门提交的采购申请。

③ 接受企业 ERP 系统自动提交的原材料采购申请。

公司员工提交申请或供应部门手工提交申请，都应通过浏览器登录网上采购站点的页面进行，ERP 系统的采购单据则可根据数据交换标准自动传递。

2）采购审批模块

① 根据预设的审批规则自动审核并批准所接收到的任何申请。

② 对于员工提交的并自动审批通过的低价值产品申请，直接向仓库管理系统检查库存，如库存已有，立即通知申请者领用，如库存没有，E-mail 通知申请者：申请已批准，正在采购中。

③ 对于被自动审批未获通过的申请，立即通知或邮件通知申请者：申请由于何种原因未获批准，请修改申请或重新申请。

④ 通过自动审批无法确定是否批准或否决的申请，邮件通知申请者的主管领导，由领导登录采购系统的 URL，审批申请。

⑤ 对于已通过的采购申请，邮件通知申请者。

⑥ 对于已通过的采购申请，提交给采购管理模块。

3）采购管理模块

① 接受采购管理部门制定年度或月份采购计划，制定供应商评估等业务规则。

② 对所接受的采购申请，依据设定规则确定是立即采购或是累积批量采购。

③ 对需立即采购或已达到批量采购标准的采购申请，依据业务规则，放入竞标广场招标或立即生成订单。

④ 对放入竞标广场的申请单，根据竞标结果，生成订单。

⑤ 对已生成的订单，依据设定规则决定是立即发给供应商，或者是留待采购管理部门再次审核修改。

⑥ 所有订单，依据预设的发送途径向供应商发出。如：Email、人工电话传真、自动电子传递给供应商的订单管理系统。

⑦ 自动接受供应商或承运商提交的产品运输信息和到货信息，或者这些信息由采购管理部门手工录入。

⑧ 任何有权限的用户都可查询所提交申请的被执行情况。

⑨ 订购产品入库或服务完成后，系统自动生成凭证并向计算机系统提交，采购部门向财务管理部门提交有关单据。

⑩ 订购产品入库或服务完成后，系统自动邮件通知或采购管理部门电话通知申请者申请已执行完毕。

⑪ K、依据设定规则，系统在发出订单时或者产品验收入库后，自动触发计算机系统对供应商的网上自动付款。或者采购管理部门依据有关收货单据人工通知财务部门对供应商付款。

2、网上销售

【案例】 戴尔 —— 直接与客户沟通

总部设在美国德克萨斯州奥斯汀的戴尔公司是世界排名第一的计算机系统、计算机产品及服务的首要提供商，其业务包括帮助客户建立自己的信息技术及互联网基础架构。戴尔公司目前在全球共有 38 200 个雇员，在过去的四个财季中，戴尔公司的总营业额达到 337 亿美元。

戴尔公司在全球最重要的一项投资是互联网,目前是互联网上的最大商家，每天仅网上的销售额就达 600 万美元。全球超过 113 000 个商业和机构客户通过戴尔公司的网站 www.Dell.com 与戴尔公司进行商务往来。

简单就好

戴尔计算机公司的创立者迈克尔·戴尔的理念非常简单：按照客户要求制造计算机，并向客户直接发货，使戴尔公司能够最有效和明确地了解客户需求，继而迅速做出回应。这个直接的商业模式消除了中间商，这样就减少了不必要的成本和时间，让戴尔公司更好地理解客户的需要。这种直接模式允许戴尔公司能以富有竞争性的价位，为每一位消费者定制并提供具有丰富配置的强大系统。通过平均四天一次的库存更新，戴尔公司能够把最新相关技术带给消费者，而且远远快于那些运转缓慢、采取分销模式的公司。

戴尔的网站不但提供了公司各种产品的详细分类和性能介绍，而且还提供了各种各样的服务和购物指南、最佳销售产品和新产品趋势。尤其具有特色的是，该公司专门提供了一项特别的服务，网络上的用户可以按自己的喜好和需要配置计算机，公司最后提供配置结果的硬件图和系统性能预测。在最佳网络商店的评选中，戴尔在计算机网络站点中名列前茅。

戴尔公司电子商务成功的关键正在于它实现了企业价值链的一系列活动和功能，集生产和销售于一体。除了全面的营销功能和服务功能处，它还在网上提供了生产活动中的两个重要的职能——生产设计和产品客户化。从戴尔主页结构图可以体现戴尔对网络营销的应用，下面就来分析该电子商务网络如何体现其价值链中的各种价值活动。

生产作业活动

前面已经提到过，戴尔计算机公司是一家涉及价值链中价值活动方方面面的、大型的综合性公司，其生产作业价值活动在其网页中也有体现，那就是：产品设计和产品的客户化。戴尔计算机公司提供了一种特殊的网上用户计算机设计网页。这对于公司的产品设计者来说是一个有力的帮助。由于对不同的行业和不同的应用，往往要求对计算机有相应的配置，所以，对于许许多多的特殊用户来说，公司的产品设计者不可能对方方面面的要求都能够满足。然而，有了这种网上即时的用户自定义设计之后，特殊用户可以根据其需要自行提出硬件配置图，使得设计师的工作任务大减轻。

戴尔的工厂综合服务，提供大范围的用户自定义配置，他们能够安装用户自己的硬件图，安装和配置 FCC 和 UL 所允许的硬件设备，并且提供终端界面以及用户的系统性能报告，以及其他增值服务，在用户的计算机系统安装过程中，他们能完成所要求的一切。在过程的最后，将由他们的符合 ISO9002 标准的工厂向用户运货。

这种服务的好处很多，其中最大的一项就是在产品的设计之初就已经实现了产品的客户化。所谓产品的客户化，就在于深刻地认识和了解顾客，从而使产品或者服务完全适合他们的需要而形成产品的销售。由于公司产品的设计是按照顾客的要求提出或者完全按照顾客的图样进行，所以，这是一种理想的、已经带有产品客户化的产品设计。说它理想，是因为它已经产生了一个准备来购买的顾客，剩下的事只是如何便于使顾客得到产品和服务。

公司还提出了此项服务的其他几项优点：一是由于提供了一个单一的计算机购买来源，使得整个集成系统的兼容性和稳定性都大大增加；二是由于没有了中间人和二次安装、二次运输等等中间环节，使得故障的隐患大大减少；三是较少的中间环节就意味着较少的生产时间，更符合标准和更高的质量，同时也意味着更低的成本和较低的价格。可见，这项服务无论对于公司和顾客都是十分有利的，这也是它大受欢迎的原因所在。

对于生产作业活动还有其他许多功能，如生产售货员管理、生产库存管理、生产质量管理等等。这些属于公司的内部管理，虽然在网页中看不到，但可以推想，在该公司的电子商务的内部系统（Intranet）中，是有这一重要部分的。

经营销售活动

对于电子商务来说，实现价值链中的经营销售活动是一个必不可少的部分。戴尔公司在这方面做得如何呢？

（1）产品策略　戴尔计算机公司将其产品分别按照产品种类或者应用领域进行分类。例如，按产品种类可以分为：台式机、便携机、服务器和工作站等等。按应用领域可以分为：家庭用、小型商业用、大型商业用、教育用和政府用。不同的产品面向不同的市场，因而实现不同的策略，这实际上也是一种市场细分策略。

（2）定价策略　计算机市场的价格变化无常，总的说来，对于某一种机型，计算机的价格在不断地降低。戴尔公司由于是直销，所以，在成本上比其他主要厂家低 100 美元至 200 美元，售价也比别家低。也就是说，戴尔公司采用的是一种低价策略。但是，由于计算机价格迅速地降低，这种价格上的优势并不是很明显。

（3）促销策略　广告在戴尔的网页（图 5-7）中无处不见。戴尔的网页中有各种各样的多媒体图片和许多性能比较图表，有的广告甚至做成了幻灯片的形式。这些都能充分地激发顾客的购买欲望。在戴尔公司的主页，也有不少地方体现了公司的公共关系策略。例如，在其页面中有公司的宗旨等信息的介绍，还有对最新电脑世界的新闻信息发布等等。

在戴尔的网页中虽然没有明确提出其销售渠道的策略，但是可以看出，其采用的销售渠道策略是一种直接销售形式，即没有中间商。这是因为戴尔在提供用户自定义设计时曾经提出了这种服务的一项优势：正是由于采用了这种服务，才减少了二次安装和二次搬运，减少了中间商的介入，这不但大大降低了成本，使计算机可以卖得很便宜，同时，也使得计算机发生故障的可能性减到最小。戴尔公司以这种直接生产、快速交货的模式震撼着计算机行业并取得了巨大的成功。

（4）服务与技术支持

服务和技术支持作为一个电脑业这样的高新技术产业，其服务环节是相当重要的，可以说，是决定公司成功与否的一个关键因素。因为对一个用户来说，购买的不仅仅是机器本身，更重要的是与其相关的服务。

事实证明，对于戴尔公司的许多客户来说，首先是被戴尔的价格所吸引，但后来价格并不成为主要因素，公司的客户支持和服务才使他们之间建立了供求关系。

（1）网上技术服务和技术支持　戴尔公司提供的网上服务和技术支持十分广泛，有用户问题解答、Windows 的升级问题说明、软件升级的通知等等。广泛的服务不但能够提高其产品的内在价值，也能够提高用户的满意度，提高产品的竞争能力。

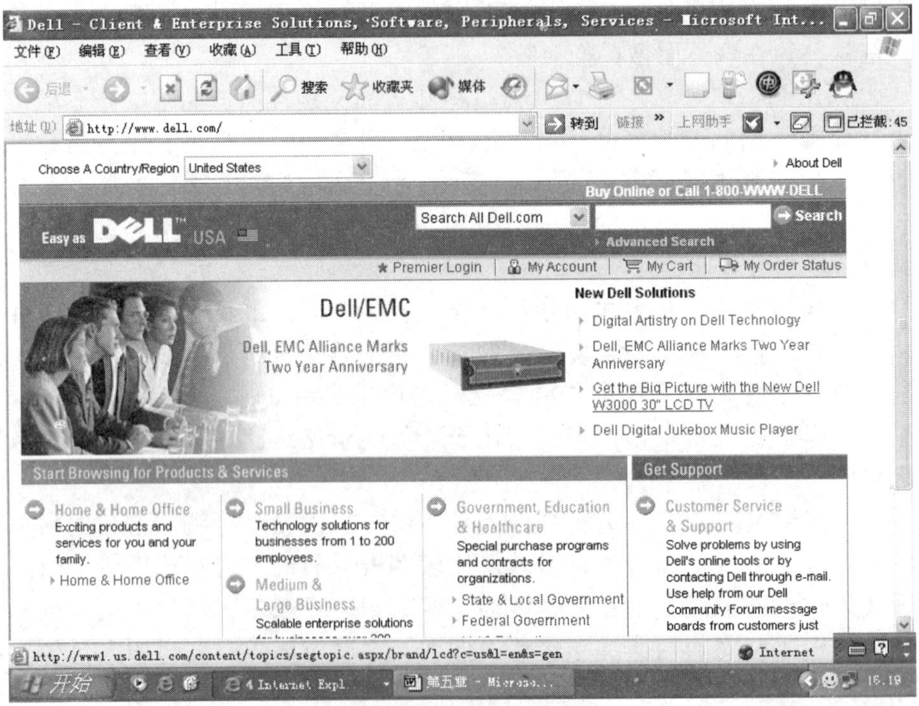

图 5-7　戴尔公司主页

（2）网上在线论坛　不仅是大客户，那些小型商业用户、大批的居家办公者也被吸引在戴尔品牌的周围。从 1998 年秋季开始，戴尔设立的高层主管与客户的在线论坛“与 DELL 共进早餐”，扩大到小型的商业用户，这种现场聊天的话题不仅包括服务器市场走势等大题目，而且还设法让一般用户有机会提出各种各样的问题，然后通过戴尔的在线知识库在人工智能软件帮助下给予自动回答。

（3）搜索服务　戴尔也提供了全方位的搜索服务。设置搜索服务可以方便用户查找自己所想要的产品和技术支持。搜索的范围很宽，既有对硬件的搜索，也有对软件的搜索；既有对各种组装好的整机的搜索；也有对各种零配件的搜索等等。

（4）订单查询　客户只需在网上输入六位数字的客户编号或者购货订单编号，几分钟内，将得到一份有关订单进展的详细报告。

进货后勤和发货后勤

发货后勤，网上同样实现了其电子支付、“客户的手推车”以及运输管理等等功能。进货后勤属于 B2B 的电子商务，在网站上没有体现，想必在公司的内部网中一定会涉及。

1998 年 8 月戴尔公司将直线订购模式引入中国。截至 2002 年 11 月 1 日的第三季度中，戴尔中国公司出货量比 2001 年同期增长了 42%。据国际数据公司（IDC）2002 年第二季度的报告，以单位付运量计算戴尔在 2002 年度第二季度中国十大个人电脑供应商排名中位列第四，占有 4.8%的市场份额。

1、适合在网上销售的产品

从理论上讲，网络只是人们从事商务与社会活动的一种工具，任何产品都可以在网上销售。但在市场实践中，并不是所有产品都适于在网上销售。因为，这涉及市场环境的发育程度、商品用户的消费心理与消费习惯等。在目前的市场环境条件下，适于网上销售的产品一般应具有以下一种或几种特征：

（1）知识型产品　即属于智力密集型的产品。较典型的如：各种电脑软件、图书等。分析家们认为，电子商务将在计算机、软件、目录和图书等领域占有 20%~60%的份额。首先网络用户主要集中于知识层次较高的人群，知识型产品是他们首要的消费对象。其次，知识型产品具有投入资本的有机构成高、利润率高的特点。目前，网络经济的市场环境发育尚不成熟，电子商务站要保证其营销活动的顺利进行与发展，知识型产品也会成为首选的销售对象。故而，目前网上销售的产品即以软件、图书等知识型产品居多。此外，生产知识型产品的企业大都上网了，如果你的企业不上网，那么相互间的交易都会成问题。如 Intel 公司就宣布从 2000 年开始，要把整个 Intel 公司的采购全部搬到网上去。

（2）受众（用户）范围较为宽泛、不特定的产品　如果企业生产和销售的产品，是属于市场容量很小，受众特定、单一的产品，那么网上销售很难给企业带来盈利，反而会使企业的营销成本上升。因为网络的特征之一，就是打破了时空限制，能让更多的人在更多的时间内获取对自己有用的信息和产品。而企业的产品信息受众范围狭小，在网上只会受到极少量的用户关注，因而形成资源浪费，反而得不偿失。反之，受众范围广、不特定，则能够充分利用网络的优势，让企业的产品为更多的用户所知晓，将最大可能地把潜在用户的注意力吸引过来，创造更多实际的消费需求，从而获得更高的收益回报。

（3）能被普遍接受的标准化产品　这类产品的特点在于，产品质量、性能易于鉴别，具有较高的可靠性。即使发生产品质量纠纷，也易于解决。而且，此类产品的售后服务工作也易于开展，对厂家和消费者都较为有利。

当然，随着市场环境的发展、完善，消费者的消费观念更新，网上销售产品也会不断产生新的内容，表现出新的形式。但每个企业在介入电子商务之前，都应该问一个问题，即“我的产品适于网上销售吗？”因为，网上销售还涉及许多问题，如建立一个完善的营销配送网络，这就不是每个企业都能做得到或者都有必要去做的。比如像联想集团，它就可以依托自己遍布全国的连锁店，以此作为配送网络，在网上销售自己的 IT 产品。但如果自身条件并不具备也要去硬撑，勉为其难，那就等于企业给自己套了一副枷锁。

2、网上销售的模型

网上销售模型包括以下两个方面：从零售商角度的销售模型（如何处理顾客订单的过程）；从顾客角度的销售模型（顾客购买商品或获得服务过程中的一系列活动）。

（1）零售商角度的销售模型　对于零售商销售过程来说，实际上就是订单处理过程。典型的订单处理过程包括七项活动。具体的细节对于不同的商品和服务会有所不同，如图 5-8 所示。

1）订单计划和订单产生。订单计划由距离顾客最远的产品计划部门提出，包括计划的开销费用、雇用人员数、库存数量。

2）报价。价格是顾客和企业之间的桥梁。好的价格战略可以减少总利润的压力，基于订单进行定价是最受顾客欢迎的。

3）订单接受和登录。经过一个可接受的产品报价后，顾客可以在网页上填写订单，订单传送到服务器端，进行订单登录，再进入内部销售服务或者顾客联络等部门。

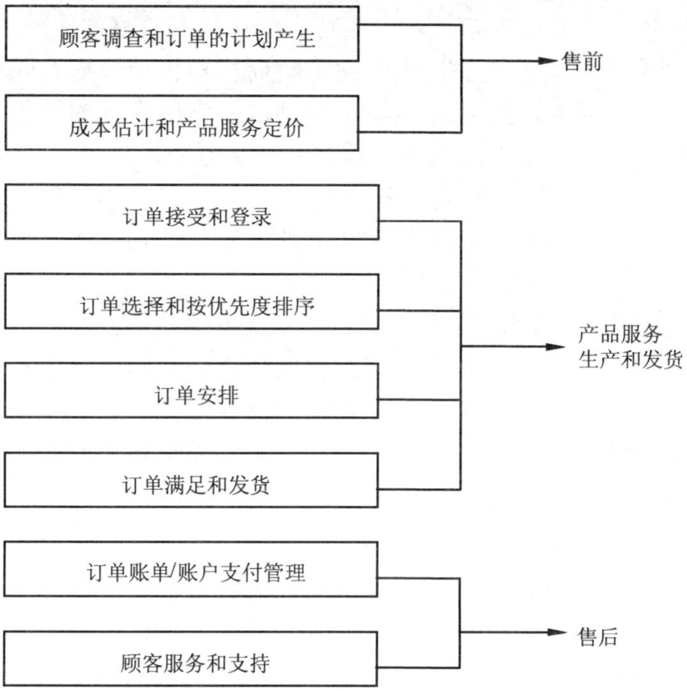

图 5-8　零售商角度的销售模型

4）订单选择和按优先度排序。顾客服务代表通常也负责选择应接受哪些订单，婉拒哪些订单。订单排序对企业获利是非常重要的，也就是说，决定哪些订单应该更快地执行。

5）订单安排。在订单安排阶段，被排序的订单被送入一个真正的生产或运作过程。

6）订单满足和发货。订单满足在顾客眼中正变得越来越重要。网上零售面临的问题是：如何满足订单和发货。解决的方法是，存储产品的仓库和运输产品的运输工具将发生戏剧性的改变。

7）订单账单和账户 / 支付管理。在订单已经满足和发货之后，账单通常被财务人员处理，他们的工作是有效地发出账单并迅速收回来。

8）顾客服务和支持。顾客收到商品后，企业给顾客所提供的售后服务以及技术支持是很重要的。

（2）顾客角度的销售模型　对于顾客角度的销售模型来说，其实是一个顾客购买商品或获得服务过程中的一系列活动，一般由三个阶段组成：购买前的准备、购买过程、售后服务。

1）购买前的准备阶段。顾客购买前的准备活动包括在广大的信息空间中寻找满足需求的产品集，并且根据特性对比，缩小产品范围等。

在这一阶段，多数顾客都关注产品特点的比较和价格的比较这两个方面。尽管价格促销会获得顾客关注，但是使零售商很难再把价格升回去。零售商认识到了这一点，因此，一般尽量避免价格战，它所带来的趋势就是企业将基于成本定价，而不是基于产品对于顾客的价值定价。

2）购买过程。购买过程包括确定购买活动相关的信息流和文档，如商品的价格、可得性、交付时间、支付方式，即不断往购物清单 / 购物车中添加商品、付款、接收发票的过程。

3）售后服务。售后服务阶段包括用户服务和对于用户意见、退货和产品缺陷的解决。售后服务对企业获利起重要的作用，影响用户满意度和企业数年的受益。目前大多数网上零售商将他们的商业过程设计为一个方向的商业流：从外部供应到用户。这意味着所有退货和索赔与这个商业流是逆向的，会带来后勤方面的混乱、交易的混乱和用户的不满。

3、网上销售企业的收益模式

经营网上销售的企业其收益模式是不同的，一般有三种收益模式：收取服务费、会员制、扩大销售额。

（1）收取服务费　网上购物的顾客，除了要按商品价格付费外，还要向网上商店付一定的服务费。例如，Peapd 公司的会员要交纳实际购买商品的费用，再加上每月的服务费和每次订货 5 美元，再加上订货量的 5%的服务费。尽管顾客要交纳服务费，他们一般都愿意在该网站上购买商品。原因有以下几点：第一，顾客感觉方便；第二，顾客可以使用 Peapd 提供的优惠券，节约了资金；第三，顾客可以通过比较，购买商品；第四，顾客可以减少计划外购物，获得自己真正需要的东西；第五，节约了顾客的时间。美国网上酒店的收益模式，是通过抽取每次销售中的一定比例的服务费来赚钱。因为在美国，酒的销售是受到限制的，网上酒店可以代销，成本价必须交给生产商或得到授权的经销商。

（2）会员制　前面讲的网络购物服务公司一般采取会员制，按不同的方式收取会员的会费。一般有两种方式：按时间，如年、月、季收取固定的会费；按会员的实际销售规模，按比例收取会费。

（3）降低价格，扩大销售量　网上销售商提供低价格的商品或服务，为的是扩大销售量。例如 www.amazon.com 公司，旅行社代售机票在吸引更多用户的同时降低机票成本。

二、企业流程再造

1、企业流程再造的概念

亚当 · 斯密描述的别针工厂，经过分工的工人各自负责一道工序，比每个工人都独自完成全过程生产的效率高几百倍。汽车业的先驱亨利·福特（Henry·Ford）一世改进了斯密的思想，使用生产线，将工作送到专业化工人面前。艾尔弗雷德·斯隆（A1fred·Sloan）又将这种体系应用于整个企业管理。但是，由于管理过度的细化，加大了管理成本，日见膨胀的信息量和信息流通量正在成为无形的障碍，研究发现，问题不在工作本身也不在工作的人，而在于整个流程的结构。在信息技术的推动下，应运而生的业务流程重组正在替代亚当·斯密的管理理念。

企业流程再造（Business Process Reengineering,简称为 BPR）是适应于现实需求的管理思想，是一种管理上的创新，它不再遵循传统分工的原则，而是“彻底改变现有作业流程，重新构造组织结构，以期在衡量企业成功与否关键因素上，如成本、质量、服务及工作速度等方面获得显著改善。”

业务流程重组，是企业调整现有业务流程，提高操作效率的一种可行方法。将优化的商务业务流程构造到电子商务中，有利于简化交易双方的操作行为，提高系统运行的效率。

尽管电子商务业务流程重组的风险很大，但却能给企业带来较大的回报。通过业务流程重组分析，逐步建立一个标准化操作流程，不仅可以实现交易信息的共享，而且，可以将相关的技术和方法移植到其他业务流程重组中。

企业流程再造主要包括四个要素：根本（Fundamental）、彻底（Radical）、显著（Dramatic）和流程（Process）。

2、企业流程再造的基本原则、要点及目的

（1）企业流程再造的主要原则

1）以顾客为中心。全体员工建立以顾客而不是“上司”为服务中心的原则。顾客也可以是外部的，如在零售商业企业，柜台营业员直接面对的是真正的顾客；顾客也可以是内部的，如商场的理货员，他的顾客是卖场的柜台小组。每个人的工作质量由他的“顾客”做出评价，而不是“领导”。

2）企业的业务以“流程”为中心，而不以一个专业职能部门为中心进行。一个流程是一系列相关职能部门配合完成的，体现于为顾客创造有益的服务。对“流程”运行不利的障碍将被铲除，职能部门的意义将被减弱，多余的部门及重叠的“流程”将被合并。

3）“流程”改进后具有显效性。改进后的流程的确提高了效率，消除了浪费，缩短了时间，提高了顾客满意度和公司竞争力，降低了整个流程成本。

（2）企业流程再造的组成要点　BPR 的重要目的是优化工作流程。流程是由一系列工作活动所组成的。以零售企业的日常工作为例，工作活动基本上可以分为 3 种类型：

1）增值的：如采购、促销、销售等。

2）非增值的：出入库、分拣包装、运输等。

3）无效的：提供无人阅读的报告，工作失误，过多的检查等。

（3）企业流程再造的最终目的（以商场的物流为例）

1）识别核心的企业业务流程，按照经过优化的核心物流流程组织业务工作，该核心流程必须是能最大程度给企业创造利益的。

2）简化了或合并了非增值部分的流程，剔除了或减少了重复出现和不需要的步骤所带来的浪费。

3）全体员工必须以顾客为中心，所有工作必须以满足顾客需求为核心。

3、电子商务与企业流程再造

电子商务手段的采用，使得经济生活完全打破文化习俗的影响，排除了语言交际的障碍和意识形态的差异，使整个世界联为一体。而网络本身所能提供的降低企业的产品成本、经营成本的作用是十分明显的。

流程再造是信息技术革命的产物。信息技术的大量应用打破了企业的传统规则，信息技术可以帮助实现传统企业无法实现的工作方式，采用全新的工作流程。电子商务是最新的信息技术的集成和商业应用，对传统商业模式提出的挑战更加深刻，对企业旧规则的突破将更多。通过利用电子商务来改变业务流程，不仅会对流程再造的理论研究提供新的视角，而且在将电子商务的各种技术应用于增加企业价值的过程中，提供了探索其发展的新机会。

电子商务时代，全球一体化的发展和市场空间的不断扩大，使企业之间的竞争日趋激烈，顾客成为企业的主宰，迫使企业以顾客为中心，不断提高企业的满意度。为此，企业必须具有良好的应变能力，不断为顾客提供价格优惠质量过硬的产品。业务流程再造为企业迎接新时期的挑战提供了良好的机通。一方面，它抛开传统的劳动分工的思想，强调按自然的工作流程组织生产和管理，将原来因任务分工而被分割的流程重新整合为面向用户的完整流程；另一方面，提出包括组织结构变化、新管理系统设计、企业价值与文化重构在内的一整套企业变革的理论框架。电子商务是一种基于因特网的商务活动过程，在此过程中，对企业经营中大量的业务活动进行再造，提高业务管理的集成化和自动化水平，使其管理工作得以有效地运转，业务工作变得准确而便捷，密切了与合作伙伴间的关系，客户与企业融为一体，从根本上改变了企业传统的封闭式生产经营模式，使企业产品的开发和生产完全根据客户需求动态变化。

所以，企业流程再造和电子商务相互补充和促进，利用现代先进的信息和通信技术对企业的流程进行改造和重新设计是电子商务流程再造的重要发展方向，也是电子商务应用推广的重要基础。

【复习思考题】

1．企业实现电子商务的战略层次有哪些？

2．在建设完整运作规则之下的企业电子商务系统时，应当考虑哪几个方面的问题？

3．适于网上销售的产品一般应具有哪些特征？

4．企业间电子商务模式可分为哪两种类型，它们有哪些不同点？

5．什么是企业流程再造？

6．企业流程再造的主要原则是什么？

7．电子商务与企业流程再造的关系如何？

第六章 网络营销

【案例】 宝洁——贴近用户的网络营销

1、宝洁公司简介

始创于 1837 年的宝洁公司，是世界最大的日用消费品生产公司之一。1999～2000 财政年度，公司全年销售额为 399.5 亿美元。在《财富》杂志最新评选出的全球 500 家最大工业/服务业企业中，排名第 75 位，全美排名第 23 位并被评为业内最受尊敬的公司。宝洁公司全球雇员超过 11 万，在全球 70 多个国家设有工厂及分公司，所经营的 300 多个品牌的产品畅销 140 多个国家和地区，其中包括洗发护发用品、护肤用品、化妆品、婴儿护理产品、妇女卫生用品、医药、食品、饮料、织物、家居护理及个人清洁用品。

为了充分发挥跨国公司的优势，宝洁建立了全球性的研究开发网络，研究中心遍布美国、欧洲、日本、拉美等地。

2、宝洁的网络营销

宝洁公司是世界著名的实施多品牌战略的企业，其品牌经营之道一直为业界所称颂，大多数已成为营销经典教材，作为著名的跨国公司，宝洁深知网络营销的重要性。

宝洁公司在网站建设上下了很大的工夫，努力使网站与产品相协调配套。从公司的主页（图 6-1）上既能体会到它悠久的历史，又能感受到浓郁的时代气息，而且主页色彩非常和谐，与公司的各知名品牌相得益彰。

（1）宝洁公司网络营销对象分析　宝洁公司经过仔细调查，将自己的网络营销对象定义为以下三个主要方面：

1）以中青年为主，迎合其追随时尚潮流的心态。

2）满足不同年龄段消费者的需要，不断开发新产品。

3）满足不同收入阶层的需要，不断拓展顾客群体的深度和广度。

（2）宝洁公司的网络营销市场开拓　宝洁公司认为，实行网络营销的前提是如何解决信誉问题。要使消费者相信公司的产品和宣传，都必须依靠良好的商业信誉。公司品牌的公信力在网络上就是无价的资本，尤其在网络市场并不发达的中国，消费者在网上一般都只购买知名品牌或自己所熟悉的品牌。在这方面，由于宝洁公司一贯注意品牌形象，在市场上已经有了较高的声誉和良好的口碑，所以发展网络营销具有很大优势。在此基础上，宝洁公司大力开拓以下市场：

图 6-1　宝洁公司的中文网站主页

1）中青年消费市场。

2）大中学生市场。

3）中等收入阶层市场。

4）具有较高文化水准的职业层市场。

（3）宝洁公司的网络营销的分渠道销售　网络营销的弹性很大，可以由浅入深，由简到全，可以是一个网页，也可以是一个门户站点；可以做简单的广告，也可以做到建立客户关系的管理系统（CRM），定向地分发一些邮件给目标客户，一直到条件具备的时候建立一个供应链管理系统。网络营销的最大优势就是能够直接面向客户定向服务、快速反映，相对成本又比较低。根据网络营销的特点，宝洁公司确定了自己的销售渠道。如图 6-2 所示。

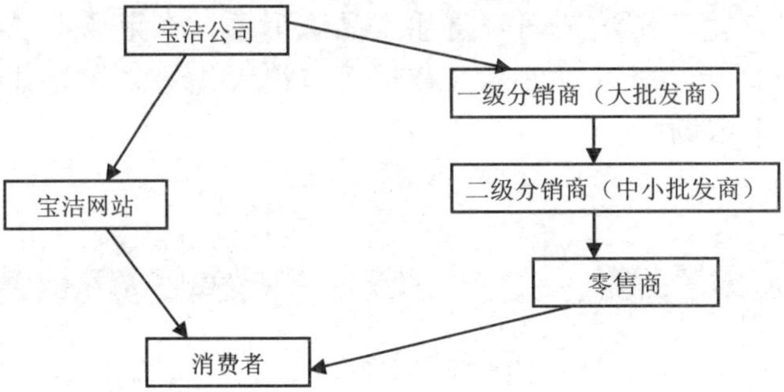

图 6-2　宝洁公司网络营销渠道

3、**宝洁公司的网络营销内容**

宝洁公司的研究实验室和工厂一样繁忙。新产品一个接一个地诞生,更为重要的是，所有这些创新产品都是基于对消费者需求的深入了解而研制生产的。公司以其独到的市场调研方法研究市场，研究消费者，从而不断做出正确的生产决策。在网络营销的发展过程中，宝洁公司的市场研究部（Market Research Department，简称 MRD）发挥着日益重要的作用。

宝洁公司的营销策略同样具有开创性，包括在电视台赞助播出连续剧，派发产品试用装，发放促销奖金以及 2000 年底在上海等一些城市开展“宝洁疯狂大采购”活动等。在网络这个虚拟空间中，公司精心设计了海飞丝、飘柔、沙宣等主要产品的国语、粤语及英文网站，为用户提供了了解公司产品和交流使用心得的理想场所。

（1）宝洁的网络营销宗旨　宝洁公司一贯以人为本，以顾客为上帝，倡导网络市场营销的“5C”宗旨。

1）Customer（客户至上宗旨）：以客户为上帝，一切从客户的需要出发，让客户更方便地使用公司的产品；

2）Creative（创造性宗旨）：适应网络时代需要不断创新的要求，充分发挥网络市场营销手段的多样性和灵活性；

3）Constructive（建设性宗旨）：通过创新使营销现状得到更好的改观，并针对现有营销环节中的缺陷进行有效、合理的调整；

4）Change（多变性宗旨）：针对消费者需求的变化，公司不断地推陈出新，变换网络营销的内容及网页版式，并一直更新技术、完善服务以适应市场挑战。

5）Confidence（自信宗旨）：公司全体员工对自己的产品充满了自信，在进行网络营销的过程中将最好的产品和最好的服务提供给广大消费者，并以对自己产品的高度自信来打动消费者。

（2）宝洁的网络营销活动　近年来，宝洁公司以麾下的各个著名品牌为代表，在网络营销方面开展了一系列重要活动，主要包括：

1）“冲击头屑的航母”——新海飞丝大型晚会在深圳“明斯克”号航母上举行。2000 年 10 月，宝洁公司以其著名的洗发水品牌“海飞丝”，在深圳从俄罗斯购买的“明斯克”号航空母舰上隆重举行了一场名为“冲击头屑的航母”的大型晚会，庆祝其又一突破性技术成果——全新配方的海飞丝在中国市场的全面推出。在网站上，除了对此次活动进行介绍外，还向消费者解释了新海飞丝的四种不同配方，并邀请著名歌星王菲作为产品的形象代表，这就为新配方海飞丝的市场推广作了生动的宣传。

2）“佳洁士”倡议全国人民开展笑容绽放活动，支持北京申办奥运会　2000 年 10 月，宝洁公司以享有“世界口腔护理专家”美誉的佳洁士品牌，与北京奥申委官员、学生代表和热心市民五百多人在北京天坛祈年殿前，向北京市民和全国人民发出热烈倡议——“笑容绽放、企盼奥运”，号召全国人民绽放最灿烂的笑容，展现中华民族的风采，向全世界展示中国北京申办 2008 年奥运会的迫切心情和坚定信念。在宝洁公司的网页上，专门开辟了此项活动的内容介绍，将“佳洁士”品牌与申办奥运会联系在一起，从而收到了良好的网络宣传效果。

3）“帮宝适”发起“婴幼儿互动保健 ABC”项目。宝洁公司以世界闻名的婴儿用品品牌——“帮宝适”和中国优生优育协会共同发起了“摇篮工程——婴幼儿互动保健 ABC”项目。该项目以“关心婴幼儿健康、推动摇篮工程发展”为主旨，意在向全社会推广、普及一系列更加科学、健康的育儿观念和方法，以提高婴幼儿的生命质量，完善婴幼儿的个性培养。该项目在北京、上海、广州等 10 大城市同时开展。公司还主动向旨在关心婴幼儿健康发展的“摇篮工程”捐赠人民币 200 万元，为中国婴幼儿的健康成长奉献了一片爱心，同时也提高了公司的社会形象。

4）“舒肤佳”开展“共筑新世纪健康长城”活动。2000 年底，宝洁公司与中国卫生部携手，在居庸关长城脚下举行了“共筑新世纪健康长城”活动的启动仪式，给正在全国范围内广泛进行的社区基础健康教育活动又增添了新的内容。从美国专程赶来的宝洁公司董事长 John Peppr 代表公司属下的知名香皂品牌——“舒肤佳”向卫生部捐资 200 万元人民币，用于公众健康教育材料的制作和宣传。他表示，这座新世纪的健康长城将为中国人民提高健康水平、抵御不良生活习气的侵袭起到积极的作用，宝洁公司愿意与中国人民共创健康美好的崭新世纪。

5）建立互动性的网络商务美容公司。2000 年 11 月，宝洁公司抓住电子商务和网络营销迅速发展的有利时机，推出了一个互动性的网络商务美容公司（网址：http://www.Reflect.com）。在该网站上，宝洁公司大大增强了与消费者沟通的交互性，对消费者的意见和建议及时做出反应。

4、宝洁网络营销所面临的问题

（1）方便性问题　与欧美等发达国家网络化程度较高、基础设施建设完善的情况不同，中国的网络建设尚处于起步阶段，上网人数相对较少，公司进行网络营销的作用面较窄。与传统的市场营销相比，宝洁公司的网络营销在方便性方面有所欠缺。

（2）时间性问题　在公司进行网络营销的过程中，从提交网上订单到收货有一个“时间差”，近年来的快捷递送业务无论从费用还是速度方面来说都不能令人满意。另外，中国辽阔的地域和经济发展的不均衡性使得商品配送异常困难，这就对公司的物流配送与营销环节提出了更高的要求。

（3）交互性问题　中国的市场经济、尤其是网络经济才刚刚起步，消费者普遍保留着相当浓厚的传统消费心态，习惯于在有形市场内对商品进行自我选择。因此，如何逐步解除消费者对网络营销的疑虑，逐步由传统的购物方式向网络营销和网络购物的方向迈进，就成为宝洁公司需要解决的一个重要问题。同时，公司也面临着不断更新技术以及时回应消费者需求或意见的问题。

（4）机会性问题　目前中国的网络营销规模决定了网络市场的商机是相对有限的，而且目前网络人口的构成也使得宝洁公司不可能将网络营销作为自己推广商品的主要渠道。只有较少部分商品能够上网销售，其他商品仍然只能通过传统的营销渠道进行销售。如果过分依赖网络营销，那么公司的产品、特别是新产品的销售将遇到很大的困难。

（5）可信性问题　由于网络营销的虚拟现实性，即使是宝洁这样知名度高、信誉卓著的企业，仍然面临着消费者的网络信任问题。在公司建立网站和发展网络营销的过程中，网站的知名度、服务质量等各个方面的因素都是一种品牌的营造。建立并维护网站的良好声誉，在公司进行网络营销时是一个应该引起高度重视的问题。同时，公司对消费者的网络信任问题也需要解决，即必须确认网络所反映的客户需求的真实性。这是宝洁公司网络营销现阶段所面临的难点之一。

（6）支付结算问题　在中国实施电子商务最大的困难之一，就是信用消费和在线结算与现实情况之间存在着不小的差距。目前中国银行卡众多，而且相互之间难以兼容；网络交易速度过慢且经常断线；银行与公司之间的资金划转过程环节较多。这些问题都对宝洁公司网络营销的支付结算环节构成了很大的障碍，以至于公司目前仍然采取传统支付方式与现代支付方式相结合的折衷方案，在一定程度上影响了网络营销的顺利发展。

5、宝洁网络营销前景分析

宝洁公司对于中国市场一直抱有坚定的信心，自进入中国市场以来，公司逐步建立了四家合资公司和五个生产基地。宝洁公司一贯注重在中国市场的发展；今后，宝洁在不断拓展市场份额的同时，将加大电子商务和网络营销的发展力度，更好地为广大消费者服务。

同时，国家有关部门也为公司的网络营销创造了良好的外部条件，对具体工作给予了大力支持。国家信息办公室表示，目前我国正在加紧宽带网的建设，为网络用户提供日益完善的物质基础。此外，电脑的普及和网络用户的迅速发展也为宝洁公司网络营销的发展提供了巨大的潜在市场。

就像一个多世纪前宝洁公司的创始人 Procter 和 Gamble 一样，宝洁公司永远着眼于未来，目标是为全世界的消费者提供一流品质的产品，让消费者的每一天的生活都尽善尽美。

第一节 概 述

一、网络营销的概念

与许多新兴学科一样，“网络营销”同样也没有一个公认的、完善的定义。广义地说，凡是以互联网为主要手段进行的、为达到一定营销目标的营销活动，都可称之为网络营销（或叫网上营销），也就是说，网络营销贯穿于企业开展网上经营的整个过程，包括信息发布、信息收集，到开展网上交易为主的电子商务阶段，网络营销一直都是一项重要内容。

从 " 营销 " 的角度出发，可将网络营销定义为：网络营销是企业整体营销战略的一个组成部分，是建立在互联网基础之上、借助于互联网特性来实现一定营销目标的一种营销手段。据此定义，可以得出下列认识：

1、网络营销不是网上销售

网上销售是网络营销发展到一定阶段产生的结果，网络营销是为实现网上销售目的而进行的一项基本活动，但网络营销本身并不等于网上销售。

这可以从两个方面来说明：

1）因为网络营销的效果可能表现在多个方面，例如企业品牌价值的提升、加强与客户之间的沟通、作为一种对外发布信息的工具、网络营销活动并不一定能实现网上直接销售的目的，但是，很可能有利于增加总的销售。

2）网上销售的推广手段也不仅仅靠网络营销，往往还要采取许多传统的方式，如传统媒体广告、发布新闻、印发宣传册等。

2、网络营销不仅限于网上

这样说也许有些费解，不在网上怎么叫网络营销？这是因为互联网本身还是一个新生事物，在我国，上网人数占总人口的比例还很小，即使对于已经上网的人来说，由于种种因素的限制，在互联网上通过一些常规的检索办法，也不一定能顺利找到所需信息，何况，对于许多初级用户来说，可能根本不知道如何去查询信息，因此，一个完整的网络营销方案，除了在网上做推广之外，还很有必要利用传统营销方法进行网下推广。这可以理解为关于网络营销本身的营销，正如关于广告的广告。

3、网络营销建立在传统营销理论基础之上

因为网络营销是企业整体营销战略的一个组成部分，网络营销活动不可能脱离一般营销环境而独立存在，网络营销理论是传统营销理论在互联网环境中的应用和发展。

二、网络营销的内容

网络营销包括以下几个方面的内容：

（1）市场拓展　利用互联网发布信息，使更大范围内的客户有机会接触到企业和产品信息，无疑就是增加了许多潜在的贸易机会；同时，利用互联网信息量大、信息更新快、便于多角度了解市场的特点，积极主动地搜索信息，从中深入挖掘有用的信息，可以为企业的市场调查和开拓新的市场机会提供有益的帮助。

（2）客户分析　任何商业网站都应会使用 WWW 访问统计报告和 E-mail 统计原理，采用正确的方法统计并加以分析，可以充分了解客户究竟是否对你的产品感兴趣，对哪一部分感兴趣，他们来自于哪个国家和地区，在网页上的停留时间等，这样有助于分析客户的具体需求，采取符合市场发展的步骤。

（3）建立客户群　对于任何企业来说，如何建立客户群都是非常重要和迫切的，而利用网站，采用各种网络营销中的独特宣传方式，加之配套的工作可以很方便地建立起自己的客户群。比如采用邮件列表。试想，如果你轻松的积累了几百个潜在客户的 E-mail 地址并建立联系，那么这将是一笔巨大的财富。

（4）客户服务　这要求采用交互式程序设计网页。当客户填写了企业的网上表单，那么企业和客户之间的双向交流便建立了，这就可以改善传统销售中的信息单向流动方式，使企业有针对性地了解客户的需求，使企业与客户的交流更方便、更快捷。倘若能很好地应用网上数据库，将更充分地为客户服务。

网络营销的目的是为了实现一定的营销目标，因此，为实现营销目标所采取的营销活动都是网络营销的内容。但是由于在不同条件下或者在企业网上经营活动的不同阶段，网络营销所采取的具体形式和手段会有所不同，所起到的作用也有差别。另外，不同的行业之间，尤其是传统行业和新兴的互联网企业之间，由于企业基本条件有很大差别，网络营销的手段可能大不相同。

三、网络营销的特点

1. 网络营销和传统营销的比较

网络营销作为传统营销的延伸与发展，既有与传统营销相同的一面，也有区别于传统营销的一面。随着网络营销的发展，其特点表现得越来越突出。

（1）网络营销与传统营销的相同点

1）都是企业的一种经营活动。二者所涉及的范围不仅局限于商业性内容，即所涉及的不仅是产品生产出来之后的活动，还要扩展到产品制造之前的开发活动。

2）都需要通过组合发挥功能。二者并不是单靠某种手段去实现目标，而是要开展各种具体的营销活动。现代企业的市场营销目标已不仅仅是某个目标，更重要的是要追求某种价值的实现。目标已成为企业所要达到的境界，实现这样的目标要启动多种关系，而且要制定出各种策略，最终才能够实现预期所要达到的目的。按照这样的要求，搞好营销需要一种综合能力。

3）都把满足消费者需求作为一切活动的出发点。

4）对消费者需求的满足，不仅包括现实需求，而且还包括潜在需求。

（2）网络营销与传统营销的不同点

1）使传统营销的面貌发生改变。

2）造成对标准化产品的冲击。

3）冲击传统的营销渠道，中间商的作用产生变化。

4）促进营销策略的调整，定价、品牌、广告等策略都有所改进。

5）改变了传统的营销方式。

6）再造了顾客关系。

7）转变了竞争形态。

8）重整了企业组织。

9）进一步实现了跨国经营。

2. 网络营销对传统营销的冲击

依托互联网而产生的网络营销，作为一种新的营销理念的营销方法，在当前网络环境不断发展的情况下，具有较强实践性的网络营销发展速度也很快，企业传统的经营模式很难与网络营销的发展相适应。

在互联网上开展的网络营销活动在很大程度上有别于传统营销，因此网络营销对传统营销的冲击主要表现为以下几个方面。

（1）对标准化产品的冲击　作为一种新型媒体，互联网可以在全球范围内进行市场调研。通过互联网厂商可以迅速获得关于产品概念和广告效果测试的反馈信息，也可以测试顾客的不同认同水平，从而更加容易地对消费者行为方式和偏好进行跟踪。因而，在互联网大量使用的情况下，对不同的消费者提供不同的商品将不再是天方夜谭。

（2）对营销渠道的冲击——中间商作用的改变　通过互联网，生产商可与最终用户直接联系，中间商的重要性因此而有所降低，这造成两种后果：

1）由跨国公司所建立的传统的国际分销网络对小竞争者造成的进入障碍明显降低。

2）对于目前直接通过互联网进行产品销售的生产商来说，其售后服务工作由各分销商承担，但随着他们代理销售利润的下降，分销商将很有可能不再承担这些工作。所以在不破坏现有渠道的情况下，如何提供这些服务将是网上公司不得不面对的又一问题。

（3）对定价、品牌、广告营销策略的冲击　如果某种产品的价格标准不统一或经常改变，客户将会通过互联网认识到这种价格的差异，并可能因此导致客户的不满。这将对分销商分布海外并在各地采取不同价格的公司产生巨大冲击。例如：如果一个公司对某地的顾客提供7%的价格折扣，世界各地的互联网用户都会了解到这个交易，从而可能会影响到那些通过分销商的业务或本来并不需要折扣的业务。另外，通过互联网搜索特定产品的代理商也将认识到这种价格差别，从而加剧了价格歧视的不利影响。

（4）对传统营销方式的冲击　随着网络技术迅速向宽带化、智能化、个人化方向发展，用户可以在更广阔的领域内实现声、图、像、文一体化的多维信息共享和人机互动功能。"个人化"把"服务到家庭"推向了"服务到个人"。正是这种发展使得传统营销方式发生了革命性的变化。它将导致大众市场的终结，并逐步体现市场的个性化，最终应以每一个用户的需求来组织生产和销售。

（5）顾客关系的再造　网络营销的企业竞争是一种以顾客为焦点的竞争形态，争取顾客、留住顾客、扩大顾客群、建立亲密顾客关系、分析顾客需求、创造顾客需求等，都是最关键的营销议题。

（6）竞争形态的转变　由于网络的自由开放性，网络时代的市场竞争是透明的，人人都能掌握竞争对手的产品信息与营销作为。因此胜负的关键在于如何适时获取、分析、运用这些在网络上获得的信息，来拟定极具优势的竞争策略。

3、网络营销的特点

随着互联网络技术发展的成熟以及联网成本的低廉，互联网像一种万能胶将政府、企业以及个人跨时空联结在一起，使得他们之间信息的交换变得"易如反掌"。市场营销中最重要也最本质的是企业和个人之间进行信息传播和交换，如果没有信息交换，交易也就是无本之源。正因如此，网络营销具备了以下特点：

（1）跨时空　营销的最终目的是占有市场份额。互联网具有的超越时间约束和空间限制进行信息交换的特点，使得脱离时空限制达成交易成为可能。企业有更多的时间和更大的空间进行营销，可随时随地地提供全球性营销服务。

（2）多媒体　互联网被设计成可以传输多种媒体的信息，如文字、声音、图像等，使得为达成交易进行的信息交换可以多种形式进行，可以充分发挥营销人员的创造性和能动性。

（3）交互式　互联网可以展示商品目录，联结资料库，提供有关商品信息的查询，和顾客做互动双向沟通，收集市场情报，进行产品测试与消费者满意调查等，是产品设计、商品信息提供以及服务的最佳工具。

（4）拟人化　互联网上的促销是一对一的、理性的、消费者主导的、非强迫的、循序渐进式的，而且是一种低成本与人性化的促销，避免推销员强势推销的干扰，并通过信息提供与交互式交谈，与消费者建立良好的关系。

（5）成长性　互联网使用者数量快速成长并遍及全球，使用者多数年轻，属于中产阶级，具有较高的教育水准。由于这部分群体购买力强且具有很强的市场影响力，因而是一个极具开发潜力的市场。

（6）整合性　互联网上的营销可由商品信息收集至收款、售后服务一气呵成，因此也是一种全程的营销渠道。另一方面，企业可以借助互联网将不同的营销活动进行统一规划和协调实施，以统一的传播资讯向消费者传达信息，避免不同传播渠道中的不一致性产生的消极影响。

（7）超前性　互联网是一种功能最强大的营销工具，它同时兼具渠道、促销、电子交易、互动顾客服务以及市场信息分析与提供等多种功能。它所具备的一对一营销能力，恰好符合直复营销等未来的营销趋势。

（8）高效性　可传送的信息数量与精确度远远超过其他媒体，并能顺应市场需求，及时更新产品或调整价格，因此能及时、有效地了解并满足顾客的需求。

（9）经济性　通过互联网进行信息交换，代替以前的实物交换，一方面可以减少印刷与邮递成本，由于是无店面销售，免交租金，因此可节约水电与人工成本；另一方面，可以减少由于迂回多次交换带来的损耗。

（10）技术性　网络营销是建立在以高技术作为支撑的互联网络的基础上的，企业实施网络营销必须有一定的技术投入和技术支持，改变传统的组织形态，提升信息管理部门的功能，引进懂营销与计算机技术的复合型人才，才能在未来的市场上获得竞争优势。

4. 网络营销的优势

网络营销作为信息技术、信息产业、信息基础设施在营销领域的延伸拓展，使得消费品、工业品市场的营销迎来了一个变更的时代，传统的营销组合将有所增减，各营销环节的革新也不可避免。

（1）提高营销效率　利用网络这一交流渠道，企业的市场信息、销售信息的获取处理能力将大幅度提高。借助于网络营销，企业可制订出最佳的生产计划和付款计划，将库存商品和在途资本的占用压缩至最低限度；根据顾客类别定制信息，便捷地同顾客交换意见；顾客可在网络终端自行检索所需信息，减少传统式的咨询。

（2）降低营销预算　网络营销的初建成本较高，但维护费用的减少和有效的开发利用可以把它抵消掉。企业有关产品制造、存储、分销的信息收集、处理、存储、检索的成本将随营销效率的提高而降低。文字材料电子化之后，营销摆脱了纸张限制，材料直接进网，省去了印刷、存储、邮寄等层层工序，通讯、劳动力成本大幅度降低。

（3）延伸营销市场　网络广泛的涉及面创造了一个便利的即时全球社区，使企业用最少的投入拓展最广阔的市场，区域市场可迅速延伸至全球。它消除了国际营销的诸多壁垒，使先前由于空间、时间、消费习惯等障碍无法涉及的市场触手可及。

（4）改进营销环境　在网络空间里，年龄、种族、宗教信仰、企业规模等对营销的制约大大减少，企业可以充分加入到自由市场体系中。在某种意义上，联机世界是个了不起的平等世界。

（5）创新营销方式　客户的需求在增多，对欲购产品需要更多的分析资料，对产品本身要求更多的发言权和售后服务。营销人员可以借助联机通信固有的互动功能，鼓励客户参与产品决策，如让他们选择颜色、装运方式、自己下订单等，在定制销售过程中，顾客参与越多，售出产品的机会就越大。

四、网络营销的基本功能

网络营销系统是电子商务系统的有机组成部分，一个完整的网络营销系统可以包括以下功能。

1．信息搜索功能

在网络营销中，可利用多种搜索方法，主动、积极地获取有用的信息和商机；可主动地进行价格比较，了解对手的竞争态势，通过搜索获取商业情报，进行决策研究。搜索功能已经成为营销主体能动性的一种表现，也是提升网络经营能力的进击手段和竞争手段。

2．信息发布功能

发布信息是网络营销的主要方法之一，也是网络营销的又一种基本职能。

无论哪种营销方式，都要将一定的信息传递给目标人群。但是网络营销所具有的强大的信息发布功能，是古往今来任何一种营销方式都无法比拟的。

网络营销可以把信息发布到全球任何一个地点，既可以实现信息的广覆盖，又可以形成地毯式的信息发布链。既可以创造信息的轰动效应，又可以发布隐含信息。信息的扩散范围、停留时间、表现形式、延伸效果、公关能力、穿透能力都是最佳的。

3、商情调查功能

网络营销中的商情调查具有重要的商业价值。对市场和商情的准确把握，是网络营销中一种不可或缺的方法和手段，是现代商战中对市场态势和竞争对手情况的一种电子侦察。

通过在线调查或者电子询问调查表等方式，不仅可以省去了大量的人力、物力，而且可以在线生成网上市场调研的分析报告、趋势分析图表和综合调查报告。其效率之高、成本之低、节奏之快、范围之大，都是以往其他任何调查形式所做不到的。

4、销售渠道开拓功能

新技术的诱惑力，新产品的展示力，文图并茂，声像俱显的昭示力，网上路演的亲和力，地毯式发布和爆炸式增长的覆盖力，将整合为一种综合的信息进击能力。快速地打通封闭的坚冰，疏通种种渠道，打开进击的路线，实现和完成市场的开拓使命。

这种快速、这种坚定、这种神奇，这种态势、这种生动是任何媒体，任何其他手段都无法比拟的。

5、品牌价值扩展和延伸功能

美国广告专家莱利·莱特预言：未来的营销是品牌的战争。拥有市场比拥有工厂更重要。拥有市场的唯一办法，就是拥有占市场主导地位的品牌。

随着互联网的出现，不仅给品牌带来了新的生机和活力，而且推动和促进了品牌的拓展和扩散。实践证明：互联网不仅拥有品牌、承认品牌，而且对于重塑品牌形象，提升品牌的核心竞争力，打造品牌资产，具有其他媒体不可替代的效果和作用。

6、特色服务功能

网络营销具有和提供的不是一般的服务功能，而是一种特色服务功能。服务的内涵和外延都得到了扩展和延伸。

顾客不仅可以获得形式最简单的FAQ（常见问题解答）、邮件列表、BBS、聊天室等各种即时信息服务，还可以获取在线收听、收视、订购、交款等选择性服务，无假日的紧急需要服务，信息跟踪、信息定制到智能化的信息转移，手机接听服务，及网上选购、送货到家的上门服务等等。这种服务以及服务之后的跟踪延伸，不仅将极大地提高顾客的满意度，使以顾客为中心的原则得以实现，而且客户也成为商家的一种重要的战略资源。

7、顾客关系管理功能

在传统的经济模式下，由于认识不足，或受自身条件的局限，企业在管理客户资源方面存在着较为严重的缺陷。针对上述情况，在网络营销中，通过客户关系管理，将客户资源管理、销售管理、市场管理、服务管理、决策管理融为一体，将原本疏于管理、各自为战的销售、市场、售前和售后服务与业务统筹协调起来。既可跟踪订单，帮助企业有序地监控订单的执行过程；规范销售行为，了解新、老客户的需求，提高客户资源的整体价值；又可以避免销售隔阂，帮助企业调整营销策略。

8、经济效益增值功能

网络营销能极大地提高营销者的获利能力，使营销主体提高或获取增值效益。这种增值效益的获得，不仅是由于网络营销效率的提高、营销成本的下降、商业机会的增多，更由于在网络营销中，新信息量的累加，会使原有信息量的价值实现增值，或提升其价值。这种无形资产促成价值增值的观念和效果，既是前瞻的，又是明显的。是为多数人尚不认识，不理解的一种增值效应。

第二节　网络营销模式

进行网络营销最重要的是根据企业的性质和营销目标选择合理的营销模式，营销模式的确立对于企业的经营成功与否至关重要。目前常用的网络营销模式主要有以下几种：

一、在线商店模式

在线商店模式（Online Stores Model）指的是企业在网上开发虚拟商店，以此网址宣传和展示所经营的产品和劳务，进而提供网上交易的便利。这种模式与网上在线零售市场类似，只不过专业性要强一些。

下面是成功开展在线商店模式的企业网络营销案例：

（1）中华生协电子购物中心（www.nche.gov.tw）　这是台湾最大的礼品 Internet 购物中心，产品齐全，目前已形成了送给情人的鲜花系列、送给友人的精品橱窗系列、送给父母长辈生日的健康系列、送给儿童的玩具系列，以及其他商品。据介绍，中华生协所有商品的折扣在 10%～40%之间，每月交易额稳步上升。

中华生协的在线音乐商场制作精美，很受香港人喜欢。中华生协的在线杂志收集了包括《商业周刊》、《时代周刊》在内的10家著名杂志的相关情况。内容详实新潮，很受香港中、青年人的喜爱。

（2）天龙音像网上商场　这是“首都在线”设计的网上音像商店。目前它收集了近30家音像公司出版的音像制品，品种齐全，是国内规模较大的在线音像商店。

天龙音像网上商场目前只接受招商银行的“一网通”，不过他们现正规划除招商银行“一网通”之外的其他银行付款方式。当客户在使用“一网通”时，客户的账户不会直接付款给商家，只有在商家确认商品无缺货等情形下，并交付物流单位寄出商品后，“招商银行”才向收款行执行请款作业，与“招商银行”结算交易金额。因邮寄作业要花几天时间，所以客户收到商品的日期与银行结算扣款日，可能不是同一天。

在线商店可以分为二大部分：第一部分是消费者可以接触到的部分——前台部分，即顾客在电子商店中选择商品，通过购物车核对所购物品的品种数量、下电子订单、进行电子支付、选择付款方式和送货方式的一系列过程。第二部分是后台管理部分，包括网站的维护与更新、客户关系管理、订单管理、电子支付平台、库存管理和商品配送系统等部分。

在线商店的前后台业务流程见图6-3。

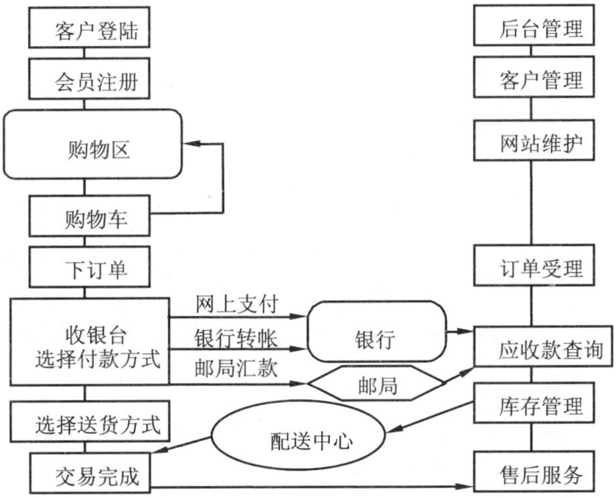

图6-3　在线商店前后台业务流程图

二、企业间网络营销模式

企业间的网络营销模式是利用网络营销平台将企业的上下游产业紧密

地整合在一起，即将原料供应商、产品经销商、运输商、往来银行甚至海关连成一体，实行网络的交易与管理，有效地加快了信息的流通速度、减少中间流通环节、缩短供货周期、降低经营成本、提高运营的效率和经济效益。

企业间的网络营销系统既可以建得相对简单，只跟一个企业建立 B2B 的供应关系，也可以建得很复杂，将多个上下游合作伙伴用网络连成一体。企业间网络营销系统需要企业建立一个高效、实用、易于扩展的网络营销平台，还要配备一个企业内部局域网，将网络营销平台与企业资源计划、供应链系统、客户关系管理系统、配送系统等整合成一个完整的电子商务系统，一些实力较强的大企业均采用这种模式（图 6-4），如海尔集团（www.haier.com）、商典网（www.bizdict.com）、联想集团（www.legend.com.cn）。

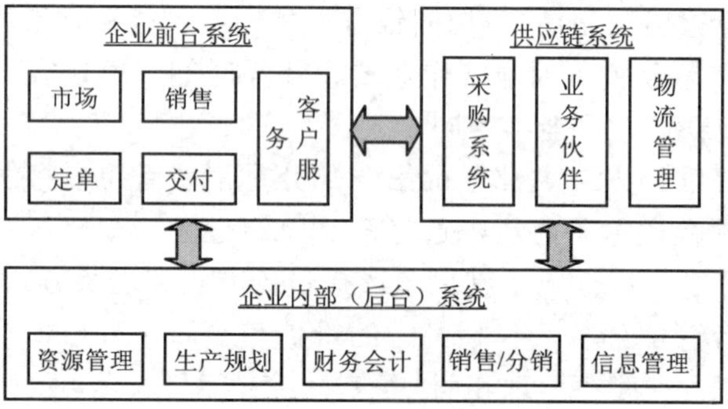

图 6-4　支持企业间网络营销的网络系统

三、中介交易平台模式

中介交易平台模式是众多电子商城广泛使用的一种模式。电子商城属于一种完全的电子商务企业，它既不生产产品，也不购买产品，只是为其他企业提供一个电子交易的平台，通过扩大电子商城的知名度吸引消费者到商城购物，通过招商吸引商家进驻商城，向进驻商城的商家收取服务费从而实现盈利。如首都电子商城（www.beijing.com）、正广和网站（www.85818.com.cn）。

中介交易平台模式的优点是将分散的电子零售店集中起来，为招商企业提供统一的电子结算渠道、物流配送系统及其他配套服务，实现规模经济；具有为消费者提供信息集成的综合优势，减少消费者搜索信息的成本，从而增加商城的访问量，增强品牌形象和知名度。

对招商企业来说，它们不必自己投资建立网站，而是在电子商城中租用一个摊位，设立网上专卖店，利用电子商城的知名度来销售自己的产品或服务。这样可以缩短企业开展电子商务的周期，简化了开展电子商务的复杂过程，增加在网上向顾客展示产品的窗口，并且可以直接获得网上销售收入，同时不需要太多的有关网站建设方面的专业知识，便于管理和经营，从而做到投资少、收益大、见效快。首都电子商城的系统结构见图 6-5。

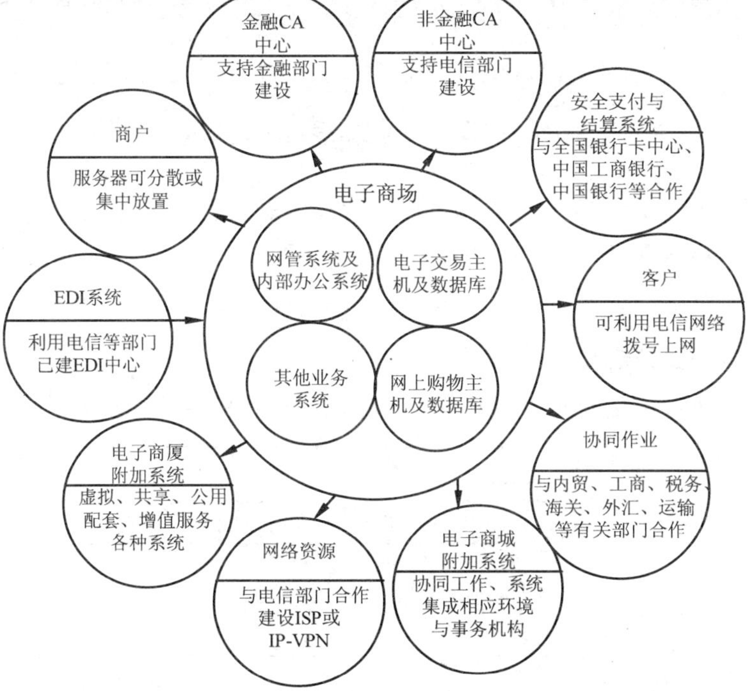

图 6-5　首都电子商城的系统结构

四、网络拍卖模式

网络拍卖是卖方借助拍卖网站通过不断变换的标价向购买者销售产品的行为。自 1999 年网上拍卖开始盛行，易趣（www.eachnet.com）、雅宝（www.yabuy.com）、网易（www.163.com）、大中华拍卖网（www.ibid.com.cn）等专业竞卖网站相继开通。

网络拍卖的竞价形式有两种，即正向竞价和逆向竞价。其交易方式有三种：竞价拍卖（如易趣、网易），竞价拍买（如八佰拜 www.800buy.com.cn）和集体议价（如酷必得 www.coolbid.com.cn），有的网站可能同时兼有几种交易方式，其中竞价拍卖为正向竞价模式，而竞价拍买和集体议价为逆向竞价模式。

（1）拍卖程序　卖方在网站上发布商品拍卖信息，如拍卖品的名称、属性、数量、拍卖价、拍卖的期限及拍卖品的图片；卖方提供结算和货运方式；在拍卖过程中，卖方可以随时检查投标情况。买方可根据卖方的 E-mail 地址来询问卖方拍卖品的情况；在拍卖结束后，网站将自动用电子邮件通知卖方竞价的结果；卖方的联系电话会转送给中标人以利于双方联系。在收到网站的通知后，卖方应在 3 天内和中标人联系送货事宜并付给拍卖网站手续费。

（2）竞买程序　购买者查询感兴趣的拍卖品，选用不同竞价规则出价，当竞买方收到网站的中标通知后，需填写购物单、填入送货信息并实施支付、等候收货。

第三节　网络营销策略

网络营销的实施是一项系统工程，它涉及到人、财、物以及技术等方面，企业实施网络营销不只是技术问题，更多的是管理和组织方面的问题，需要进行周密的电子商务策划，制订网络营销策略。

一、网络营销规划

下面以赛百威信息产业有限公司为例说明网络营销规划流程（见图 6-6）。

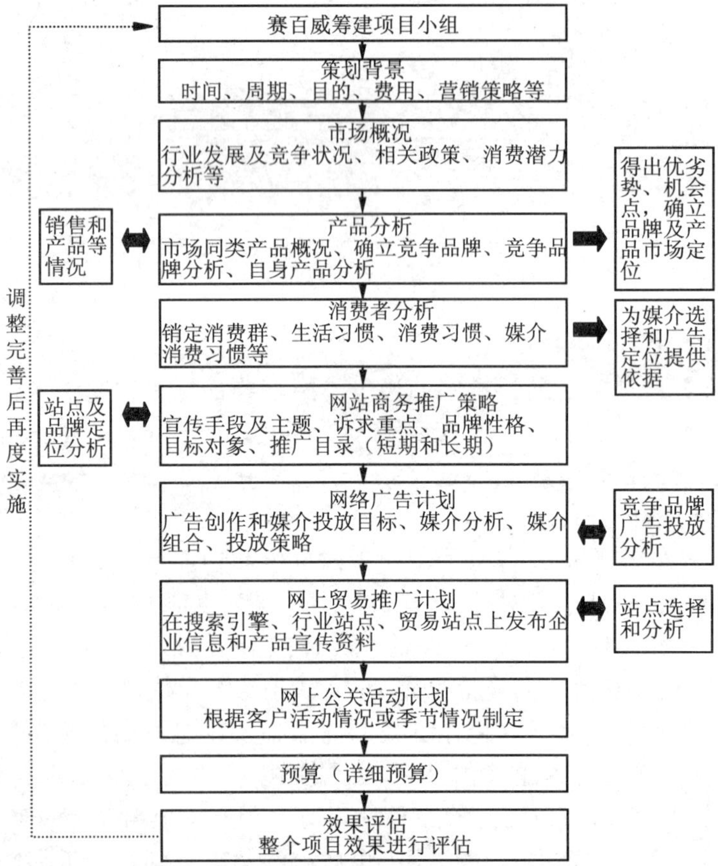

图 6-6　网络营销规划流程

宝洁公司 —— 润妍洗发水品牌网站（图 6-7）

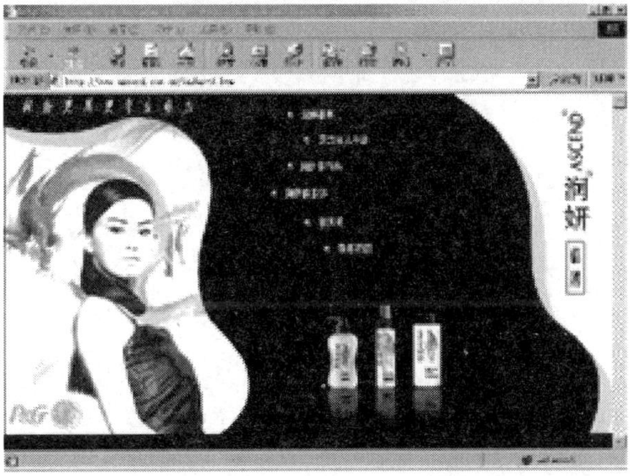

图 6-7　润妍洗发水品牌网站

客户品牌分析： 润妍是宝洁公司众多品牌中的一个。“润妍”倍黑中草药洗润发系列产品是宝洁公司在全球的第一个针对东方人发质发色设计的中草药配方洗润发产品。

（1）润妍品牌尚处于市场导入期，所以其营销传播主要以品牌形象宣传为主，以提升品牌的认知度为目标。

（2）品牌目标消费群的定位是年轻的职业女性。特征描述：率真、年轻的便装美人和忙碌而心情平和的成熟女性。

（3）品牌传播概念：专为女性设计，表现东方女性的自然之美。

客户产品分析： 润妍洗护发系列包括洗发露和润发露，洗护分开，秀发得到真正滋润。产品主要利益点表现为：

（1）含有“水润精华素”，给秀发深层滋润。

（2）使秀发真正黑亮。

（3）清新的香味让人愉悦。

（4）首次推出免洗润发露，可随时随地呵护秀发。

客户需求目标：

“润妍”品牌网站访客量与注册用户数；紧密配合网下推广活动。

赛百威解决方案

基于“润妍”品牌产品的基本面和竞争环境，赛百威制定了有针对性的、突出互动媒体特点的网站建设解决方案，同时配以“网上推广方案”和网下营销活动。

1、品牌互动

利用电脑的技术特点，加强润妍 Logo 的视觉冲击力，通过 flash 技术使飘扬的绿叶（润妍的标志）在用户登录网站栏目时随之在画面上闪动。通过润妍品牌图标链接，大大增加润妍品牌与消费者的互动机会。

2、产品互动

润妍网站提供丰富的产品介绍，护发知识等，品牌近期活动预告、跟踪报道等内容，在向消费者提供信息的同时，可刺激购买欲望。提供新产品试用装赠品，让消费者尽快认知产品。

3、与消费者沟通互动

1）通过“润妍俱乐部 Friend's recommendation”的在线活动，消费者填好资料，网站的数据库即进行处理。网络提供了清晰地辨认消费者的功能，并能有效统计、管理消费者名录，锁定目标消费者。

2）通过区别消费者的不同喜好，网站可以“一对一”传递消费者关心的信息。

3）“东方丽人手册”互动项目：个人和公司的美发知识、心得分享。

4）在线游戏设计：与润妍产品相关的“自然多 FUN”的在线游戏设计让消费者在娱乐中了解产品，并配以精彩图片和电视片。

5）“谈天阁”鼓励访问者留言、投稿和建议。

6）“意见回馈”系统，企业可以及时回应消费者的不同问题；通过系列“一对一”的沟通和互动，将促使目标消费者相信润妍是属于“我”的品牌。

4、润妍站点的网络推广

赛百威在多年实际推广的经验上，对网站推广技巧进行了简单归纳：搜索引擎注册技巧、制造事件技巧、传统方式推广技巧、网站分析技巧、目标电子邮件宣传技巧、讨论组 BBS 宣传技巧、网站合作技巧和网络广告技巧等。在润妍网站的推广中便充分使用了这些技巧。通过对润妍网站及营销目标达成严谨细致的分析，赛百威认为网站推广以网络媒体为主，配合以传统媒体，利用整合营销传播的方式进行，以发挥最大的宣传功效。

5、效果分析

润妍网站通过网站互动方案的实施取得了显著的效果：

- 在国内著名生活服务类网站投放图标的单日点击率最高，达到了 35.97%。
- 在国内生活类网站的平均点击率为 23.51%。
- 所有网站投放总平均点击率为 9.29%。

- 网站建成后两周内的访问人数超过 11 万人。
- 推广期后网站会员人数增至 8 万人。
- 网站访问者平均驻留时间为 8 分钟。

网络营销的规划一般步骤如下：

（1）网络营销外部环境分析　研究外部社会、经济、文化、技术环境是否有利于企业进行网络营销，搜集外部竞争对手的情报信息，分析它们的竞争优势与劣势。

（2）企业内部环境分析　考察企业内部是否实现了内部信息化管理，是否有足够的人才与技术，明确企业存在的竞争优势与不足之处。

（3）确定网络营销的目标市场　从企业的产品和服务的基本功能出发，重新审视公司的顾客群，分析他们的网络消费特征，明确营销的目标市场。

（4）制订网络营销系统设计方案　进行网络营销系统的设计，确定是自行构建服务器、租用虚拟主机、还是加盟网上商城。进行网站营销业务流程的设计，构建网站的建设框架，选用恰当的软硬件配套设施，进行网络营销系统建设项目的经费预算，提出营销系统的设计方案。

（5）进行可行性分析　对网络营销系统的设计方案进行技术的可行性分析、经济的合理性分析、安全风险的评估，确保系统设计方案切实可行。

二、网络营销价格策略

企业营销策略有很多种,但无论是传统营销还是网络营销，价格策略是最富有灵活性和艺术性的策略，是企业营销组合策略中的重要组成部分。网络营销价格是指企业在网络营销过程中买卖双方成交的价格。网络营销价格的形成是极其复杂的，它受到多种因素的影响和制约。企业在进行网络营销决策时必须对各种因素进行综合考虑，从而采用相应的定价策略。很多传统营销的定价策略在网络营销中得到应用的同时也得到了创新。根据影响营销价格因素的不同，网络营销定价策略可分为如下几种：

1、竞争定价策略

通过顾客跟踪系统（Customer Tracking）经常关注顾客的需求，时刻注意潜在顾客的需求变化，才能保持网站向顾客需要的方向发展。在大多数实行网上购物的网站上，经常会将网站的服务体系和价格等信息公开申明，这就为了解竞争对手的价格策略提供了方便。随时掌握竞争者的价格变动，调整自己的竞争策略，时刻保持对同类产品的相对价格优势。

2、个性化定价策略

消费者往往对产品外观、颜色、样式等方面有具体的内在个性化需求，个性化定价策略就是利用网络互动性和消费者的需求特征，来确定商品价格的一种策略。网络的互动性能即时获得消费者的需求，使个性化营销成为可能，也将使个性化定价策略有可能成为网络营销的一个重要策略。这种个性化服务是网络产生后营销方式的一种创新。

3、自动调价、议价策略

根据季节变动、市场供求状况、竞争状况及其他因素，在计算收益的基础上，设立自动调价系统，自动进行价格调整。同时，建立与消费者直接在网上协商价格的集体议价系统，使价格具有灵活性和多样性，从而形成创新的价格。这种集体议价策略已在现在的一些中外网站中采用。

4、特有产品特殊价格策略

这种价格策略需要根据产品在网上的需求来确定产品的价格。当某种产品有它很特殊的需求时，不用更多的考虑其他竞争者，只要去制定自己最满意的价格即可。这种策略往往分为两种类型，一种是创意独特的新产品（“炒新”），它是利用网络沟通的广泛性、便利性，满足了那些品味独特、需求特殊的顾客的“先睹为快”的心理。另一种是纪念物等有特殊收藏价值的商品（“炒旧”），如古董、纪念物或是其他有收藏价值的商品，在网络上，世界各地的人都能有幸在网上一睹其“芳容”，这无形中增加了许多商机。

1）捆绑销售的策略。捆绑销售这一概念在很早以前就已经出现，但是引起人们关注的原因是由于1980年代美国快餐业的广泛应用。麦当劳通过这种销售形式促进了食品的购买量。这种传统策略已经被许多精明的网上企业所应用。网上购物完全可以通过 Shopping Cart 或者其他形式巧妙运用捆绑手段，使顾客对所购买的产品价格感觉更满意。采用这种方式，企业会突破网上产品的最低价格限制，利用合理、有效的手段，去减小顾客对价格的敏感程度。

2）折扣定价策略。在实际营销过程中，网上商品可采用传统的折扣价格策略，主要有如下几种形式：

① 数量折扣策略。企业在网上确定商品价格时，可根据消费者购买商品所达到的数量标准，给予不同的折扣。购买量越大，折扣越多。在实际应用中，折扣可采取累积和非累积数量折扣策略。

② 现金折扣策略。在B2B方式的电子商务中，由于目前网上支付的缺欠，为了鼓励买主用现金购买或提前付款，常常在定价时给予一定的现金折扣。例如，某项商品的成交价为360元，交易条款注明“3/20 净价 30”意思是：如果在成交后20天内付款可享受3%的现金折扣，但最后应在30日内付清全部货款。随着网上支付体系和安全体系的健全，这种定价策略将逐步消失。

此外，还包括同业折扣、季节折扣等技巧。如为了鼓励中间商淡季进货，或激励消费者淡季购买，也可采取季节折扣策略。

3）企业声誉定价策略。企业的形象、声誉成为网络营销发展初期影响价格的重要因素。消费者对网上购物和订货往往会存在着许多疑虑，比如在网上所订购的商品，质量能否得到保证，货物能否及时送到等。如果网上商店的店号在消费者心中享有声望，则它出售的网络商品价格可比一般商店高些。反之，价格则低一些。

4）品牌定价策略。产品的品牌和质量是影响价格的主要因素，它能够对顾客产生很大的影响。如果产品具有良好的品牌形象，那么产品的价格将会产生很大的品牌增值效应。名牌商品采用“优质高价”策略，既增加了盈利，又让消费者在心理上感到满足。对于这种本身具有很大的品牌效应的产品，由于得到人们的认可，在网站产品的定价中，完全可以对品牌效应进行扩展和延伸，利用网络宣传与传统销售的结合，产生整合效应。

5）撇脂定价和渗透定价。在产品刚进入市场时，采用高价位策略，以便在短期内尽快收回投资，这种方法称为撇脂定价。相反，价格定于较低水平，以求迅速开拓市场，抑制竞争者的渗入，称为渗透定价。在网络营销中，往往为了宣传网站，占领市场，采用低价销售策略。另外，不同类别的产品应采取不同的定价策略。如日常生活用品，对于这种购买率高、周转快的产品，适合采用薄利多销、宣传网站、占领市场的定价策略。而对于周转慢、销售与储运成本较高的特殊商品、耐用品，网络价格可定高些，以保证盈利。

6）产品生命周期定价策略。这种网上定价沿袭了传统的营销理论：每一产品在某一市场上通常会经历介绍、成长、成熟和衰退四个阶段，产品的价格在各个阶段通常要有相应的反应。网上进行销售的产品也可以参照经济学关于产品价格的基本规律。并且由于对产品价格的统一管理，能够对产品的循环周期进行及时地反应，可以更好伴随循环周期进行变动。根据阶段的不同，寻求投资回收、利润、市场占有的平衡。

三、网络营销产品策略

1、网络营销产品层次

与传统营销一样，网络营销的目标是为顾客提供满意的产品和服务，同时实现企业的利益。人们对产品的理解，传统上仅仅指实物产品或物质产品，其实这只是狭意的理解。市场营销学关于产品的概念要广阔得多，它是指向市场提供能满足人们某种需要的一切东西，包括实物、服务、软件、意识等各种形式。简言之，产品=实体+服务。

网络营销是在网上虚拟市场开展营销活动，并实现企业营销目标，在面对与传统市场有差异的网上虚拟市场时，必须满足网上消费者一些特有的需求特征，因此网络营销中产品的层次比传统营销中产品的层次大大拓展了。

传统营销中产品分成核心利益或服务、有形产品和延伸产品三个层次。在网络营销中，营销产品一般分为5个层次：

（1）核心利益层次　核心利益层次是指产品能够提供给消费者的基本效用或益处，是消费者真正想要购买的基本效用或益处。如消费者购买电脑是为了学习电脑、利用电脑作为上网工具；购买软件是为了压缩磁盘空间等。由于网络营销是一种以顾客为中心的营销策略，企业在设计和开发产品核心利益时要从顾客的角度出发，要根据上次营销效果来制定本次产品的设计开发。

（2）有形产品层次　有形产品层次是指产品在市场上出现时的具体物质形态。对于物质产品来说，首先产品的品质必须得到保障；其次，必须注重产品的品牌；第三，注意产品的包装；第四，在式样和特征方面要根据不同地区的亚文化来进行针对性加工。

（3）期望产品层次　在网络营销中，顾客处于主导地位，消费呈现出个性化的特征，不同的消费者可能对产品的要求不一样，因此产品的设计和开发必须满足顾客这种个性化的消费需求。这种顾客在购买产品前对所购产品的质量、使用方便程度、特点等方面的期望值，就是期望产品。对于无形产品如服务、软件等，要求企业能根据顾客的需要来提供服务。

（4）延伸产品层次　是指由产品的生产者或经营者提供的购买者有需求，主要是帮助用户更好地使用核心利益的服务。在网络营销中，对于物质产品来说，延伸产品层次要注意提供满意的售后服务、送货、质量保证等。

（5）潜在产品层次　是在延伸产品层次之外，由企业提供能满足顾客潜在需求的产品层次，它主要是产品的一种增值服务，它与延伸产品的主要区别是顾客没有潜在产品层次仍然可以很好地使用顾客需要的产品的核心利益和服务。在高新技术发展日益迅猛时代，有许多潜在需求和利益还没有被顾客认识到，这需要企业通过引导和支持更好满足顾客的潜在需求，如图6-8所示。

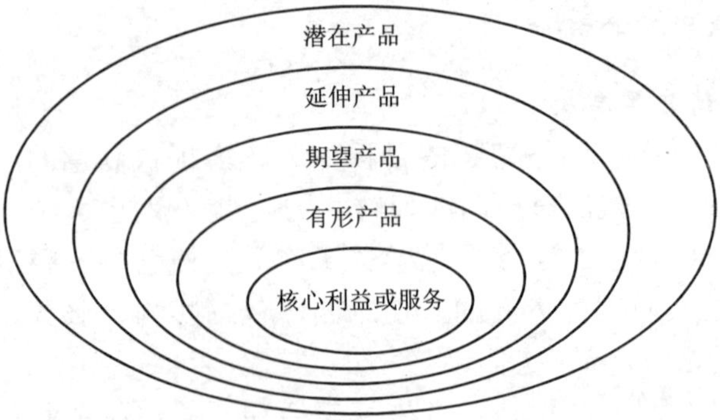

图6-8　营销产品层次

2、网络营销产品特点

（1）产品性质 由于网上用户在初期对技术有一定要求，因此用户上网大多与网络等技术相关，因此网上销售的产品最好是与高技术或与电脑、网络有关。一些信息类产品如图书、音乐等也比较适合网上销售。还有一些无形产品如服务也可以借助网络的作用实现远程销售，如远程医疗。

（2）产品质量 网络的虚拟性使得顾客可以突破时间和空间的限制，实现远程购物和在网上直接订购，这使得网络购买者在购买前无法尝试或只能通过网络来尝试产品。

（3）产品式样 通过互联网对全世界国家和地区进行营销的产品要符合该国家或地区的风俗习惯、宗教信仰和教育水平。同时，由于网上消费者的个性化需求，网络营销产品的式样还必须满足购买者的个性化需求。

（4）产品品牌 在网络营销中，生产商与经营商的品牌同样重要，一方面要在网络中浩如烟海的信息中获得浏览者的注意，必须拥有明确、醒目的品牌；另一方面，由于网上购买者可以面对很多选择，同时网上的销售无法进行购物体验，因此，购买者对品牌比较关注。

（5）产品包装 作为通过互联网经营的针对全球市场的产品，其包装必须适合网络营销的要求。

（6）目标市场 网上市场是以网络用户为主要目标的市场，在网上销售的产品要适合覆盖广大的地理范围。如果产品的目标市场比较狭窄，可以采用传统营销策略。

（7）产品价格 互联网作为信息传递工具，在发展初期是采用共享和免费策略发展而来的，网上用户比较认同网上产品低廉特性；另一方面，由于通过互联网络进行销售的成本低于其他渠道的产品，在网上销售产品一般采用低价位定价。

3、网络营销新产品开发

（1）网络营销新产品开发面临挑战 新产品开发是许多企业市场取胜的法宝。但互联网的发展，使得在今后获得新产品开发成功的难度增大，其原因如下：① 在某些领域内缺乏重要的新产品构思；② 不断分裂的市场。激烈的竞争正在导致市场不断分裂。互联网的发展加剧了这种趋势，市场主导地位正从企业主导转为消费者主导，个性化消费成为主流，未来的细分市场必将是以个体为基准的；③ 社会和政府的限制。网络时代强调的是绿色发展，新产品必须以满足公众利益为准则，诸如消费者安全和生态平衡；④ 新产品开发过程中的昂贵代价；⑤ 新产品开发完成的时限缩短；⑥ 成功产品的生命周期缩短。当一种新产品成功后，竞争对手立即就会对之进行模仿，从而使新产品的生命周期大为缩短。

网络时代，特别是互联网的发展带来的新产品开发的困难，对企业来说既是机遇也是挑战。企业开发的新产品如果能适应市场需要，可以在很短时间内占领市场，打败其他竞争对手。

（2）网络营销新产品开发策略　与传统新产品开发一样，网络营销新产品开发策略也有下面几种类型，但策略制定的环境和操作方法不一样。下面分别予以介绍：① 新问世的产品。即开创了一个全新市场的产品；② 新产品线。即使得公司首次进入现有市场的新产品；③ 现有产品线外新增加的产品。即补充公司现有产品线的新产品；④ 现有产品的改良品或更新。即提供改善了的功能或较大感知价值并且替换现有产品的新产品；⑤ 降低成本的产品。即提供同样功能但成本较低的新产品；⑥ 重定位产品。即以新的市场或细分市场为目标市场的现有产品。

企业网络营销产品策略中采取那一种具体的新产品开发方式，可以根据企业的实际情况决定。但结合网络营销市场特点和互联网特点，开发新市场的新产品是企业竞争的核心。对于相对成熟的企业采用后面几种新产品策略也是一种短期较稳妥策略，但不能作为企业长期的新产品开发策略。

（3）网络营销新产品构思与概念形成　网络营销新产品开发的首要前提是新产品构思和概念形成。在每一个阶段，都有一些伟大发明推动技术革命和产业革命，这个时期的新产品构思和概念形成主要是依靠科研人员的创造性推动的。

新产品的构思可以有多种来源，可以是顾客、科学家、竞争者、公司销售人员、中间商和高层管理者，但最主要来源还是依靠顾客来引导产品的构思。网络营销的一个最重要特性是与顾客的交互性，它通过信息技术和网络技术来记录、评价和控制营销活动，来掌握市场需求情况。网络营销通过其网络数据库系统处理营销活动中的数据，并用来指导企业营销策略的制定和营销活动的开展。

（4）网络营销新产品研制　与过去新产品研制与试销不一样，顾客可以全程参加概念形成后的产品研制和开发工作。顾客参与新产品研制与开发不再是简单的被动接收测试和表达感受，而是主动参与和协助产品的研制开发工作。与此同时，与企业关联的供应商和经销商也可以直接参与新产品的研制与开发，因为网络时代企业之间的关系主流是合作，只有通过合作才可能增强企业竞争能力，才能在激烈的市场竞争中站稳脚跟。通过互联网，企业可以与供应商、经销商和顾客进行双向沟通和交流，可以最大限度提高新产品研制与开发速度。

值得关注的是，许多产品并不能直接提供给顾客使用，它需要许多企业共同配合才有可能满足顾客的最终需要，最就更需要在新产品开发的同时加强与以产品为纽带的协作企业的合作。

（5）网络营销新产品试销与上市　网络市场作为新兴市场，消费群体一般具有很强的好奇性和消费领导性，比较愿意尝试新的产品。因此，通过网络营销来推动新产品试销与上市，是比较好的策略和方式。但须注意的是，网上市场群体还有一定的局限性，目前的消费意向比较单一，所以并不是任何一种新产品都适合在网上试销和推广的。一般对于与技术相关的新产品，在网上试销和推广效果比较理想，这种方式一方面可以比较有效地覆盖目标市场，另一方面可以利用网络与顾客直接进行沟通和交互，有利于顾客了解新产品的性能，还可以帮助企业对新产品进行改进。

利用互联网作为新产品营销渠道时，要注意新产品能满足顾客的个性化需求的特性，即同一产品能针对网上市场不同顾客需求生产出功能相同但又能满足个性需求的产品，这要求新产品在开发和设计时就要考虑到产品式样和顾客需求的差异性。如 Dell 电脑公司在推出电脑新产品时，允许顾客根据自己的需要自行设计和挑选配件来组装自己满意的产品，Dell 公司可以通过互联网直接将顾客订单送给生产部门，生产部门根据个性化需求组装电脑。因此，网络营销产品的设计和开发要能体现产品的个性化特征，适合进行柔性化的大规模生产，否则概念再好的产品也很难在市场让消费者满意。

第四节　网络营销的客户关系管理

一、客户关系管理的概念

客户关系管理（CRM 是 Customer Relationship Management 缩写）。在客户导向的时代，只有积极的个性化服务，才能提高消费者的忠诚度，抓住客户的心。客户关系管理关注的就是如何通过不断的沟通了解并影响顾客的行为，通过分析对顾客有效并可供参考的信息，增加新客户、留住老客户，根据客户的个性化需求提供专为客户量身订做的服务以提高客户的满意度并改善客户的利润贡献度。

企业在实现商业流程的自动化和优化的同时，意识到关注客户，就是关注企业的成长。但由于企业中的销售、营销和客户服务/支持部门都是作为独立的实体来工作的。部门界限的存在使这些不同的业务功能往往很难以协调一致的方式将注意力集中在客户身上。CRM 则正是着眼于企业的这一需求应运而生的。

客户关系管理（CRM）和 ERP（企业资源规划）以及 SCM（供应链管理）

一起，已经成为现代企业提高竞争力的三大法宝。

客户关系管理（CRM）的指导思想就是对客户进行系统化的研究，以便改进对客户的服务水平，提高客户的忠诚度并因此为企业带来更多的利润。CRM 应用涉及到三个基本的商业流程：营销自动化、销售过程自动化和客户服务。CRM 的主要内容包括三个方面：营销自动化（MA）、销售过程自动化（SFA）和客户服务。这三个方面是影响商业流通的重要因素，对 CRM 项目的成功起着至关重要的作用。

1、营销自动化

MA 系统直接与客户进行通信，直接了解客户的需求。MA 系统必须确保产生的客户数据和相关的支持资料能够以各种有效的形式散发到各种销售渠道。反过来，销售渠道也必须及时返回同客户交互操作的数据，以便系统及时地对本次营销战役进行评估和改进。对于已经建立固定联系的客户，MA 系统应该紧密地集成到销售和服务项目中，从而实现下列目标：

1）同具有特殊要求客户进行交互操作（个性化营销）。

2）在一个商业－商业（B2B）模式的环境中，确保不同产品间关系的清晰。

3）在一个 B2C 环境中，要尽可能发现 B2C 和 B2B 之间的可能关系（如一个 B2C 客户可能是一个重要的 B2B 客户的家庭成员等）。

4）高端营销管理；高端营销管理主要集中在涉及到 B2C 营销的公司里。它的重点一般是帮助企业制订营销计划、管理和跟踪（而不是执行）计划的执行。

5）Web 方式营销；Web 方式营销绝大多数用在 B2B 市场上（较少的用户数量，所有的目标用户都具有现成的 E－mail 地址）。这些用户除了直接邮寄、传真和电话外还使用 Internet 作为主要营销工具。Web 营销包括旨在收集更多客户信息的大量电子邮件、反映营销全过程的 Web 站点和用于某些目标客户的个性化的 Web 页面。

6）营销分析。营销分析的重点是分析销售和营销的所有主要方面（如赢利），并且将它与客户活动数据和 ERP 数据关联起来，以便进一步改进营销策略。

2、销售过程自动化

SFA 是 CRM 中增长最快的一个领域，它的关键功能包括领导/账户管理、合同管理、定额管理、销售预测、赢利/损失分析以及销售管理等。

销售过程自动化是 CRM 中最困难的一个过程。这不仅是因为它的动态性（不断变化的销售模型、地理位置、产品配置等），而且也因为销售部门的观念阻碍了销售过程的自动化。销售部门一般习惯于自己的一套运行方式，往往会抵制外部强制性的变化。实现销售过程自动化要特别注意以下四个方面：

1）目标客户的产生和跟踪。

2）订单管理。

3）订单完成。

4）营销和客户服务功能的集成。

3、客户服务

客户服务主要集中在售后活动上，有时也提供一些售前信息，如产品广告等。售后活动主要发生在面向企业总部办公室的呼叫中心，但是面向市场的服务（一般由驻外的客户服务人员完成）也是售后服务的一部分。产品技术支持一般是客户服务最重要的功能，提供技术支持的客户服务代表需要与驻外的服务人员（必须共享/复制客户交互操作数据）和销售力量合作。总部客户服务与驻外服务机构的合作以及客户交互操作数据的统一使用是现代CRM 的一个重要特点。

二、网络消费者的特征

1、网络消费者的群体特点

消费者行为以及购买行为永远是营销者关注的一个热点问题，对于网络营销者也是如此。网络用户是网络营销的主要个体消费者，也是推动网络营销发展的主要动力，它的现状决定了今后网络营销的发展趋势和道路。我们要搞好网络市场营销工作，就必须对网络消费者的群体特征进行分析以便采取相应的对策。

网络消费者群体主要具备以下 4 个方面的特征：

（1）注重自我 由于目前网络用户多以年轻、高学历用户为主，他们拥有不同于他人的思想和喜好，有自己独立的见解和想法，对自己的判断能力也比较自信。所以他们的具体要求越来越独特，而且变化多端，个性化越来越明显。因此，从事网络营销的企业应想办法满足其独特的需求，尊重用户的意见和建议，而不是用大众化的标准来寻找大批的消费者。

（2）头脑冷静，擅长理性分析 由于网络用户是以大城市、高学历的年轻人为主，不会轻易受舆论左右，对各种产品宣传有较强的分析判断能力，因此从事网络营销的企业应该加强信息的组织和管理，加强企业自身文化的建设，以诚信待人。

（3）喜好新鲜事物，有强烈的求知欲 这些网络用户爱好广泛，无论是对新闻、股票市场还是网上娱乐都具有浓厚的兴趣，对未知的领域报以永不疲倦的好奇心。

（4）好胜，但缺乏耐心 因为这些用户以年轻人为主，因而比较缺乏耐心，当他们搜索信息时，经常比较注重搜索所花费的时间，如果联接、传输的速度比较慢的话，他们一般会马上离开这个站点。

网络用户的这些特点，对于企业加入网络营销的决策和实施过程都是十分重要的。营销商要想吸引顾客，保持持续的竞争力，就必须对本地区、本国以及全世界的网络用户情况进行分析，了解他们的特点，制定相应的对策。

2、网络消费需求的特征

由于电子商务的出现，消费观念、消费方式和消费者的地位正在发生着重要的变化，电子商务的发展促进了消费者主权地位的提高；网络营销系统巨大的信息处理能力，为消费者挑选商品提供了前所未有的选择空间，使消费者的购买行为更加理性化。

网络消费需求主要有以下 8 个方面的特点：

（1）消费者消费个性回归　随着这个世界变成了一个计算机网络交织的世界，消费品市场变得越来越丰富，消费者进行产品选择的范围全球化、产品的设计多样化，消费者开始制定自己的消费准则，整个市场营销又回到了个性化的基础之上。没有一个消费者的消费心理是一样的，每一个消费者都是一个细小的消费市场，个性化消费成为消费的主流。

（2）消费者需求的差异性　因为网络消费者来自世界各地，有不同的国别、民族、信仰和生活习惯，因而会产生明显的需求差异性。所以，从事网络营销的厂商，要想取得成功，就必须在整个生产过程中，从产品的构思、设计、制造，到产品的包装、运输、销售，认真思考这些差异性，并针对不同消费者的特点，采取相应的措施和方法。

（3）消费的主动性增强　在社会化分工日益细化和专业化的趋势下，消费者对消费的风险感随着选择的增多而上升。在许多大额或高档的消费中，消费者往往会主动通过各种可能的渠道获取与商品有关的信息并进行分析和比较。或许这种分析、比较不是很充分和合理，但消费者能从中得到心理的平衡以减轻风险感或减少购买后产生的后悔感，增加对产品的信任程度和心理上的满足感。消费主动性的增强来源于现代社会不确定性的增加和人类需求心理稳定和平衡的欲望。

（4）消费者直接参与生产和流通的全过程　传统的商业流通渠道由生产者、商业机构和消费者组成，其中商业机构起着重要的作用，生产者不能直接了解市场，消费者也不能直接向生产者表达自己的消费需求。而在网络环境下，消费者能直接参与到生产和流通中来，与生产者直接进行沟通，减少了市场的不确定性。

（5）追求消费者过程的方便和享受　在网上购物，除了能够完成实际的购物需求以外，消费者在购买商品的同时，还能得到许多信息，并得到在各种传统商店没有的乐趣。今天，人们对现实消费过程出现了两种追求的趋势：一部分工作压力较大、紧张程度高的消费者以方便性购买为目标，他们追求的是时间和劳动成本的尽量节省；而另一部分消费者，是由于劳动生产率的提高，自由支配时间增多，他们希望通过消费来寻找生活的乐趣。今后，这两种相反的消费心理将会在较长的时间内并存。

（6）消费者选择商品的理性化　网络营销系统巨大的信息处理能力，为消费者挑选商品提供了前所未有的选择空间，消费者会利用在网上得到的信息对商品进行反复比较，以决定是否购买。对企事业单位的采购人员来说，可利用预先设计好的计算程序，迅速比较进货价格、运输费用、优惠、折扣、时间效率等综合指标，最终选择有利的进货渠道和途径。

（7）价格仍是影响消费心理的重要因素　从消费的角度来说，价格不是决定消费者购买的惟一因素，但却是消费者购买商品时肯定要考虑的因素。网上购物之所以具有生命力，重要的原因之一是因为网上销售的商品价格普遍低廉。尽管经营者都倾向于以各种差别化来减弱消费者对价格的敏感度，避免恶性竞争，但价格始终对消费者的心理产生重要的影响。因消费者可以通过网络联合起来向厂商讨价还价，产品的定价逐步由企业定价转变为消费者引导定价。

（8）网络消费仍然具有层次性　在网络消费的开始阶段，消费者偏重于精神产品的消费；到了网络消费的成熟阶段，等消费者完全掌握了网络消费的规律和操作，并且对网络购物有了一定的信任感后，消费者才会从侧重于精神消费品的购买转向日用消费品的购买。

三、网络消费者的购买动机和过程

1、网络消费者的购买动机

网络消费者的购买动机，是指在网络购买活动中，能使网络消费者产生购买行为的某些内在的动力。我们只有了解消费者的购买动机，才能预测消费者的购买行为，以便采取相应的促销措施。由于网络促销是一种不见面的销售，消费者的购买行为不能直接观察到，因此对网络消费者购买动机的研究，就显得尤为重要。网络消费者的购买动机基本上可以分为两大类：需求动机和心理动机。

（1）需求动机　网络消费者的需求动机是指由需求而引起的购买动机。要研究消费者的购买行为，首先必须要研究网络消费者的需求动机。美国著名的心理学家马斯洛把人的需要划分为五个层次，即生理的需要、安全的需要、社会的需要、尊重的需要和自我实现的需要。需求理论对网络需求层次的分析，具有重要的指导作用。而网络技术的发展，使现在的市场变成了网络虚拟市场，但虚拟社会与现实社会毕竟有很大的差别，所以在虚拟社会中人们希望满足以下3个方面的基本需要：

1）兴趣需要。即人们出于好奇和能获得成功的满足感而对网络活动产生兴趣。

2）聚集。通过网络给相似经历的人提供了一个聚集的机会。

3）交流。网络消费者可聚集在一起互相交流买卖的信息和经验。

（2）心理动机　心理动机是由于人们的认识、感情、意志等心理过程而引起的购买动机。网络消费者购买行为的心理动机主要体现在理智动机、感情动机和惠顾动机3个方面：

1）理智动机。理智动机具有客观性、周密性和控制性的特点。这种购买动机是消费者在反复比较各在线商场的商品后才产生的。因此，这种购买动机比较理智、客观而很少受外界气氛的影响。这种购买动机的产生主要用于耐用消费品或价值较高的高档商品的购买。

2）感情动机。感情动机是由人们的情绪和感情所引起的购买动机。这种动机可分为两种类型：一是由于人们喜欢、满意、快乐、好奇而引起的购买动机，它具有冲动性、不稳定的特点。另一种是由于人们的道德感、美感、群体感而引起的购买动机，它具有稳定性和深刻性的特点。

3）惠顾动机。惠顾动机是建立在理智经验和感情之上，对特定的网站、国际广告、商品生产特殊的信任与偏好而重复、习惯性的前往访问并购买的一种动机。由惠顾动机产生的购买行为，一般是网络消费者在做出购买决策时心目中已首先确定了购买目标，并在购买时克服和排除其他同类产品的吸引和干扰，按原计划确定的购买目标实施购买行动。具有惠顾动机的网络消费者，往往是某一站点忠实的浏览者。

2、网络消费购买过程

网上购物是指用户为完成购物或与之有关的任务而在网上虚拟的购物环境中浏览、搜索相关商品信息，并实现决策的购买的过程。网络消费的购买过程可分为以下 5 个阶段：确认需要→信息收集→比较选择→购买决策→购后评价。

（1）确认需要　网络购买过程的起点是诱发需求，当消费者认为已有的商品不能满足需求时，才会产生购买新产品的欲望。在传统的购物过程中，消费者的需求是在内外因素的刺激下产生的，而对于网络营销来说，诱发需求的动因只能局限于视觉和听觉。因而，网络营销对消费者的吸引是有一定难度的。作为企业或中介商，一定要注意了解与自己产品有关的实际需要和潜在需要，掌握这些需求在不同的时间内的不同程度以及刺激诱发的因素，以便设计相应的促销手段去吸引更多的消费者浏览网页，诱导他们的需求欲望。

（2）收集信息　当需求被唤起后，每一个消费者都希望自己的需求能得到满足，所以，收集信息、了解行情成为消费者购买的第二个环节。

收集信息的渠道主要有两个方面：内部渠道和外部渠道。消费者首先在自己的记忆中搜寻可能与所需商品相关的知识经验，如果没有足够的信息用于决策，他便要到外部环境中去寻找与此相关的信息。当然，不是所有的购买决策活动都要求同样程度的信息和信息搜寻。根据消费者对信息需求的范围和对需求信息的努力程度不同，可分为以下三种模式：

1）广泛的问题解决模式。是指消费者尚未建立评判特定商品或特定品牌的标准，也不存在对特定商品或品牌的购买倾向，而是很广泛地收集某种商品的信息。处于这个层次的消费者，可能是因为好奇、消遣或其他原因而关注自己感兴趣的商品。这个过程收集的信息会为以后的购买决策提供经验。

2）有限问题的解决模式。处于有限问题解决模式的消费者，已建立了对特定商品的评判标准，但尚未建立对特定品牌的倾向。这时，消费者有针对性地收集信息。这个层次的信息收集，才能真正而直接地影响消费者的购买决策。

3）常规问题的解决模式。在这种模式中，消费者对将来购买的商品或品牌已有足够的经验和特定的购买倾向，它的购买决策需要的信息较少。

（3）比较选择　消费者需求的满足是有条件的，这个条件就是实际支付能力。消费者为了使消费需求与自己的购买能力相匹配，就要对各种渠道汇集而来的信息进行比较、分析、研究，根据产品的功能、可靠性、性能、模式、价格和售后服务，从中选择一种自认为"足够好"或"满意"的产品。

由于网络购物不能直接接触实物，所以，网络营销商要对自己的产品进行充分的文字描述和图片描述，以吸引更多的顾客。但也不能对产品进行虚假的宣传，否则可能会永久的失去顾客。

（4）购买决策　网络消费者在完成对商品的比较选择之后，便进入到购买决策阶段。与传统的购买方式相比，网络购买者在购买决策时主要有以下3个方面的特点：① 网络购买者理智动机所占比重较大，而感情动机的比重较小。② 网络购物受外界影响小。③ 网上购物的决策行为与传统购买决策相比速度要快。

网络消费者在决策购买某种商品时，一般要具备以下3个条件：① 对厂商有信任感。② 对支付有安全感。③ 对产品有好感。所以，网络营销的厂商要重点抓好以上工作，促使消费者购买行为的实现。

（5）购后评价　消费者购买商品后，往往通过使用对自己的购买选择进行检查和反省，以判断这种购买决策的准确性。购后评价往往能够决定消费者以后的购买动向，“满意的顾客就是我的最好的广告”。

【复习思考题】

1．请正确说出网络营销的定义。

2．说出网络营销的基本内容，并说出网络营销阶段的特点。

3．网络营销的消费者心理特征是什么？

4．企业实现网络营销的方法有哪些？

5．什么是网络营销价格策略？

第七章　电子商务在其他行业中的运用

第一节　网 络 广 告

网络广告这一新型广告形式已经越来越为企业所接受，无论是中国三大门户网站，还是其他拥有较大流量的网站，网络广告早已无处不在。互联网将是未来最优秀的营销平台。

【案例】　摩托罗拉 Walkie 和 Talkie 擦声情缘

广告主: 摩托罗拉

产品：Walkie 和 Talkie 对讲机

产品网站：http://www.walkietalkie.com.cn/

广告代理：奥美

广告制作：奥美互动

Flash 广告（图 7-1）：

图 7-1　擦声情缘网络广告

点评：

这是一则以生活短剧形式作为主要形式的网络广告，自2001年底开始在搜狐网及其他几个网络媒体上做大量推广，又由一大批年轻一代网民相互口碑传播，广告取得了很好的效果。

这则网络广告案例可以称为中国网络广告史上的里程碑，开创了网络广告短剧式的新颖推广方式。

一、网络广告的定义和形式

1、什么是网络广告

（1）网络广告定义　网络广告的英文名称是 Internet Advertising 或 Web Advertising，简称 Internet Ad.或 Web Ad.。由于网络广告从产生到现在不过短短 7 年时间，对它的研究时间就更短了，因此到目前为止尚未有公认的网络广告定义。笔者认为，网络广告是特定的主体通过网络媒体向目标群体进行的有偿信息传播活动，该活动会引起该主体与目标群体之间的互动信息交流。

（2）网络广告要素

1）网络广告包括广告主、受众、互动信息，媒体、广告费用等要素。广告主：即定义中的“特定主体”，指发布网络广告的企业、单位或个人。只要在广告法律法规许可的范围内，任何企业、单位或个人都可以直接或通过他人在网上发布各类广告。

2）受众：即定义中的“目标群体”，指网络广告所指向的广告对象，即网络广告的接受者。所有网络用户都是网络广告的潜在受众。

3）互动信息：网络广告的目的就是要传播广告信息。这种信息可能是很多文字，也可能只是一句话、一个横幅（Banner）、一个图标（Button）或一幅动画，它们向受众传播了广告主的品牌、商品或服务信息。

4）媒体：网络广告的媒体是网络。用于在网络上发布广告的载体主要有如下几种：万维网、新闻组、电子公告牌、电子邮件。

5）广告费用：指上网发布广告所需的资金投入，包括调查费用、策划费用、制作费用、发布费用、测评费用等。

（3）网络广告三类主体　网络广告业务所涉及的主体可被划分为三部分：买方、卖方和从事广告基础设施工作的机构（负责开发支持网络广告的工具及手段）。

1）买方：即广告主，除了传统的提供产品、服务的广告主之外，还包括进行促销和出售的网站。买方的代表经常是一些广告代理商。这些代理商进行网络广告活动的策划并购买广告空间，在网络广告业中，他们有一个特别的名称，叫做“互动代理商”

2）卖方：即网络媒体经营者，主要是网络出版商，他们创立网站并出售广告空间；同时，卖方还包括“广告网”（又称“广告网络”）。对于网络出版商来说，这意味着能有接触更多的广告主（这些广告主是由广告网的推销人员发现的）的渠道；对于广告主来说，这意味着只需一次交易就能买到一大群网站的广告空间。

3）负责广告基础设施者：这些公司开发用于制作发布广告的软件，提供测评广告效果的工具和服务等，使得网络广告成为可能并被接受（如广告效果调查公司，广告技术软件公司等）。

4）在网络广告业中，有一点很值得注意，即买方与卖方之间的界限是比较模糊的。网络出版商也要购买广告空间对其网站进行促销，广告主也常常创立自己的网站以对其产品进行促销。

2、网络广告的形式

网络广告具备先进的多媒体技术，拥有灵活多样的广告投放形式。随着互联网技术的不断发展，网络广告的形式也越来越丰富。目前全球网络广告的形式主要是以横幅式广告（Banner）出现较多。

（1）横幅式广告（Horizontal Banner） 又名“旗帜广告”（图 7-2），最常用的广告尺寸是 486×60（或 80），单位：像素（pixels），以 GIF、JPG 等格式建立的图像文件，定位在网页中，大多用来表现广告内容，同时还可使用 Java 等语言使其产生交互性。它一般出现在网站主页的顶部和底部，是网站中最重要、最有效的宣传手段。

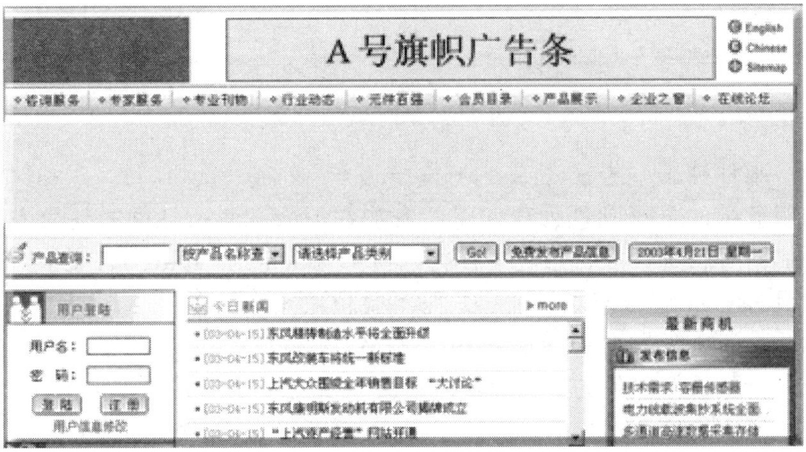

图 7-2 旗帜广告

旗帜广告是现今国内外网络广告的主要形式。通常是使用 GIF 格式的图像文件。既可以使用静态图形，也可用多帧图像拼接为动画图像。除普通 GIF

格式外，丰富媒体旗帜广告是现在国外比较流行的网络广告形式。这种广告集动画、声音、影像和用户的参与于一体，富有表现力、交互性和娱乐性。

（2）按钮式广告（Buttons/Icon）（图 7-3）最常用的按钮广告尺寸有四种，它们分别是：125×125（方形按钮），120×90，120×60，88×31，单位：像素（pixels）。定位在网页中，由于尺寸偏小，表现手法较简单。它的位置一般设在竖式旗帜和网络门户下面，当然也有相互交错放置的。图标在主页上是不动的，通过点击可链接到客户的广告内容上去，许多非业内人士都看好这项广告。

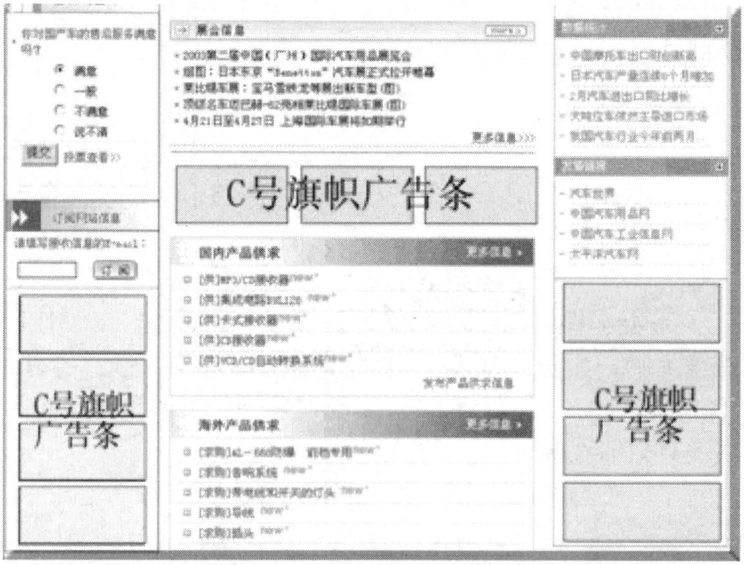

图 7-3　按钮式广告

（3）邮件列表广告（Direct Marketing）　又名“直邮广告”，利用网站电子刊物服务中的电子邮件列表，将广告加在每天读者所订阅的刊物中发放给相应的邮箱所属人。广告形式多样化，例如 Banner、Buttons、文字。另外，如果使用 Banner 广告发送，大小最好不要超过 5K。

（4）电子邮件式广告（E-Mail）　广告形式以 Banner 为主，广告体现在拥有免费电子邮件服务的网站上，广告会出现在个人邮箱的主页上。

（5）插页式广告（Interstitial）又名“弹跳广告”（见图 7-4），广告主选择自己喜欢的网站或栏目，在该网站或栏目出现之前插入一个新窗口显示广告。此类广告每当您登录网站时都将自动弹出，其具有强迫浏览性。

（6）互动游戏式广告（Interactive Games）　在一段页面游戏开始、中间、结束的时候，广告都可随时出现。并且可以根据广告主的产品要求为之量身定做一个属于自己产品的互动游戏广告。其广告形式多样。例如：圣诞节的互动游戏贺卡，在欣赏完整个贺卡之后，广告会作为整个游戏贺卡的结束页面。

图 7-4　插页式广告

（7）关键字广告（Key Words）　关键字广告有两种基本形式：一是关键字搜索结果页面上方的广告横幅，可以由客户买断。这种广告针对性强，品牌效应更好，点击率更高；二是在关键字搜索结果的网站中，客户可以根据需要购买相应的排名，以便提高自己网站被搜索者点击的几率。

（8）墙纸式广告（Wallpaper）　把广告主所要表现的广告内容体现在墙纸上，并安排放在具有墙纸内容的网站上，以供感兴趣的人进行下载。

（9）赞助式广告（Sponsorships）　分为三种赞助形式：①内容赞助；②节目赞助；③节日赞助。赞助式广告形式很多样，广告主可根据自己所感兴趣的网站内容或网站节目进行赞助。但网站节目特指时效性网站，例如：澳门回归网站，世界杯网站。

（10）图标广告（Logo）　只显示公司或产品的图标，比如 Alibaba.com 的图标。

（11）文字链接（Text Link）　采用文字标识，点击链接相关地址。

（12）使用新闻组（Newsgroup）　在访客多的 BBS（电子公告板）上发布广告信息，或开设专门的专区研讨解决有关问题，传播新信息等。它由众多的在线讨论组组成，自成一个体系，其中一个一个的组叫新闻组或讨论组，广告主可以选择不同的专题进行广告投放。

（13）网上问卷调查（Questionnaire）　广告主可以就某个产品或某项活动设立问卷，利用网络媒体的交互功能，由访问者直接在网上回答，生成统计数据。

（14）网上商店（Shopping） 这是能实现网上销售，电子商务的最佳位置。既能宣传自身的品牌，又能直接接收客户的订单，而且还不用担心商业风险。因为风险已经转嫁到经过国际有关权威机构认证的网站服务商身上。网上比较有名的shopping有亚马逊（Amazon）网上书店、百威（Budweiser）啤酒等。

上述的几类广告技术均是弹出式，虽然广告商和发行商目前均接受这类广告，但用户是否接受并点击它们，尚有待时日。

IBM与World Theatre公司合作开发了一种户外屏幕广告网络。这种广告和我们平时在户外看到的大型屏幕广告墙差不多，不同之处在于：一方面屏幕上的广告内容，广告用户可以通过互联网http://www.world-theatre.com/站点登录到自己的账户进行实时发布和管理；另一方面，感兴趣的顾客只需在自己的网络接入设备中输入该广告的代码，就能马上获得该广告进一步的信息或购买该商品。

二、网络广告的作用和特点

1、网络广告的作用

与传统的三大媒体（报刊、广播、电视）广告及近来备受垂青的户外广告相比，网络广告具有得天独厚的优势，是实施现代营销媒体战略的重要组成部分。互联网广告的独特优势，可以概括为以下6点：

（1）传播范围广 网络广告的传播范围极其广泛，不受时间和空间的限制，可以通过国际互联网络把广告信息24小时不间断地传播到世界各地。如今，互联网已经连通了160多个国家，全球网民已超过6亿多，中国也超过了5600万，并且这些用户群正不断加速发展壮大。作为网络广告的受众，只要具备上网条件，任何人在任何地点都可以随时随意浏览广告信息。

（2）交互性强 在网络上，受众是广告的主人，在当其对某一产品产生兴趣时，可以通过键击进入该产品的主页，详细了解产品的信息。而厂商也可以随时得到宝贵的用户反馈信息。

（3）针对性明确 网络广告目标群确定，由于点阅信息者即为有兴趣者，所以可以直接命中有可能用户，并可以为不同的受众推出不同的广告内容。尤其是对工商经济站点，浏览用户大都是企业界人士，网上广告就更具针对性了。

（4）受众数量可准确统计 利用传统媒体做广告，很难准确知道有多少人接受到广告信息，以及这些用户查阅的时间分布和地域分布。

（5）灵活、成本低 在传统媒体上做广告，发布后很难更改，即使可以改动往往也需付出很大的经济代价。而在Internet上做广告能按照需要及时变更广告内容，当然包括改正错误。作为新兴的媒体，网络媒体的收费也远低于传统媒体，若能直接利用网络广告进行产品销售，则可节省更多销售成本。

（6）感官性强　网络广告的载体基本上是多媒体、超文本格式文件，可以使消费者能亲身体验产品、服务与品牌。这种以图、文、声、像的形式，传送多感官的信息，让顾客有如身临其境般感受商品或服务。

网络与传统传媒的比较见表 7-1，表 7-2。

表 7-1　网络与传统传媒的比较（1）

类别/项目	传播范围	时效性	观众选择性	资讯类型	普及程度
网络	全世界	实时	丰富互动	多媒体	中
平面媒体	区域性	滞后	少文字	图片	高
广播	区域性	实时	少声音		高
电视	区域性	实时	少文字	图片，声音，影象	高

表 7-2　网络与传统传媒的比较（2）

类别/项目	传播速度	用户接收方式	价格	注意度	更新速度	互动性
网络	中	被动＋主动	低	高	即时	高
平面媒体	慢	被动	中	低	慢	低
广播	快	被动	中	中	慢	中
电视	快	被动	高	中	慢	

2、网络广告的优点

网络广告没有电视媒体广告强大的视觉冲击力，也没有印刷媒体广告大幅的表现空间，但是网络媒体广告有着它自身特有的吸引力。

（1）传播范围广，速度快　依据于网络媒体的全天候特性（不受时间和空间的限制），广告可以把传达的信息不间断地传播到世界各地。

（2）非强迫性传送　网络广告属于按需广告，在信息传递过程中，受众者是主导，他是在主动点击的前提下获得广告信息的。

（3）投放效果可控　可通过权威公正的访客流量统计系统，精确统计出每个网络广告的浏览量和受众的时间、地域分布，有助于广告主正确评估广告效果，调整经营策略和广告投放策略。

（4）形式灵活、成本低廉　网络广告能按照需要及时变更广告内容和宣传重点，可按企业及产品的变化和更新及时调整，使企业的经营决策得到最迅速的推广与实施。网络媒体的收费远远低于传统媒体。

（5）强烈的交互性与感官性　网络广告表现形式基本上是多媒体、flash 动画，画面生动、色彩鲜明、动感十足，与广告主网站的电子商务功能结合可直接在网上交易、结算，大大增强网络广告的实效。

（6）明确的针对性 网络广告目标群确定，可以直接命中潜在用户，并可为不同的受众推出不同的广告内容。尤其是专业性强的行业网站，受众全都是行业内人士，使得网络广告更具针对性。

3、网络广告的缺点

（1）网络广告的覆盖率低 统计资料表明，即使在北京，网络广告的覆盖率也只是城市人口的 8%，上海只有 2%。其覆盖率的增长将在相当长的一段时间里受制于计算机和电话的普及。

（2）效果评估困难 在中国至今尚未有一家公认的第三方机构可以提供量化的评估标准和方法。当一个媒体不具备可评估条件的时候，我们从媒介作业的角度就完全有理由去质疑它的可选用性。目前对网络广告效果的评估主要是基于网站提供的数据，而这些数据的准确性、公正性一直受到某些广告主和代理商的质疑。

（3）供选择的广告位有限 目前网络广告的形式不外乎“旗帜广告”（banner）和“图标”（icon 或 button）等，而每个网页上可以提供的广告位置是很有限的。

（4）创意的局限性 网络广告现在最常用的尺寸是 468×60（或 80）像素（pixel），相当于 15×2cm 左右，要在这样小的广告空间里形成吸引目标消费者的广告创意，其难度可想而知。

（5）调研数据的匮乏 国内至今还没有完整的有关网上人口形态的调研、网络消费习惯的调研、网络广告的流量监测和网络广告效果的调研。

三、网络广告的运作

网络广告的运作可以分为计划、执行和广告后的评估三大部分，有效整合这 3 个部分是网络广告运作成功的关键。

1、网络广告的计划

（1）站点的分类 既然是网络广告，那就必须慎重选择准备投放的网站，对国内站点的分类没有固定的标准，从网站经营者的角度看，有政府拥有的站点（如：169/163，中经网系统等）、商业站点和个人站点。从网站的内容来看，有综合性的、工商金融的、信息产业类的和其他专业类的。通过站点的分类过程，去熟悉各主要网站，为计划打好基础。

（2）站点的评估 评估网站的目的是了解国内站点的发展状态。评估可以从流量入手，但要特别小心流量的单位，尽量用一种单位，以便于网站间的比较。常用的单位有：页面流览量、点击（这个单位的定意比较模糊）等。

计算和比较成本效率，一般用每千人成本计算。然后再从网站的编辑内容、系统的稳定性及网页的制作水平等方面进行综合评估。

（3）站点的选择　站点的选择应当符合媒介目标和策略，假若要在网上做告知性广告，首先可能会选择流量大的站点，并组合多个站点；其次，站点的选择应当同广告的目标受众有最大的重合；再者，站点的流量应可以满足设定的数量。另外，就国内目前互联网的发展水平，系统的稳定性也是一个不可或缺的选择条件。

（4）广告表现形式的选择　目前世界上最常见的网络广告形式是旗帜广告，最常见的尺寸是 468×60 像素。一般用几帧画面以动画的方式表现。丰富的图文旗帜广告是这段时间在国外颇为流行的广告形式，它强调更高的互动性、更好的视觉和听觉效果和三维动画效果。除此以外，还可以做赞助广告，可以是大到整个站点，小到站点中的某个频道。最后还有在电子邮件中夹带广告，但要求文件比较小。

2．网络广告的执行

在网络广告的执行阶段将涉及到签合同等一系列比较具体的操作

（1）价格谈判　最常见的计价方式是每千人成本，这样购买的广告通常会和其他广告主的广告进行轮换；另外还有包月费，这样购买的广告通常会是独家拥有某个位置。国内目前还没有价格方面的规范，价格的谈判通常是广告主和网站之间友好协商。

（2）合同的签订　签订详尽的合同对于广告主和网站双方都有利而无害，因为现在国内的网络广告还不规范，在很大意义上详尽的合同是双方利益的保证。在合同中，广告的位置（是否独占或轮换）、广告的期限、数量（最好以周计）、广告的尺寸以及是否有动画等都是必不可少的条款。

（3）广告的监测　由于国内还没有一家第三方的监测机构，因此要求广告主或其代理商有自己的监测方法。一般每天要监测广告是否正常出现，广告的版本是否正确以及超链接是否正确等。

3．网络广告的评估

网络广告评估的目的是通过检查广告的有效性和执行的质量来指导以后的作业。首先是量的评估，比较计划和执行在量上的区别。其次是研究广告的衰竭过程，研究每个创意衰竭的时间，为设定更换广告创意间隔提供依据。通过中国互联信息中心认证的站点提供的数据也应当有较大的研究价值。

虽然网络广告的发展仍然处于一个初级阶段，但也拥有不可替代的优势。在走过对传统媒体广告的模仿和移植阶段后，由于网络广告技术的日趋成熟，网络广告开始拥有了自己的核心竞争力。

美国市场，网络广告至少占到整个广告市场营业额的 2.5%（我国是 0.55%）。所以业界人士认为，中国的网络广告市场还有一个相当大的上升空间，未来的网络广告将与电视广告占有同等大小的市场份额。国家工商行政管理总局广告监督司司长屈建民指出，网络广告已成为继电视、报纸、广播、期刊和户外广告后的又一支新生力量。

第二节　网上流通业

随着互联网的快速发展，国内不少有实力的网站相继开设“网上购物”，形成了新的商贸业态。专供个人及商家进行物品交易的“易趣”网，日前已拥有 300 多万注册用户，每月的网上交易额平均达到 4000 多万元人民币，吸引了 2600 多万美元的国际资金。

流通作为连接生产和消费的桥梁与纽带，在国民经济中占有重要地位，它是保证社会再生产顺利进行的重要条件。电子商务的出现，改变了传统商流、物流、信息流的运动方式，同时也为流通领域注入新的活力。

一、商务活动的变迁

从商务活动的演变历史来看，首先是商品的买卖，然后是商业、贸易行业的兴起，商业贸易的管理。现代商务活动是联系产、供、销，联系社会再生产的各个环节的纽带。

1、传统的柜台式售货

传统商业采用的是柜台式“一手交钱一手交货”的交易方式。售货员是顾客与商品桥梁，售货员的服务态度和服务效率直接影响商品的销售。

2、开架与自选的新方式

随着人们生活水平的提高，零售商为方便顾客、推销商品，采用了开架与自选的新式，使得商家、商品与消费者之间更加友善，具有代表性的是超级市场（Supermarket）和百货商场中的服装、家电、鞋帽等。

3、无店铺销售与电子购物

Internet 的应用使商家看到了它的商业价值及潜在的市场，纷纷在网上推销自己的产品并建立网上的购物系统，逐步形成了选择商品、订货、付款等一系列通过电子方式完成的购物过程，实现低成本扩张。

无店铺销售与电子购物的发展，其原因有以下几个方面：

1）现代化的生活节奏使人们用于外出购物的时间越来越少，交通的拥挤与日趋增大的店面增加了购物的时间和精力，琳琅满目的商品也使消费者眼花缭乱，人们迫切需要新的快捷方便的购物方式和服务。

2）电子商务成为商业自动化进程中最热门的话题，迅速席卷全世界。这是一项正在改变着全世界商务活动方式的重大进展。为适应电子商务发展而进行的信息处理系统建设，也就成为21世纪的企业谋求生存的重大课题。

3）电子商务导致了无店铺商店 —— 虚拟商店的出现，网上商业街也出现了。与此同时，各种电子银行、电子货币也出现了，并在不断开辟新的商业活动领域。

4）随着信息技术的迅速发展，Internet热潮席卷全球，给整个社会带来了无限商机。其中电子商务在社会各行各业的广泛应用，给商品销售业的发展提供了良好的前提和社会环境，网上购物正日益成为全球消费市场一种新型的购物方式。

5）网上商城为商家提供了一个虚拟的网上交易买卖的平台。商家通过这个平台，可以以低廉的成本实现高效快速的商品交易，从而减少货物积压、加快资金周转，最终提高自身的综合竞争实力。

而网上拥有庞大购买力的原因，究其根本是因为目前上网网民多为10几岁到三四十岁的拥有最大购买力的人群，其中有以18到30多岁具有旺盛购买力的人群为主。他们多接受过高等教育，并拥有较充裕的资金，使他们乐于使用和尝试新型的购物方式，同时自身又节省了大量用于传统购物的时间与精力，从而提高了自身的生活品质与效率。

二、电子商务对流通业的影响

1、流通业应用电子商务的动因

网上零售业发展之快，原因是多方面的：传统零售商店本身存在的问题、网上零售的特点、消费行为的改变、上网条件的改善、网上支付安全性的提高等。

（1）传统零售业存在的问题

1）零售业过剩。传统零售商店的店铺遍地开花，竞争激烈。

2）零售业对空间的抱怨声四起。传统零售需要巨大库存来摆放商品。

3）收益下降。零售业的效益有下降的趋势。

4）人员随着店面的扩大增多。需要售货员进行导购。

网上零售消除了时间和空间的限制，无需考虑物理上的存储空间问题、人员问题、物理店面的成本，只需解决服务器容量问题。

（2）消费行为的改变

1）某些用户消费行为从注重品牌转向最低价格，例如，购买机票，在航空公司服务质量都有所提高的条件下，人们会挑选最便宜的机票。

2）消费者用于购物的时间呈下降趋势，消费者不愿意花大量的时间去购物，而是将时间用于其他的休闲。

3）消费者希望享受高质量的服务　在传统购物中会遇到交通安全问题、商场安全问题、礼貌服务问题、产品信息问题，到收款台排队、支付、打包，再把商品带回家等烦琐的购物过程。

网上零售为消费者选择最低价格的商品和服务提供了可能，只需点击鼠标即可完成购物，减少了购物时间，也免去了购物中心的嘈杂、拥挤，使消费者享受悠闲自在、随心所欲的高质量的服务。

（3）网上销售的特点

1）购物时间随意安排，24h，无节假日。

2）打破地区、国界的限制，可以购买全世界的商品。

3）网上商店可为人们提供更广泛的商品和服务。

4）在网上最流行、最时髦的商品很少会出现缺货阶情况。

5）技术的提高提供了比传统零售业更多的方便和信息，容易搜寻商品信息。

（4）上网条件的进步

1）上网人数增加。1997 年全世界上网的家庭为 200 万，1998 年为 2700 万，1999 年预计 3500 万，2000 年将达到 4200 万。截止 1998 年底，我国互联网用户已达 210 万，比 1997 年底的 62 万翻了两倍还多，其中 87%的用户有上网购物的需求，为网上零售的发展提供了广阔的前景；

2）网络安全技术提高。使消费者对网上支付信任程度有了显著提高，从以前的 7 成网友对在网络上使用信用卡有疑虑，降到了如今的 3 成。

2、网上流通业的战略模型

（1）传统流通业与网上流通业的战略模型既有区别，又有联系。它们的战略模型比较如表 7-3 所示。

表 7-3　传统流通业与网上流通业的战略模型比较

传统流通业	网上流通业
销售什么	分析适合网上销售的产品/服务
潜在顾客	分析网上购物顾客的类型、需求
购买过程	流通企业的订单处理过程、从用户角度来看购买过程
付款方式	网上购物的支付手段
售前服务	提供网上商品的目录、进行网上广告宣传和推销
售后服务	网上收集顾客的信息反馈，提供在线商品使用指南
定价	网上商品定价，分析用户愿意为获取方便而支付的价位
货物摆放	软件界面问题，即网上页面的布局
进货	与供应商联系，网上商店的后台支持
送货	数字商品网上送货、网上货物跟踪
刺激消费	市场渗透性问题：用户欢迎网上渠道吗？这种系统需要多久才能吸引足够的用户而获得收益？

（2）网上流通业的种类

1）提供网上零售的流通企业的种类

① 经营着离线商店的零售商。经营离线商店的零售商们有物理上的店面，网上零售作为他们开拓市场的一条渠道，他们并不靠网上销售生存。许多零售商店，如美国的 Walmart、Macy 等几乎全部有自己的网上零售网站。中国的许多大商场、购物中心也已经开始按零售商种类可将网上流通业分为以下几种进行网上零售，例如，北京翠微大厦、上海书城（www.bookmall.com.cn）、西单商场（www.xdsc.com.cn）、北京图书大厦等。

② 目录（Catalog）零售商。目录零售商就是通过电话、电视进行销售的零售商。他们通过电话订货，一般承诺 48 小时送货，可销售各种商品。他们的销售方式逐渐接近网上销售方式，只是不能提供网上灵活交互式的图像，客户对商品没有形象上的感觉。

③ 没有离线商店的虚拟零售商。这类虚拟零售商是电子商务的产物。他们没有物理上的店面，网上销售是他们唯一的销售方式，他们靠网上销售生存。这类零售商在美国和其他发达国家迅速崛起，如美国 Electronic Newstand，www.Amazon.com。www.Amazon.com 目前已成为销售量最大的书店。

④ 商品制造商　商品的制造商采取网上直销的方式销售其产品，不仅给顾客带来了价格优势上的好处及商品客户化，而且减少了制造商库存的积压。例如，Dell 计算机制造商是商品制造商进行网上销售最成功的例子。采用分销方式的销售商在开设网上零售业务的同时必须处理好与分销商的关系。

⑤ 网络购物服务公司　这种公司专门为多家商品销售企业开展网上售货服务。例如，美国 Autoweb.com 汽车网络购物服务公司，吸收了 2400 家汽车经销商为会员，它视各汽车经销商会员的销售规模每年收取他们 2500～4000 美元不等的会费。此外 Yahoo!也提供网上零售的服务，但是，在商品的分类和与会员商店的链接上与 AOL 有些不同。

2）按商品种类可将网上流通业分为综合类和专门类两种。综合类的网上流通业销售多种商品，例如美国 Sears、Wal-Mart、JC-Penny、Macy。这种综合类网上流通业多是由经营离线商店的企业和目录零售商建立的。专门类的网上流通业仅销售适合网上销售的商品，例如，网上书店、光盘店、鲜花/礼品店、酒店。这种专门类网上流通业风险小，所销售的商品符合网络的特点。这类网上流通业多是一些没有离线商店的虚拟商和商品的制造商建立的。

3. 电子商务对流通业的影响

在整个电子商务的发展中，商品流通业具有先导性，推动流通领域的电子商务不仅有助于它自身的发展，而且能够加快电子商务向经济生活领域的渗透和扩散。

电子商务是一种全新的贸易形式和手段，电子商务的出现和发展，使商品流通中的信息功能发生了质的飞跃，从而对其产生了革命性影响。主要表现在以下几个方面：

（1）电子商务创造了全新的商务模式　电子商务改变了传统的商品流通模式，使购销双方在网上借助于各种中介服务完成商品交易的主要过程，实现了贸易方式的革命。这种新的流通模式具有三个重要特征：

1）以数据库为核心的决策支持及运营系统。电子商务充分利用计算机网络与数据库的技术，条码技术等手段实现商品流通过程中的数据管理功能的自动化。在电子商务环境下，企业的流通活动主要依靠数据库来进行决策，这不同于我们原来的传统的、人工的、经验性的决策运行过程。另外，企业通过数据库还可以向它的客户持有“虚拟库存”，实际上是储存事实化的信息替代库存，这样可以大大节约企业流通运营成本。

2）以开放式的过程管理取代传统的功能管理。电子商务突破了传统的流通直线式的流水程序，使业务程序标准化、企业组织扁平化。使企业内部的各个环节，包括制造商、第三方物流、银行和中介服务机构等上下游合作伙伴，在业务上都能通过互联网相互衔接，直接沟通，从而共同转向以服务增值为中心的流通过程管理。

3）由原来的产品管理为中心转向顾客管理为中心。电子商务运用新的业务模式和信息技术手段有效地实现了这个要求。在电子商务条件下，企业可以直接运用网络技术向最终用户收集需求信息，进行互动式的交流与沟通。

（2）电子商务使流通的直接性增强　电子商务通过现代信息技术的广泛运用，增强了流通的直接性，促进了现代商品流通中以适应顾客需求为中心的产销之间的有机结合，使传统的供应链管理提升到一个新的水平。

电子商务的出现使生产者、批发商、零售商和网上销售商都可以建立自己的网站并推销商品。一部分商品的流通不再按照原来的产业和行业分工进行。网络技术的应用使“产销合一”，“批零一体”的销售模式大量出现，传统的批发商、零售商的流通主体地位受到挑战。

（3）电子商务使流通对经济运行的支配能力增强　随着买方市场的形成，流通的环境发生了很大变化，消费者的选择与偏好，对一切企业的生存与发展，都产生着决定性的影响和作用。流通在社会经济生活中的功能增强而制造业的功能趋于弱化。以日本便利店为例，据日本专家介绍，日本 711 的便利店，经营的商品多达 3000 种。目前这类商店经营的 3000 多种商品每年要更换大约 50%。制造商为了防止库存风险，就需要十分注重商家的信息和它的需求变动，以决定生产和产品的创新。

（4）电子商务对传统批发商、零售商、代理商的地位将产生重大影响　随着电子商务的普及，传统的商业中介，比如代理商，批发商的传统业务将会受到冲击，至少其生存方式会发生改变。尤其是网上购物的发展，使流通基础设施和配套行业的重点发生偏转。

电子商务的发展使各类送货公司、快递公司、运输公司、支付公司、以及广告、信息安全、商务软件、信息服务等新型流通和中介机构呈加速发展的态势。应该说，在电子商务，特别是网上商店的冲击下，传统商业功能将弱化，但这并不意味着商品流通作用的削弱，而只是说明商品流通需要结合电子商务技术，需要寻找新的发展方式，寻找新的业务方式。

三、网上零售的典型案例

1、梅林正广和

（1）梅林正广和简介　梅林正广和前身是上海一家老字号的饮料企业——上海市食品进出口公司，它创建于 1954 年 1 月 14 日，是新中国成立后最早经营食品进出口贸易的专业外贸公司之一。到 2000 年止，公司历年累计出口 66 亿美元，为国家外贸事业做出了巨大贡献。公司 1996 年进出口总额达到 3.26 亿美元（其中出口 3.05 亿美元），在全国 200 家进出口企业排行中名列第 64 位。公司现有 4 个业务部、3 个分公司、5 个子公司、3 个海外企业。主要经营肉蛋制品、冻家禽、水产品、果菜、食品制成品（含罐头、酒类、调味品、速冻商品、糖果饼干、巧克力）。公司拥有一批训练有素、经验丰富、熟悉国内市场和国际贸易的专业人员，与世界上 70 多个国家和地区的 1000 多家客户建立了稳定的贸易关系。

（2）从“电话商务”到“电子商务”——梅林正广和脱胎换骨　取意为“正本清源、广泛流通、和颜悦色”的正广和，一个多世纪以来在上海几乎就是汽水的代名词。1995 年梅林正广和转以城市居民饮用水作为自己的主业，经过 5 年的经营已占领了上海 60%左右的水市场。2000 年，梅林正广和利用其先天的优势——一支水的配送队伍，真正介入电子商务，让老树发新枝，两个月内实现 60 万元销售额。虽然前不久被达能公司收购，“脱胎换骨”的梅林正广和仍然不失为国内传统企业的成功代表。

最早向客户送大桶水时，梅林正广和尝试在上海全市布几个点，以这些点的服务辐射到附近的市民家。在资金短缺的情况下，梅林正广和发动了居委会大妈、下岗工人，由他们建立网点代卖大桶水、建立新网点，再进一步给予规范。1996 年开始，公司着手上计算机系统，实行电脑自动排单，和配送站、配送中心实现定时信息交换。1997 年，整个上海市区的配送网基本成型。

和传统商业进军电子商务相比，正广和的销售一直是无店铺形式，相对成本低，中间环节少。1998 年 6 月，上海正广和网上购物销售有限公司宣告成立。这个“网”指的是电话网，当时“电话商务”的客户数是 40 万户。1999 年 1 月 1 日，正广和向上海电信部门申请的 5 位数购物电话 85818 正式开通。

“电话商务”和电子商务像是近亲，但 “电话商务”在许多方面先天不足。拿 85818 电话购物来说，销售的商品越来越多，每个月分发商品目录给 60 多万客户的印刷成本越来越高，更新速度也很慢。有的商品规格、颜色多样，每份订单的商品组合也愈加复杂，电话小姐的工作难度和出错率增加了。“电话商务”适合标准化程度高的服务，在个性化服务方面劣势明显。单做“电话商务”，经营内容在深度和广度方面进一步发展就会遇到瓶颈。

1999 年夏天，在 85818 电话购物网正式运作仅半年之际，公司业务就拆分为传统的电话购物和全新的电子商务两块。2000 年 1 月，由正广和提供经营理念和商业模式、中公网提供技术平台支持的 85818.com.cn 网站开通。到 2 月中旬，完全通过 85818 网站完成的销售额将近 60 万元。尽管如此，60 万元这个数字和电话购物每月平均 2000 多万元的销售额根本不在一个量级上。

目前 85818.com.cn 已摆脱上海地域概念，成为北京、广州、武汉、南京、西安、福州等八大主要城市提供网上购物的网站，同时在这八大城市采用灵活的方式拓展配送网络，并且将实现电子货币的支付。

2、亚马逊（Amazon）的奇迹

如果说 NASDAQ 为微软公司锦上添花，使其能有更大的实力和魄力开发技术、开拓市场，那么 NASDAQ 对 Amazon 来说则是一根支柱，它不但为 Amazon 公司提供了最初的资金支持，更为 Amazon 公司开拓了广阔的市场。

（1）从创意到成立公司　1994 年，WEB 网页吸引了全球网虫的目光。时任 Banker Trust 公司最年轻副总裁的 Bezos 看到了在线商场的广阔发展前景。Bezos 当时提出了 20 种他认为适合于虚拟市场销售的商品，包括图书、音乐制品、杂志、PC 硬件、PC 软件等。最后，在图书和音乐制品中，他选择了图书。Bezos 辞去副总裁的职位，把家搬到西雅图，招了 4 名程序员，就在自己的车库里开始为 Amazon 编写程序。他为自己的公司起名 Amazon 是希望它能够像亚马逊河一样永往直前（后来，“车库公司”成了高科技创业公司的一个象征）。

1995 年 7 月，Amazon 卖出了第一本书。作为一家虚拟商店，Amazon 每周 7 天，每天 24 小时营业。顾客可以通过书名、作者、主题或关键词，在 Amazon 的数据库中查找自己想要的书。如果顾客决定购买哪一本，就可以在线填写一份订单，指出要何种版本、包装方式、送货方式、付款方式等。Amazon

通知出版或图书分销商将顾客购买的书送到 Amazon 在西雅图的库房，包装好后发货。一般情况下，顾客下订单以后 5 天内可以拿到书，亚马逊网上书店主页见图 7-5。

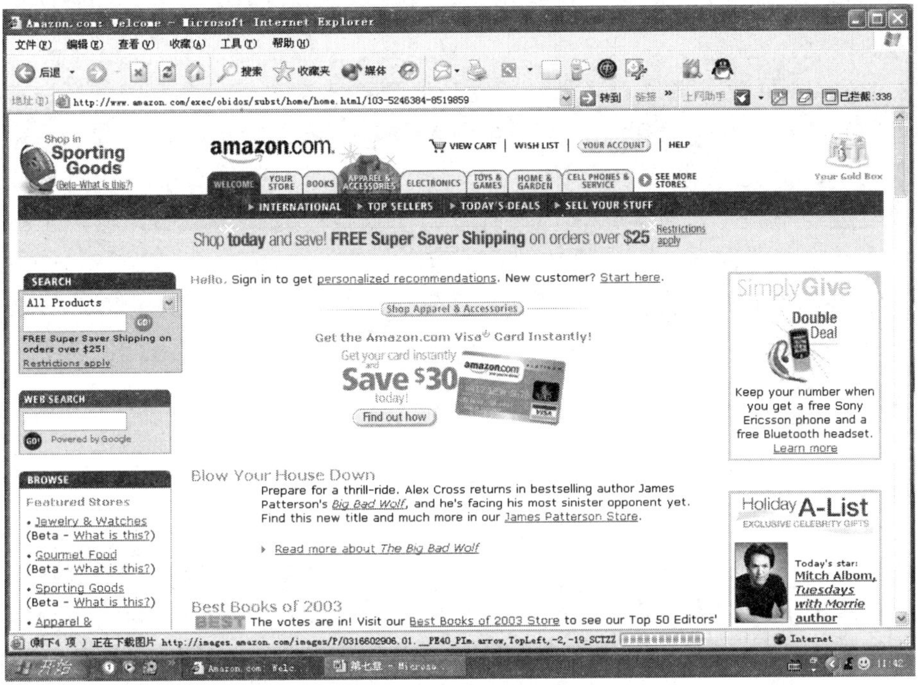

图 7-5　亚马逊主页

（2）“高速成长”但是“暂时赔钱”　正确的经营思想和经营方式使得 Amazon 公司在短短的几年内迅速成长。1996 年 6 月，Amazon 营业额达到 220 万美元，当年年底达到 840 万美元，1997 年达 1.48 亿美元，预计 1998 年将达 2.88 亿美元，1999 年达到 3.25 亿美元并且实现盈利。

虽然 Amazon 在开业以后很短的时间内取得营业收入的高速增长，但是，其盈利情况并不理想。主要是因为下述原因：

首先因为零售业是一个利润非常微薄的行业，Amazon 雄心勃勃的发展计划使它进入新市场时必须保持高速运行，从而造成成本高昂，收益也因此难以获得。

其次，Amazon 不得不花费数百万美元用于促销，以吸纳新的顾客。1998 年秋季，它每获得 1 美元的收益就要投入 24 美分。1999 年 Amazon 花 2 亿美元用于营销，比前一年增加 50%。而且 Amazon 为了吸引客户，大部分的书都有 10%到 30%的折扣。

（3）发展前景　目前，Amazon 公司雄心勃勃的扩张计划已远远超出了图书的范围，1998 年 11 月 17 日，这位在线商家首次开办了一家音像商店，并扩大了一家礼品店的规模。1998 年 8 月，Bezos 又花了 2.7 亿美元收购了两家公司，这使得 Amazon 更坚定地朝着一家购物服务公司而不仅仅是一家零售商的方向发展。

Amazon 尽管取得了上述种种成功，但随着其进入每一个新的领域，它已不再具有那种至关重要的先入为主的优势。实际上，它可能选择进入的每一个角落中，都会遭遇地位稳固的，更大的竞争对手。亚马逊书店无疑是电子商务发展的里程碑，它创造性地进行了电子商务中每一环节的探索，包括系统平台的建设，程序编写、网站设立、配送系统等方面。

亚马逊在纳斯达克市场上飚升的股价，一方面表现了股民对网络经济的极大支持和期望，另一方面似乎又将公司吹成了一个愈胀愈大的“泡沫”——因为公司自创立至今，一直是亏损。

第三节　网 上 金 融

据美国市场研究和民意调查公司里德集团不久前公布的一项调查表明，目前全球网上金融服务的用户大约有 5000 万人，其中美国人约占一半，而其他国家希望上网理财和投资的人也将会越来越多。这项从去年年底至今年年初对 33 个国家近 3 万人所进行的广泛调查显示，网上金融服务和股票买卖对许多国家的人具有很大的吸引力。21%的美国因特网用户表示近期内将上网理财，包括通过因特网交纳各种服务费用和办理银行业务等等，南非作此表示的有 42%的网民，德国有 42%，瑞典有 33%。对网上金融服务兴趣最低的是埃及和俄罗斯人，分别只占其网民的 2%。

网上金融服务已经在世界范围内展开。网络金融服务包括网上银行、网上投资交易、网上保险等各项业务，数字化的支付与结算手段将是电子商务运作和发展中的关键节点。同时，网上业务作为金融业发展的主要方向，无疑将在很短时间内成为优化传递金融信息的极好渠道，并为拓宽金融业务范围提供有力支持。

一、网上银行

【案例】　招商银行

（1）招商银行的简介　招商银行 http://www.cmbchina.com（图 7-6）成立

于 1987 年 4 月 8 日，是我国第一家完全由企业法人持股的股份制商业银行，总行设在深圳。目前，招商银行的总资产逾 4350 亿元，在英国《银行家》杂志“世界 1000 家大银行”排名中居前 200 位之列。

1999 年 9 月在国内首家全面启动的网上银行 —— “一网通”，无论是在技术性能还是在业务量方面在国内同业中都始终处于领先地位，被国内许多著名企业和电子商务网站列为首选或唯一的网上支付工具。2003 年 6 月 2 日，“一网通”作为中国电子商务和网上银行的代表，被国际计算机 CHP 组织授予 21 世纪贡献大奖决赛提名大奖，这是中国企业第一次获得此项荣誉。

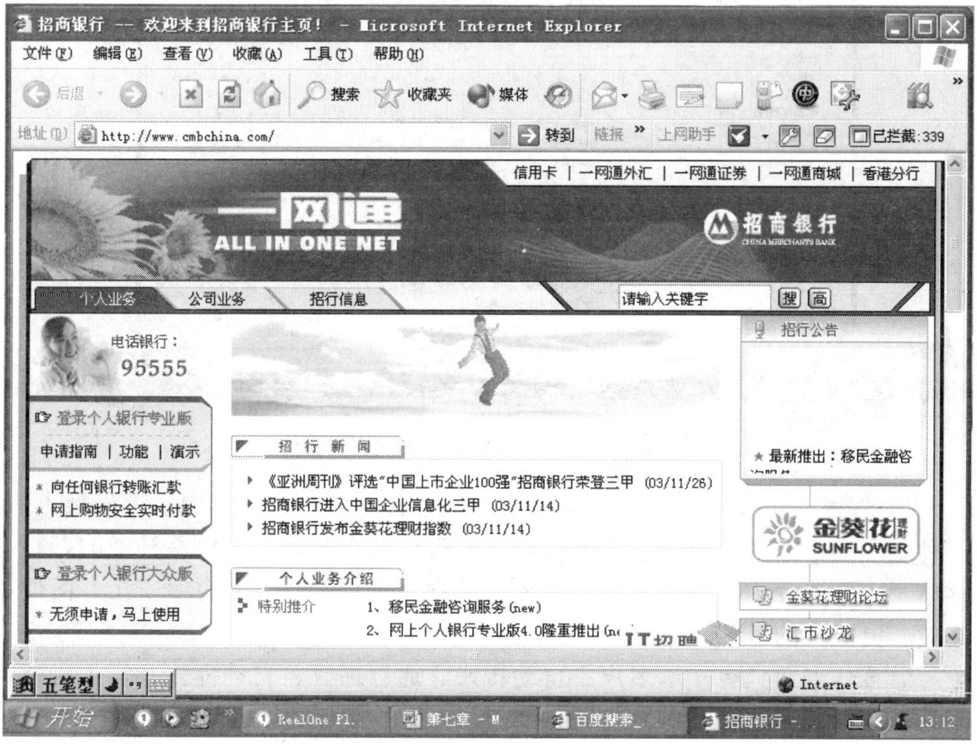

图 7-6　招商银行主页

招商银行的网上银行（一网通）是指通过因特网或其他公用信息网，将客户的电脑终端连接至银行，实现将银行服务直接送到客户办公室、家中、手中的服务系统。目前，无论是在技术上，还是业务量上，招商银行的网上银行在国内同行中均处于领先地位。2000 年 4 月招商银行“一网通”正式获得国家商标注册，受到《中华人民共和国商标法》的法律保护。“一网通”包括“企业银行”、“个人银行”、“网上支付”、“网上证券”和“网上商城”。

（2）招商银行的网上业务（图 7-7）

图 7-7　招商银行网上业务介绍页面

1）储蓄一卡通。储蓄一卡通是招商银行在全国金融系统中。首先推出的一种电子货币的新工具，它集各种本、外币储蓄存款和各种储蓄种类的存折、存单于一张卡片内，简化了储户和银行的存款处理手续，具有“安全、简便、高效、灵活”的特点。

储蓄一卡通具有一卡多户、自动转账、通存通兑、自动提款、贷款融资、电话查询以及商户消费等功能。1995 年 12 月，招商银行与 VISA 国际组织合作，使“一卡通”成为中国首张 Internet“互连”转账卡。截止到 1999 年 8 月底，发卡量突破 540 万张。

2）电话银行业。电话银行业务具有使用方便、操作简单、服务周到、自动开户、传真服务的特点。其主要功能有各类账户信息、银行利率及机构信息查询；证券转账；一卡通、信用卡与存折之间互转；修改账户密码等。

3）Internet“一网通”。为客户提供安全、方便和快捷的理财。为进一步发展招商银行网上银行业务，招商银行规划和建设了招商银行“一网通”网页。为客户提供招商银行信息服务、个人银行、企业银行、网上支付等网上银行业务；利率、汇率、股市行情等金融信息以及网上商城服务。

1、网上银行的概念

（1）网上银行的定义。网上银行又称网络银行、在线银行，是指银行利用 Internet 技术，通过 Internet 向客户提供开户、销户、查询、对帐、行内划帐、跨行转帐、信贷、网上证券、投资理财等传统服务项目，使客户可以足不出户就能够安全便捷地管理活期和定期存款、支票、信用卡及个人投资等。可以说，网上银行是在 Internet 上的虚拟银行柜台。

（2）电子商务中网上银行的地位。在电子商务中，作为支付中介的银行在电子商务中扮演着举足轻重的角色，无论是网上购物还是网上交易，都需要网上银行来进行资金的支付和结算。银行是联结商家和消费者的纽带，银行是否能有效地实现支付手段的电子化和网络化是电子交易成败的关键。

网上银行产生之前，所谓的网上购物等电子商务行为实际上是网上浏览、网上订单、网下结算，由于结算渠道仍是传统的“一手交钱、一手交货”，电子商务的优势不能完全发挥。在网上银行介入之后，电子商务的流程发生了重要变化，真正实现了网上浏览、网上订单、网上结算。离开了银行的参与，便无法完成网上交易的支付，从而也就谈不上真正的电子商务。

因此随着电子商务的发展，网上银行的发展亦是必然趋势。

2、网上银行的特点

利用计算机和通讯技术实现资金划拨的电子银行业务已经有几十年的历史了，传统的电子银行业务主要包括资金清算业务和用 POS 网络及 ATM 网络提供服务的银行卡业务。网上银行是随着 Internet 的普及和电子商务的发展在近几年逐步成熟起来的新一代电子银行，它依托于传统银行业务，并为其带来了根本性的变革，同时也拓展了传统的电子银行业务功能。与传统银行和传统电子银行相比，网上银行在运行机制和服务功能方面都具有不同的特点。

（1）无分支机构 设分支机构来发展金融业务和开拓国际市场的，客户往往只限于固定的地域，而网上银行是利用 Internet 来开展银行业务，因此可以将金融业务和市场延伸到全球每个角落。打破了传统业务地域范围局限的网上银行，不仅可吸纳本地区和本国的客户，也可直接吸纳国外客户，为其提供服务。

（2）开放性与虚拟化 传统电子银行所提供的业务服务都是在银行的封闭系统中运作的，而网上银行的 Web 服务器代替了传统银行的建筑物，网址取代了地址，其分行是终端机和 Internet 这个虚拟化的电子空间。因此有人称网上银行为“虚拟银行”，但它又是实实在在的银行，利用网络技术把自己与客户连接起来，在有关安全设施的保护下，随时通过不同的计算机终端为客户办理所需的一切金融业务。

（3）智能化　借助于物质资本，通过众多员工辛勤劳动为客户提供服务。而网上银行主要借助智能资本，靠少数脑力劳动者的劳动提供比传统银行更多、更快、更好、更方便的业务，如提供多元化交互的信息，客户除可转账、查询账户余额外，还可享受网上支付、贷款申请、国内外金融信息查询、投资理财咨询等服务，其功能和优势远远超出电话银行和传统的自助银行。网上银行是一种能在任何时间（Anytime）、任何地方（Anywhere）、以任何方式（Anyhow）为客户提供超越时空、智能化服务的银行，因此可称之为三 A 银行。

（4）创新化　网上银行是创新化银行。在个性化消费需求日趋出现及技术日新月异的信息时代，网上银行提供的金融产品和拥有技术的生命周期越来越短，淘汰率越来越高。在这种情况下，只有不断采用新技术、推出新产品、实现持续创新才不至于被淘汰。

（5）运营成本低　与其他银行服务手段相比，网上银行的运营成本最低。据介绍，在美国开办一个传统的分行需要 150～200 万美元，每年的运营成本为 35～50 万美元。相比之下建立一个网上银行所需的成本为 100 万美元。

（6）以已有的业务处理系统为基础　“网上银行服务”系统，不是一个单独的业务处理系统，它本身不能独立地处理某项银行业务，必须以已经存在的业务处理系统为基础，所有的业务处理最终都是要由现有的业务处理系统来实现。

（7）将现有的业务系统有机地联系起来　国内银行现有的业务系统总的来说都是分散形式的，通过建立“网上银行服务”系统与传统业务处理系统之间的接口，使分散的不同的业务系统，通过“网上银行服务”系统这个桥梁有机地联系起来。

可以看出，“网上银行服务”系统的作用和意义已经远远超出了任何一个传统的业务系统。如果能够成功地建立“网上银行服务”系统，把客户终端、电话银行等手段结合起来，将在整个银行范围内形成一个统一的面向客户的综合服务体系。同时，为解决银行业务系统分散、业务做法不统一、系统平台不统一等问题，提供一个较好的途径。

（8）采用 Internet/Intranet 技术　采用 Internet/Intranet 技术，是因为其具有网络分布计算和与系统平台无关的特点，这两个特点特别适合解决银行业务系统分散和系统平台种类多的问题。另外在采用这种技术后，对系统的开发和维护，都会带来巨大的好处。

目前网上银行的运行机制有两种模式：一种是完全依赖于 Internet 发展起来的全新的电子银行，特点是银行的所有业务都是通过互联网进行的，如美国的 SFNB；另一种是传统银行在 Intranet 上建立的网站，如美国花旗银行、我国的招商银行、中国银行等，利用 Intranet 提供传统的银行业务服务，通过其发展家庭银行、企业银行等服务。

3、网上银行业务范围

网上银行基本业务主要包括家庭银行（储蓄业务）、企业银行（对公业务）、信用卡业务、国际业务、各种支付、信贷及特色服务等传统的银行业务功能。

（1）家庭银行（Home Banking）　为用户提供方便的个人理财渠道。包括网上开户、清户、账户余额、利息的查询、交易历史查询、个人账户挂失、电子转账、票据汇兑等。

美国的美洲银行（www.bankamerica.com）网上业务主要集中在家庭银行方面。

（2）企业银行（Firm Banking）　为企业或团体提供综合账户业务，如查阅本企业或下属企业账户余额和历史业务情况；划转企业内部各单位之间的资金；核对调节账户，进行账户管理等服务；电子支付职工工资；了解支票利益情况，支票挂失；将账户信息输出到空白表格软件或打印诸如每日资产负债表报告、详细业务记录表、银行明细表之类的各种金融报告或报表；通过互联网实现支付和转账等。目前中国银行推出的“企业在线理财”就属于这类业务。

（3）信用卡业务　包括网上信用卡的申办、信用卡账户查询、收付清算等功能。与传统的信用卡系统相比，网上信用卡更便捷。如用户可通过 Internet 在线办理信用卡申请手续；持卡人可通过网络查询信用卡明细；银行可定期通过电子邮件向用户发送账单，进行信用卡业务授权、清算、传送黑名单、紧急支付名单等。

（4）各种支付方式　提供数字现金、电子支票、智能卡、代付或代收费等网上支付方式，以及各种企业间转账或个人转账，如同一客户不同账号间，活期转定期、活期转信用卡、信用卡转定期、银行账户与证券资金账户之间的资金互转等。

（5）国际业务　包括国际收支的网上申报服务、资金汇入、汇出等。目前国内的企业可向中国银行总行申请办理此项业务国际收支申报。

（6）信贷　包括信贷利率的查询、企业贷款或个人小额抵押贷款的申请等，银行可根据用户的信用记录决定是否借贷。

（7）特色服务　主要是指通过 Internet 向客户提供各种金融服务，如网上证券、期货、外汇交易、电子现金、电子钱包以及各种金融管理软件的下载等。目前国外银行从存贷差中获取的利润已不足 50%，其余的都来自于各种在线服务回报。在香港地区有 4000 多家企业用户的汇丰银行目前以每月最低

2000 元港币的租金向这些企业提供银行在线服务，仅此一项每月的收入就近千万元。

（8）商务服务　商务服务主要提供资本市场、投资理财和网上购物等于功能。对资本市场来说，除人员直接参与的现金交易之外的任何交易均可通过网上银行进行。投资理财服务可通过客户主动进入银行的网站进行金融、账户等的信息查询以及处理自己的财务账户也可由网上银行系统对用户实施全程跟踪服务，即根据用户的储蓄、信贷情况进行理财分析，适时地向用户提供符合其经济状况的理财建议或计划。在网上购物方面，网上银行可以网上商店的形式向供求双方提供交易平台。

（9）信息发布　目前网上银行所发布的信息主要有：国际市场外汇行情、对公利率、储蓄利率、汇率、证券行情等金融信息，以及行史、业务范围、服务项目、经营理念等银行信息，使客户能随时通过 Web 网站了解这些信息。

二、网上证券

网上证券交易是国际证券市场已经发展起来并日益成熟的新业务，是电话委托、可视委托后推出的又一先进的远程委托方式。所谓网上证券交易，就是指证券商通过数据专线将证券交易所的股市行情和信息资料实时发送到 Internet 上，投资者将自己的电脑通过调制解调器等设备连上 Internet，通过 Internet 观看股市实时行情，分析个股，查阅上市公司资料和其它信息，委托下单买卖股票。网上证券交易由于具有成本低、不受地域限制等优势，也引起了众多国内证券商的关注。

1、网上证券概述

（1）网上证券的概念　网上证券交易是以互联网络为媒介为客户提供的一种全新商业服务，能够提供每日国内外经济信息、证券行情、证券代理买卖、投资咨询、服务对象的辅助决策分析及提供特别专题报告等方式来为投资者服务；同时也提供外汇、期货等方面的辅助服务方式。

（2）网上证券交易的模式　目前我国网上证券交易具体有两种模式。

1）证券营业部直接和互联网连接起来（客户→营业部网站→证券交易所)，客户从网上通过营业部的网站下单及查询，从网上实时接收有关股市行情、成交反馈结果等信息。通过这种网上交易方式，证券商可以直接在网站上为客户提供各种特色服务，如股市模拟操作、国内外宏观信息报道、本公司证券分析师对市场的分析讲解等。

2）证券营业部与证券网站服务商合作，通过证券网站服务商和互联网连接起来。网上客户的下单请求通过证券网站服务商送达营业部，并从服务商网站上实时获取股市行情和成交结果（客户→证券网站服务商→营业部→证券交易所)。

2、网上证券的交易特点

传统证券交易受到营业部地理位置、投资咨询手段、物质条件和人力资源的限制，大批股民整天泡在证券交易所里，到了出现行情的时候，股民争抢终端机，买单卖单打不进去，交易环境较差。随着互联网技术的发展和电子商务浪潮的兴起，网上证券交易体现了越来越显著的优点。

（1）网上交易不受地域限制　只要能够连上 Internet，在任何一个地方都可以看到所需要的信息。用户只要在营业部申请开通网上委托功能，就可以在任何地方通过上网看到股市行情，并可以下单交易。

（2）行情数据免维护　网上交易的行情数据是由证券商和电信局共同维护的，不需要投资者维护。

（3）行情分析、下单委托、查询资料方便直观　网上交易提供直观的图形走势，下单委托也十分方便，而且可以查询股票、资金、成交等资料。

（4）互联网上资源丰富　提供给投资者的信息比比皆是，许多上市公司也在网上开辟了自已的站点。

（5）网上交易的安全性有保障　由于网上交易使用基于公共和私人密匙的国际标准加密协议、利用网关和并口技术、在未来还可采用数字签名技术等进行身份认证，因而网上交易的安全性得到了极大的提高。

（6）提供高质量的个性化服务　网上交易具有良好的实时性和交互性，实现个性化服务信息、股票定制等服务变得越来越容易，使得证券交易服务的水平随之出现质的变化。

表 7-4　网上证券与其他证券交易方式对比

委托方式	交易速度	交易界面	可靠性	安全性	委托地点	特别服务
网上委托	快	好	好	好	全球任何上网的地方	免费上门开户
柜台委托	快	一般	好	好	营业部大厅	无
自助委托	快	好	好	好	营业部	无
电话委托	一般	无	一般	差	任何有电话的地方	无
远程委托	一般	好	一般	一般	有电脑可打电话的地方	无

3、证券电子商务的主要内容

证券电子商务的主要内容包括：

（1）网上证券交易　网上证券交易即通过因特网，不但可以查看到股市动态行情，还可以方便地查看到国际经济分析、政府政策分析、企业经营管理分析、证券板块分析等，并可进行委托买、卖、撤单、新股自动申购等操作。

（2）网上证券咨询 网上证券咨询包括证券投资操作事务、证券投资提示服务、，证券投资心理咨询、证券投资法律咨询、个股咨询等。与传统的证券业务咨询相比，网上证券咨询不必要求咨询双方面对面进行，而且，咨询的受众数量可以显著扩大，咨询的信息量也可大大增加。

（3）其他财经服务 证券电子商务也可提供相关的外汇、期货等方面的辅助投资服务，证券投资顾问与外汇交易所、期货交易所的专业人士一起为资金巨大的投资者提供跨行业组合投资分析，以便更好地回避风险、取得更好的投资回报。

4. 应用案例——华泰证券网

华泰证券网（www.htsc.com.cn）提供了 7 个专栏：财经资讯、行情交易、证券业务、市场研究、在线交流、社区服务及数据资料。在首页上有个股点评、实时速递、盘中解析、每日股评和个股追踪。在线交流栏目中还有专家门诊、名家评点、股市沙龙、专题论坛和 B 股专题讨论。在首页的右下角有一个“下载华泰 E 牛网上证券委托系统”的图标，点击该图标开始下载程序并运行下载程序 yyy501.exe，安装华泰证券 5.01 版。安装完成后，就会生成一个华泰证券程序组，同时在桌面上生成一个“华泰证券”图标。

启动华泰证券系统，出现“登陆到行情主站”窗口，系统提示输入用户名和口令。用户名“htzq”和口令“htzq”专供华泰证券营业部开户的用户使用，在开市期间用该用户名登陆时要进行身份认证。其他用户可使用用户名“guest”登陆，口令每天更换，可在华泰证券网的“行情交易”栏目中（www.htsc .com.cn/HQserver/index.jsp）查询到。

华泰证券网上证券委托系统分 9 大部分：

（1）大盘分析 包括上证 30 指数、上证领先走势、上证 A 股走势、上证 B 股走势、上证 ADL 指标、上证多空指标、上证买卖力道、上证分类指数走势；深证综指走势、深证成指走势、深证领先走势、深证 A 股走势、深证 B 股走势、深证 ADL 指标、深证多空指标、深证买卖力道、深证分类指数走势、创业指数走势。

（2）报价分析 可按自选股、分类股、板块股或按商品顺序进行报价分析。

（3）即时分析 包括分时走势图、买卖力道、量比指标等。

（4）技术分析 有 5 分钟线、15 分钟线、30 分钟线、60 分钟线、日线、周线和月线。

（5）多股并列 可按自选股、分类股、板块股或按商品顺序进行选择。如按分类股可分上证 A 股、上证 B 股、深证 A 股、深证 B 股、上证债券、深证债券等；如按板块股可分深圳分类、医药版块、国企大盘、纺织服装、ST

版块、IT版块和房地产版块等。

（6）特别报道　包括涨跌幅排名、成交价震幅排名、成交量排名、成交量（量比）变化排名、资金流向排名、买卖量差（委比）排名和综合指标排名。

（7）公告信息　包括上海证交所公告、深圳证交所公告、创业板市场公告、券商信息A券商信息B金融资讯、紧急公告和网上交易风险揭示书。

（8）在线服务　包括专家门诊、个股点评、业内观点、市场专线及预约开户等。

（9）系统工具　包括通讯设置、设定自选股、设定板块股、下单、盘后数据下载、设置自动翻屏、自动升级。如果选择下单，则进入网上证券委托系统。投资者可进行股票买卖与撤单，进行股票、资金、成交情况查询，也可更改密码。

三、网上保险

随着网络的发展以及人们越来越认识到网络购物的方便性，网上保险业务在这高速信息时代将飞速发展。各国保险公司都在积极发展网上保险服务。

面临入世压力的中国保险业，在传统业务方面并不具备明显优势，电子商务的出现，使之可以借助技术手段缩短与国际保险公司的差距，为之提供了一个追赶国际保险业的机会。

据预测，到2005年，个人险种的5%～10%将通过网络完成，寿险的16%～19%将通过网络销售，到2010年，个人险种的37%、企业险种的31%将通过网络完成。由此可见，网络保险将在保险销售和服务市场上占有重要地位。

1、网上保险概述

（1）网上保险定义　顾名思义“网上保险”就是在网上投保。从狭义上讲，网上保险是指保险企业通过互联网开展的电子商务活动，主要包括通过互联网买卖保险产品和提供服务；从广义上讲，网络保险还包括保险企业的内部活动，保险企业之间，保险企业与非保险企业之间以及与保监委、税务部门等政府相关机构之间的信息交流和活动。

（2）我国网上保险的现状　网上保险最主要的目的就是改变人们的保险习惯，变原来的被动接受保险为主动寻求保险。国际经验表明，保险公司的竞争最终归结到客户服务、销售渠道拓展和管理、成本的控制上，而网络恰恰将在这些方面给中国保险业发展带来莫大的机会。网上保险最早出现在美国。美国国民第一证券银行首创通过互联网销售保险单，营业仅一个月就销售了上千亿美元的保单。

我国第一家保险网站出现在1997年，是由中国保险学会和北京维信投资顾问公司共同发起成立的“中国保险信息网（www.china-insurance.com）”。随后国内一下出现 10 多个较大型的保险商业网站，除了已经更名为“中国保险网”的首家网站外，还有上海的“易保（www.ebao.com）”、太平洋保险公司的“太保网（www.cpic.com.cn）”、平安公司的“PA18 新概念（www.pa18.com）”、泰康人寿的“泰康在线（www.taikang.com）”等。我国保险业目前已进入快速发展时期，平均年增长率为 39.6%。国家统计局最新的一份调查统计资料表明，城市家庭购买保险的比例为 38%（其中 12%购买了家庭财产保险，33%购买了医疗保险，55%购买了人寿保险），这一数字与国外商业保险 60%～70%的覆盖率相比远未饱和，国内商业保险市场发展空间很大。

（3）网上保险的电子商务模式

1）保险公司网页或网站（单个保险公司的主页或网站）。

2）产品网站（金融和保险产品的综合性标准网站）。

3）信息集合中心（网上保险经纪人）。

4）网上风险市场（与商业伙伴分担大型风险）。

5）分类销售网站（通过不同主题网站销售保险）。

6）反向拍卖（拍卖保险需求）。

2. 网上保险的优势

传统保险经营方式已经逐步暴露出其弱点，如投保人上门投保，常因资料不全，跑两三次才能办好一份保险；保险营销员素质不高导致投保人拒绝投保，“告知不详”使保险客户缺乏对保险公司的信任感；“理赔难”是常听到的反映；保险业务“货比三家”很难实现等。与传统的保险经营方式相比，网上保险作为一种全新的经营方式，具有许多优点。

（1）快捷方便，不受时空限制　通过网络进行保险中介服务成本低、进入障碍小、接触面广，有效地促进保险业的发展，拉近了保险公司与保户的距离，使投保人足不出户就可以咨询、投保，避免了与保险代理人打交道的麻烦，还可从网上获得咨询信息及高效优质的服务。网上保险实现了全天候 24 小时作业，缩短了保险公司与客户的距离，真正实现保险无时不在、无处不在的保障功能。

（2）降低经营成本　网上保险的一大特点就是消除了中介费用，降低了营销成本。通过互联网，保险公司免去了代理人、经纪人等中介而直接与保户进行业务往来，大大缩短了投保、承保、保费支付和保险金支付等进程。在中国，客户投保的保费有相当大的部分是被保险营销人员提成拿走了。成本的降低加上便利和客户化的服务，将促使顾客以电子方式购买保险单。

（3）保护投保人的隐私　旧的传统的投保方式，不可避免地在中介环节上知悉或有意无意地侵犯投保人的隐私；网上投保可以排除中介环节知悉投保人隐私，能使投保人感到方便、安全，最大程度满足客户的需求。

（4）信息丰富，选择广泛　投保人可以从网上获得大容量、高密度、多样化的专业信息，减少投保的盲目性、局限性和随意性，实现投保的理性化。投保人足不出户就可以方便快捷地从保险服务系统上获得从公司背景到具体险种的详细情况，还可以对数家保险公司的险种进行对比，瞬间做到货比三家，从而在多家保险公司及多种保险产品中实现多元化的比较和选择，告别了信息不对称、选择单一及被动接受保险中介生硬推销的传统保险服务。

（5）降低投保人风险　网上投保透明度高，投保人可以通过网络比较险种、自行计算保费，从而减少中介环节因利益驱动给投保人带来的风险。

（6）个性化服务　保险公司通过网络可以随时随地听到客户的意见、要求和投诉，及时了解和掌握市场的需求动态。网上保险可以为投保人提供规范化和个性化的服务，根据投保人的具体情况量身制订保险套餐，最大限度地满足投保人对投保条件的个性化需求。对保险公司来说，通过网络可以加强对投保人潜在的需求的深层把握，有利于创新险种、拓展业务。

（7）提高经营效率　利用网络进行保险企业管理可以提高经营效率。网络的利用使“保险运行”整体提速，使保险的搜寻、谈判、销售、签单等方面的费用减少，有利于提高保险公司的经营效益。先进的企业管理方法是保险企业能持续、快速、高质量发展的“法宝”。

3、网上保险的功能

虽然网上保险的功能在不同的保险网站上表现出较大的差异，但仍可以从网上保险的不同发展阶段归纳出它的基本功能：

（1）形象和产品介绍　保险公司在网上宣传公司形象和产品，如在主页上设有公司简介、机构名录、保险知识、保险新闻、险种介绍、服务之窗等内容的栏目。此外，还要详尽地介绍网上各险种的具体情况，使访问者随意浏览、多角度地查询保险产品，获得险种名称、特点、保险责任、费率乃至条款全文等不同程度的资料信息。

（2）网上保险产品推介　保险网站可推荐各种保险产品或套餐，为投保人度身定制投保方案。

（3）网上推出直销保险　在网上推出直销保险单，由投保人利用在线表格提供投保的基本情况，从而向投保人提供直销保险业务。

（4）计算保费　各保险公司的投保收费标准是固定的，因此可以通过网络数据库自动计算保费，由投保人检查。

（5）核保与缴纳　这一步的目标是实现电子商务型的网上保险，即“全自动化”的网上保险服务。对投保人在网上提出的投保意向，保险公司核保后通过网络发出已填好的保险单， 投保人可以通过网上银行将保险费划拨到保险公司的账户，承保过程完全通过网络完成。续期保险费的缴纳、各种保险金的领取、市场调查等都可以通过网络实现，使投保人足不出户就可以得到全方位的保险服务。

（6）理赔服务　保险公司应帮助保户了解各大保险公司理赔作业流程、注意事项、争议解决办法，查询理赔所需单证和出险联系电话地址，同时提供方便快捷的网上报案系统。

在出现意外情况后，保险公司根据承保情况提供理赔服务。

【复习思考题】

1．什么是网络广告？网络广告的作用与特点是什么？
2．网络广告的常用方式有哪些？
3．简要说明网络广告的发展趋势。
4．你认为应如何推广企业的网站？
5．什么是网上银行？它有哪些特点？
6．请说明网上银行与传统银行有哪些异同点。
7．登录中国工商银行与招商银行的主页，比较它们网上服务的特色。
8．网上保险的优势有哪些？

第八章　电子商务与物流的关系

第一节　电子商务对物流活动的影响

近几年来，随着电子商务环境的改善以及电子商务所具备的巨大优势，电子商务受到了政府、企业界的高度重视，纷纷以不同的形式介入电子商务活动中，使电子商务在短短的几年中以惊人的速度在发展。在电子商务改变着传统产业结构的同时，物流业也不可避免地受到影响。

一、电子商务是商业上的一次革命

近几年来，世界上随着知识经济的发展和信息高速公路的建设，电子商务活动已经形成一股浪潮，迅速在因特网上蓬勃发展起来。从2000年开始，我国的电子商务伴随着网络发展也很迅猛，1998年末，全国上网人数为200万，1999年上半年全国上网人数已达400万，而到2001年7月已迅速发展到2650万。电子商务正在迅速地渗透到每一个行业领域，连接起企业、社团、政府和个人。很多企业、单位、政府和个人在因特网上开设网站，宣传自己、发表观点、互相通讯、获取信息、寻找机会；有的开设网上商店，在网上销售商品和服务。更多的人是作为消费者或浏览者收发电子邮件、上网看报、了解新闻、做广告、炒股票、听音乐、看电影、查资料、读小说、求职、求婚、购买商品甚至随心所欲玩游戏等。通过在网上冲浪，有的商家生意红红火火，扩大了销售，扩大了市场占有率，有的网民足不出户，坐在计算机旁轻轻点击鼠标，就可以在茫茫的网上商店商品中，在太平洋的彼岸找到自己想买的东西，能够很方便地购买成交，并且会有人把所买的商品送上门来。互联网一下子拉近了人们之间的空间、时间距离，给社会、给人们生活和工作模式带来了深刻的革命性的变化。

电子商务的基本特征是：

1）以因特网为基础的网络环境，演绎跨国界的实际市场环境。

2）以计算机网站为基本单元，虚拟实际市场的商店、银行、税局等市场基本单元。

3）实际的商务事物处理信息化，信息处理电子化。即实际的商务事物处理，包括订货、销售、支付、认证等都变成了网络上的信息处理。

电子商务将导致一场深刻的革命，这不会有人怀疑。但是这场革命的意义和深度，现在谁也估计不准。下面几点大概是可以想见的：

1、这是一场比工业革命更深刻的革命

17 世纪的工业革命，以机械化生产和扩大规模为标志，将手工生产和个体劳动转变到机械化大规模生产，大大提高了生产力，促进了生产的发展。这一次电子商务引起的革命，则是一次高科技和信息化革命。它一方面将事务处理信息化，把商店、产品、广告、订货、购买、货币支付、认证等实物和事务处理虚拟化信息化，使它们变成脱离实体而能在计算机网络上处理的信息。另一方面又将信息处理电子化将所有信息处理都通过计算机网络用计算机、电子邮件、文件传输、数据通讯等电子手段来完成。这样做，实际上是强化了信息处理、驯化了实体处理，用信息处理来控制指挥实体处理，使实体处理更科学化、效率化。因此，这样做，将是充分发挥信息对经济发展的价值，充分利用人类的知识和智慧，更科学合理地组织运用有限的资源，创造最大的经济效益。如果说，工业革命是强化了人的体力（手脚等），创造了一个产业经济的话，这一次革命则是强化了人的智力（脑子），创造的是一种信息经济。信息经济实际上就是知识经济，是一种高科技经济。因为信息经济的最基本特征是计算机网络，所以人们又最直观地叫它网络经济。

2、产业大重组

由于电子商务这场革命是将实物和事务处理信息化，使事务处理的内容、处理方式和处理程序发生了革命性变化，因此这场革命必然导致产业大重组。原有的一些行业、企业单位将逐渐消亡，将新增加一些行业、企业和单位，扩大一些行业。例如电报业、信件投递业等将逐渐消亡，将新增加一些行业，如网络广告业、信息服务业等，将压缩一些行业，例如制纸业、纸出版业等，将扩张一些行业，例如物流业、通讯业等。

也许以后就不会有像今天这样多的商店和银行分店了，人们都在网上的虚拟商店购物，虚拟商店的商品展示功能将比现在的实物商店的展示功能更强，购物付款也不用亲自跑到商店或银行去了，人们坐在计算机旁轻按鼠标点击网络银行就可以了。

产业大重组，也从根本上改变着企业内部运作、外部合作与交流的机制，前所未有地提高着整个社会资源的运行效率。

3、信息经济时代，将来的竞争将是信息的竞争

信息通过因特网传输，打破了空间和区域的界限，极大地提高了信息处理的效率，也就充分展现了信息的经济效益。也极大地扩充了竞争空间，在更大范围内创造商业机遇。

二、电子商务将把物流业提升到前所未有的高度

电子商务导致产业大重组，那些消亡了的商店、银行等企业的人员到哪去?去从事物流业、送货，或去网络银行工作（那里将比现在的业务量大得多），或者去从事其他服务业。大量的商店和银行消亡以后，将代之以按区域合理分布的配送中心、物流中心。

产业重组的结果，实际上使得社会上的产业只剩下两个行业，一个是实业，包括制造业和物流业。一个是信息业，包括广告、订货、销售、购买、服务、金融、支付和信息处理业等。这两个行业，可以理解为一个是“实”业，一个是“虚”业。

在“实”业中，制造业和物流业二者相比，制造企业会逐渐弱化，而物流企业会逐渐强化。制造企业会越来越弱化，主要是因为：随着经济的发展和生产力水平的提高，社会已经从短缺经济走向了剩余经济，绝大多数的产品，都出现了供给大于需求的现象。即使一个产品暂时短缺，由于高科技和高生产力水平，再加之趋利竞争，这个产品产量会迅速上升，很快就会由短缺变为剩余。所以，越往后，就越难找到一个企业，能长期不变地只生产其固有的产品。随着人们生活水平的提高，需求品越来越走向个性化，高档化，商品的寿命周期也越来越短，所以制造企业生产的产品就必须越来越随之迅速地变化，今天，生产这个产品，说不定明天就要改产另外的产品，今天这个企业还能存在，说不定明天就不能存在了。正是为了适应这种情况，所以最近出现了所谓柔性理论，出现了柔性制造、柔性企业、虚拟企业等。柔性企业的基本特征是，其组织结构是由一些最基本的功能单元按产品生产的需要临时组合起来，能随时根据产品品种、规格、产量的变化而变化。随着这种企业的增加，特别是虚拟企业的增加，使得制造业的企业实体不得不随时变化，时大时小、时此时彼，甚至时存时亡，也就是说越来越弱化。物流企业会越来越强化，这是因为：在电子商务的环境里，消费者在网上的虚拟商店购物，并在网上支付，送货的功能就由物流公司承担。也就是说，现实的商店没有了，银行没有了，而物流公司非但不能省，而且任务加重了。物流公司不但要把虚拟商店的货物送到用户手上，而且还要从各个生产企业及时进货，存放到物流仓库中。物流公司既是生产企业的仓库，又是用户的实物供应者。

在电子商务环境下，随着绝大多数的商店银行虚拟化。商务事务处理信息化、多数生产企业柔性化以后，整个市场剩下的就只有实物物流处理工作了。物流企业成了代表所有生产企业及供应商向用户进行实物供应的唯一最集中、最广泛的供应者，是进行区域市场实物供应的唯一主体，可见电子商

务把物流业提升到了前所未有的高度。物流企业应该认识到电子商务为他们提供了一个空前发展的机遇。

三、物流需求的新变化

1、消费者的地区分布分散化

因特网是电子商务的最大信息载体。因特网的物理分布范围正在迅速扩展，是否凡是因特网所及的地区都是电子商务的销售区域呢?在电子商务发展的初级阶段这是不可能的。一般商务活动的有形销售网点资源按销售区域来配置，每一个销售点负责一个特定区域的市场，比如把全国划分为 7 个销售大区，每个大区内有若干销售网点，再设立一个配送中心，负责向该大区内的销售网点送货，销售点向配送中心订货和补货，配送中心则在规定的时限'内将订货送达。电子商务也有可能按照这种方式来操作，但问题在于，电子商务的客户可能在地理分布上是十分分散的，要求送货的地点不集中，物流网络并没有像因特网那样广的覆盖范围，无法经济合理地组织送货。所以，提供电子商务服务的公司也需要像有形店铺销售一样要对销售区域进行定位，对消费人群集中的地区提供物流承诺，否则是不经济的。还有一种处理办法，就是对不同的销售区域采取不同的物流服务政策，如在大城市因为电子商务的普及，订货可能比较集中，适于按不低于有形店铺销售的送货标准组织送货，但对偏远地区的订单则要进行集货，送货期限肯定要比大城市长得多，那些地区的电子商务消费者享受的服务就要差一些。从电子商务的经济性考虑，宜先从上网用户比较集中的大城市起步，这样建立基于一个城市的物流、配送体系也比较好操作。借助于互联网，电子商务将整个世界联系在一起。电子商务的推广，加快了世界经济的一体化，因为电子商务的跨时域性和跨区域性，使得物流需求必然呈现跨国性，国际物流在整个商务活动中愈来愈占有举足轻重的地位。

2、销售的商品标准化

是否所有的商品都适合采用电子商务这种形式？在电子商务发展的初期答案是否定的。有没有最适合采用电子商务进行销售的商品？当然有。以上两个问题要考虑的是不同商品的消费特点及流通特点，尤其是物流特点。音乐、歌曲、电影、游戏、图片、计算机软件、电子邮件、新闻、评论、教学节目、医疗咨询、汇款等可以通过信息传递完成物流过程的商品最适合采用电子商务销售。因为，不仅商品信息查询、订货、支付等商流、信息流、资金流可以在网上进行，而且物流也可在网上完成，也就是这些品种可以实现商流、物流、信息流、资金流的完全统一。比如，消费者可以在网上选择流行音乐，点击音乐名称即可完成订货和付款，收听音乐的过程就是进行物流的过程，音乐听完了，这个音乐物流过程也就完成了，所以无论是亚马逊网上书店，还是珠穆朗玛电子商城，都是从销售这些商品开始的。当然如果消费者除了需要满足视听需求外，还要拥有这些商品的载体本身，如发烧友要珍藏歌星 CD、要满足多次重放功能等那还是需要完成单独的物流过程，将 CD 或其它载体本身送到消费者手中。

从理论上讲，没有什么商品特别不适合于采用电子商务的销售方式。但从流通本身的规律来看，需要有商品定位，现在的商品品种有 40～50 万种之多，一个大型百货商店充其量经营 10 万种商品，没有一个公司能够经营所有的商品，总是要确定最适合自己销售的商品，电子商务也一样，为了将某一商品的销售批量累积得更大，就需要筛选商品品种。同时，电子商务也要有一定的销售渠道配合，不同的商品进货和销售渠道可能不同。品种越多，进货渠道及销售渠道越复杂，组织物流的难度就越大，成本也就越高。 因此，为了考虑在物流环节不增加过多的费用，也需要将品种限制在一定的范围之内。一般而言，商品如有明确的包装、质量、数量、价格、储存、保管、运输、验收、安装及使用标准，对储存、运输、装卸等作业无特殊要求，就适合于采用电子商务的销售方式。

3、物流服务需求多功能化和社会化

与传统的把物流分割成包装、运输、仓储、装卸等若干个独立的环节一样，由不同的企业单独完成的做法不同，电子商务要求物流提供给企业全方位的服务，既包括仓储、运输服务，还包括配货、分发和各种客户需要的配套服务，是物流成为连接生产企业与用户的重要环节。电子商务的物流要求把物流的各个环节作为一个完整的系统进行统筹协调、合理规划、使物流服务的功能多样化，更好地满足客户的需求。

随着电子商务的发展，物流服务的社会化趋势也越来越明显。在传统的经营方式下，无论是实力雄厚的大企业，还是三五十人的小企业，一般都由企业自身承担物流职能，导致物流的高成本、低效率的结果。而在电子商务条件下，特别是对小企业来说，在网上订购和支付实现后，最关键的问题就是物流配送，如果完全依靠自己的力量来完成显然是力不从心的，特别是当面对跨地区、跨国界的用户时，将显得束手无策。因此物流的社会化是电子商务发展的一个十分重要的趋势。

四、物流服务空间的拓展

电子商务需要的不是普通的运输和仓储服务，它需要的是物流服务，而物流和仓储运输存在比较大的差别，正是因为传统的储运经营者用传统储运

的要求和标准为电子商务服务，才使得电子商务经营者在21世纪初的今天仍然抱怨物流服务不到位、跟不上。电子商务经营者（也包括其他新型流通方式的经营者）需要的是增值性的物流服务（Value-Added Logistics Services），而不仅仅是传统的物流服务。

增值性的物流服务包括以下几层含义和内容。

1、增加便利性的服务——使人变懒的服务

一切能够简化手续、简化操作的服务都是增值性服务，简化是相对于消费者而言的，并不是说服务的内容简化了，而是指为了获得某种服务，以前需要消费者自己做的一些事情，现在由商品或服务提供商以各种方式代替消费者做了，从而使消费者获得这种服务变得简单，而且更加好用，这当然增加了商品或服务的价值。在提供电子商务的物流服务时，推行一条龙门到门服务、提供完备的操作或作业提示、免培训、免维护、省力化设计或安装、代办业务、24小时营业、自动订货、传递信息和转账（利用EOS、EDI、EFT）、物流全过程追踪等都是对电子商务销售有用的增值性服务。

2、加快反映速度的服务——使流通过程变快的服务

快速反应已经成为物流发展的动力之一。传统观点和做法将加快反应速度变成单纯对快速运输的一种要求，而现代物流的观点却认为，可以通过两条途径使过程变快，一是提高运输基础设施和设备的效率，比如修建高速公路、铁路提速、制定新的交通管理办法、将汽车本身的行驶速度提高等等，这是一种速度的保障，但在需求方绝对速度的要求越来越高的情况下，它也变成了一种约束，因此必须想其他的办法来提高速度，所以第二种办法，也是具有重大推广价值的增值性物流服务方案，应该是优化电子商务系统的配送中心、物流中心网络，重新设计适合电子商务的流通渠道，以此来减少物流环节、简化物流过程，提高物流系统的快速反应性能。

3、降低成本的服务——发掘第三利润源泉的服务

根据前面的分析，电子商务发展的前期，物流成本将会居高不下。有些企业可能会因为根本承受不了这种高成本而退出电子商务领域，后者是选择性地将电子商务的物流服务外包出去。这是很自然的事情，因此发展电子商务，一开始就应该寻找能够降低物流成本的物流方案。企业可以考虑的方案包括：采用第三方物流服务商、电子商务经营者之间或电子商务经营者与普通商务经营者联合，采取物流共同化计划，同时，如果具有一定的商务规模，比如珠穆朗玛和亚马逊这些具有一定销售量的电子商务企业，可以通过采用比较适用但投资比较少的物流技术和设施设备，或推行物流管理技术，如运筹学中的管理技术、单品管理技术、条形码技术和信息技术等，提高物流的

效率和效益，降低物流成本。

4、延伸服务——将供应链集成在一起的服务

向上可以延伸到市场调查与预测、采购及订单处理：向下可以延伸到配送、物流咨询、物流方案的选择与规划、库存控制决策建议、货款回收与结算、教育与培训、物流系统设计与规划方案的制作等等。关于结算功能，物流的结算不仅仅只是物流费用的结算，在从事代理、配送的情况下，物流服务商还要替货主向收货人结算货款等。关于需求预测功能，物流服务商应该负责根据物流中心商品进货、出货信息来预测未来一段时间内的商品进出库量，进而预测市场对商品的需求，从而指导订货。关于物流系统设计咨询功能，第三方物流服务商要充当电子商务经营者的物流专家，因而必须为电子商务经营者设计物流系统，代替它选择和评价运输网、仓储网及其他物流服务供应商。关于物流教育与培训功能，物流系统的运作需要电子商务经营者的支持与理解，通过向电子商务经营者提供物流培训服务，可以培养他与物流中心经营管理者的认同感，可以提高电子商务经营者的物流管理水平，可以将物流中心经营管理者的要求传达给电子商务经营者，也便于确立物流作业标准。

以上这些延伸服务最具有增值性，但也是最难提供的服务。能否提供此类增值服务现在已成为衡量一个物流企业是否真正具有竞争力的标准。

五、对物流时效性的要求

获取竞争优势的方法多种多样，如今，时间正成为新的竞争焦点。纵观近 40 年制造业发展史，可以概括为 7 个字："更便宜、更好、更快"。提高劳动生产率，为顾客提供更便宜的产品，竞争焦点是成本。20 世纪 80 年代，竞争转移到质量，制造更好的产品，提供更好的服务，竞争焦点是质量。21 世纪，成本、质量当然仍是重要的竞争手段，但是，在许多行业中，时间正成为新的竞争焦点，需求趋向多样化、个性化，快速反应市场需求是企业竞争的新定律。

电子商务的优势之一就是能大大简化业务流程，降低企业运作成本。而在电子商务中企业成本优势的建立和保持必须以可靠和高效的物流运作为保证。现代企业要在竞争中取胜，不仅需要生产适销对路的产品、采取正确的营销策略、以及强有力的资金支持，更需要加强"品质经营"，即强调"时效性"，其核心在于服务的及时性、产品的及时性、信息的及时性和决策反馈的及时性。这些都必须以强有力的物流能力作为保证。以生产企业为例，有关调查研究的数据显示，物流对企业的影响是公认的，90%以上的人认为较重要，其中 42%的人认为很重要，仅有 9.2%认为不重要。

六、对物流环节的影响

首先，电子商务可使物流实现网络的实时控制。传统的物流活动在其运作过程中，不管其是以生产为中心，还是以成本或利润为中心，其实质都是以商流为中心，从属于商流活动，因而物流的运动方式是紧紧伴随着商流来运动。而在电子商务中，物流的运作是以信息为中心的，信息不仅决定了物流的运动方向，而且也决定着物流的运作方式。在实际运作过程中，通过网络上的信息传递，可以有效地实现对物流的实施控制，实现物流的合理化。比如，在电子商务方案中，可以利用电子商务的信息网络，尽可能地通过信息沟通，将实物库存暂时用信息代替，即将信息作为虚拟库存（Virtual Inventory），办法是建立需求端数据收集系统（Automated Data Collection 简称为 ADC）在供应链的不同环节采用 EDI 交换数据，建立基于 Internet 的 Intranet，为用户提供 Web 服务器，便于数据时时更新和浏览查询，一些生产厂商和下游的经销商、物流服务商共用数据库，共享库存信息等，目的都是尽量减少实物库存水平，但并不降低供货服务水平。

其次，网络对物流的实时控制是以整体物流来进行的。在传统的物流活动中，虽然也有依据计算机对物流实施控制，但这种控制都是以单个的运作方式来进行的。比如，在实施计算机管理的物流中心或仓储企业中，所实施的计算机管理信息系统，大都是以企业自身为中心来管理物流的。而在电子商务时代，网络全球化的特点，可使物流在全球范围内实施整体的实时控制。UPS 总裁兼首席执行官吉姆·凯里在解释传统供应链与电子供应链的区别时说，电子供应链改变了传统供应链的运行方向。在传统供应链中，供应商是将货物沿着供应链向最终用户的方向“推动气这样的系统需要在仓库里贮存货物，尽管这种作法并不合算。而电子供应链主张的是只及时生产顾客所需的产品，而不需在仓储上耗费巨资。

在电子商务及新的在线购物系统中，顾客可从供应链的每个成员中“拉出”他们所需的东西，结果是顾客可获得更加快速而可靠的服务，而供应商也可减少成本。为了有效地实施拉动战略，企业必须与供应链中的所有成员建立电子联系。UPS 一直在争取使自己成为每个客户供应链中不可缺少的环节。在这个过程中，UPS 成长为一家信息公司。目前，UPS 可向顾客和供应商提供瞬间电子接入服务，以便查阅有关包裹运输和传递过程的信息。在 1998 年圣诞节前夕，有 100 万顾客访问 UPS 网站，查看所托货物的运送状况。节日期间，在线购物总量的 55%是由 UPS 送达的。

七、电子商务促进物流技术水平提高

所谓物流技术，是指与物流要素活动有关的、实现物流目标的所有专业技术总称。传统的概念主要是指物资运输技术或者物资流通技术，也就是说物流技术是各种流通物资从生产者转移给消费者时，实现各种流通形态的停顿与流动功能所需要的材料、机械、设施等硬件环境和计划、运用、评价等软件技术。

现代的物流技术包括各种操作方法、管理技能等，如流通加工技术、物品包装技术、物品标识技术、物品实时跟踪技术等。物流技术也包括物流规划、物流评价、物流设计，物流策略等，在计算机网络技术的应用普及后，尤其是电子商务的飞速发展，物流技术中又综合了许多现代技术，如 GIS（地理信息系统）、GPS（全球卫星定位系统）、EDI（电子数据交换）、BAR CODE（条码）等等。

第二节　物流对电子商务的影响

一、物流业是电子商务的支点

如果电子商务能够成为 21 世纪的商务工具，它将像杠杆一样撬起传统产业和新兴产业，在这一过程中，现代物流产业将成为这个杠杆的支点。

世界上最大的网上书店——亚马逊网站可谓是电子商务领域的先锋，然而它也隐隐感到 7 个强有力对手的存在：零售业巨头沃尔玛也并始涉足网上销售，亚马逊看到最大的挑战来自于沃尔玛拥有遍布全球的由卫星通讯联起的商品配送体系。尽管沃尔玛网上业务开展的时间比亚马逊晚了 3 年，然而沃尔玛网上商店的送货时间却比亚马逊早了许多。亚马逊一旦意识到这个对手的可怕，立刻奋起直追，一改以零库存著称的商业作风，开始兴建大规模的储物仓库，并在全球分设配送中心，用物流体系的完善来为自己的网上销售锦上添花。

正是信息技术的进步，才使人们更加意识到物流体系的重要，现代物流产业的发展也才被提上议事日程。

1、物流能力是核心竞争力

物流系统的价值最早是在二战中得到认识的，至今共经历了七次价值发现。所谓第七次价值发现是在1997年东南亚爆发经济危机之后，人们在分析和总结东南亚各国和各地区的情况时发现，以物流产业为重要支柱产业的新加坡、香港有较强的抗御经济危机的能力。例如1998年，受金融风波影响较大的马来西亚经济增长为–6.8%，泰国为–8.0%，东盟为–9.4%，与之相比较，香港情况较好，为–5.1%，而新加坡则实现了1.5%的正增长。这个发现完善了现代物流的定义。从此，人们意识到物流不仅对于微观企业有着特别的意义，对于国家的经济发展也有非常重要的意义，物流发展水平已成为一个国家综合国力的重要体现。

第七次价值发现对于国家和企业来说都有着重要的启迪和借鉴作用。深圳市已决定投资 1600 个亿规划 16 万 km^2 土地，开发以综合物流中心基地为核心的新型产业开发区，从而在 21 世纪通过开发物流产业形成新的经济增长点。著名家电企业海尔集团已充分认识到物流对企业生存起决定性的作用，1999 年特别成立了物流推进本部，着力进行海尔集团的物流重组和物流改革，并把物流能力定位为海尔集团的核心竞争力，从而达到以最低的物流总成本向客户提供最大附加值服务的战略目标。

2、现代物流应运而生

用“成也配送，败也配送”来形容电子商务与物流的关系是再恰当不过了。国家经贸委贸易市场司副司长向欣说：“信息技术的发展与普及，正在改变过去的生产、交易以及生活方式，流通体制也发生了重大的变化，电子商务、连锁经营、电视直销等新的流通方式的逐步发展，对物流产业发展提出了更高的要求。”

当我们庆幸终于可以实现网上订货、网上支付的同时，也无可奈何地抱怨网上订了货、账单也被划掉，可是货却迟迟不来。为了送货，有的网站动用了 EMS，有的网站动用了快递公司，有的网站甚至打起了居委会大妈的主意。而这只是电子商务在网上购物过程中遭遇的尴尬。

再看看电子商务在企业供应链上的表现。众所周知的世界直销大王——戴尔电脑公司目前面临的最大问题也是物流方面的难题，在收到顾客的要货订单后，如何及时采购到电脑的各种零配件，电脑组装好了以后如何及时配送到顾客手上，这些都需要一个完整的物流系统来支持，而迅速成长起来的戴尔公司缺乏的也正是这个。可以说电子商务是信息传送保证，物流是执行保证。没有物流，电子商务只能是一张空头支票。

都说电子商务将成为企业决胜未来市场的重要工具，但如果没有现代物流体系作为电子商务的支点，恐怕电子商务什么事也干不了。

3、物流市场争夺战已经打响

1998 年底，就已经有媒体用“撒网捞鱼”的比喻来形容物流市场的争夺之势。也难怪，不仅有科利华投资两个亿开通“中运网”，和国家信息中心与中国交通运输协会投资 200 万开通“全国货运信息服务网”来争夺空车配载市场，也有东方红叶集团开通时空网来争夺网上购物的配送市场，更有专业物流企业如华运通有限公司来争夺专业物流市场，还有消息说，有的外资公司已与外资专业物流公司签约，从而完全自主控制其在中国市场上的配送。

毕竟，对于以市场为生存之本的企业来说，控制物流就可以控制市场，所以物流市场主动权的争夺在所难免。

有人担心中国进入 WTO 以后，物流产业将成为中外投资者的竞争焦点，这种担心不无根据。我国目前的物流产业刚刚摆脱计划经济体制的束缚，走上市场化的道路，还谈不上体系，也谈不上规模。如果外资物流企业长驱直入，我国物流体系将受到严重冲击。中国仓储协会秘书长、华运通物流有限公司总经理沈绍基说："到那时，我们将面临一个谁当主角的问题。这主角是中国企业?还是外资企业?还是合资企业?市场格局将会重新改写。"

日资背景的伊藤洋华堂已在北京扎下了根，其在日本的物流配送伙伴伊藤忠株式会社也跟随而至，并承担了其配送工作。这种由工业或商业企业与物流企业长期结盟进行物流配送的形式在日本相当普遍，几乎占到社会总物流量的 80%。许多知名跨国企业如可口可乐、宝洁等要么拥有自己投资建立的完善物流体系，要么拥有长期的合作伙伴，如果他们以其特有的方式进入中国市场，我们的企业将承受更大的市场压力。沈绍基在谈到中国物流如何迎接 WTO 的挑战时说："工业及商业企业必须立刻调整战略，把物流管理作为降低企业总成本的主要手段，把物流能力作为企业的核心竞争力：物流企业必须加快改制、改组、整合资源的速度，提升服务能力，加速实现网络化、规模化与国际物流水平接轨。"

二、物流现代化是电子商务的基础

电子商务通过快捷、高效的信息处理手段可以比较容易地解决信息流（信息交换）、商流（所有权转移）和资金流（支付）的问题，而将商品及时地配送到用户手中，即完成商品的空间转移（物流）才标志着电子商务过程的结束，因此物流系统的效率高低是电子商务成功与否的关键，而物流效率的高低很大一部分取决于物流现代化的水平。

电子商务中的任何一笔交易，都包含着几种基本的"流"，即信息流、商流、资金流、物流。其中信息流既包括商品信息的提供、促销行销、技术支持、售后服务等内容，也包括诸如询价单、报价单、付款通知单、转账通知单等商业贸易单证，还包括交易方的支付能力、支付信誉等。商流是指商品在购、销之间进行交易和商品所有权转移的运动过程，具体是指商品交易的一系列活动。资金流主要是指资金的转移过程，包括付款、转账等过程。在电子商务下，以上的三种流的处理都可以通过计算机和网络通信设备实现。物流，作为四流中最为特殊的一种，是指物质实体（商品或服务）的流动过程，具体指运输、储存、配送、装卸、保管、物流信息管理等各种活动。对于少数商品和服务来说，可以直接通过网络传输的方式进行配送，如各种电子出版物、信息咨询服务、有价信息软件等。而对于大多数商品和服务来说物流仍要经由物理方式传输，如果有了一系列机械化、自动化工具的应用，准确、及时的物流信息对物流过程的监控，将使物流的流动速度加快、准确率提高，能有效地减少库存，缩短生产周期。

物流现代化中最重要的部分是物流信息化，物流的信息化是电子商务物流的基本要求，是企业信息化的重要组成部分，表现为物流信息的商品化、物流信息收集的数据化和代码化、物流信息处理的电子化和计算机化、物流信息传递的标准化和实时化、物流信息储存的数字化等。物流信息化能更好地协调生产与销售、运输、储存等环节的联系，对优化供货程序、缩短物流时间及降低库存都具有十分重要的意义。

三、物流是实施电子商务的关键

《互联网周刊》撰文列举了人们为什么不选择电子商务的五大理由，从根本上讲，就是一个物流与信息流、商流、资金流严重脱节的问题。但目前的电子商务只能是靠网络订货，靠物流体系送货。消费者网上浏览，轻松点击就完成了一本自己喜欢的书的购买过程，但所购的书迟迟不能送到手中，最后终于等到了送来的书，封面破损，还必须支付二十元的送货费，其结果可想而知，消费者在经历了如此“快捷”的电子商务后，一定会说“This is the first time，and also，the last time”。

1、物流保障生产

无论在传统的贸易方式下，还是在电子商务下，生产都是商品流通之本，而生产的顺利进行需要各类物流活动支持。生产的全过程从原材料的采购开始，便要求有相应的供应物流活动，将所采购的材料运送到位，否则，生产就难以进行：在生产的各工艺流程之间，也需要原材料、半成品的物流过程，即所谓的生产物流，以实现生产的流动性：部分余料、可重复利用的物资的回收，就需要所谓的回收物流；废弃物的处理则需要废弃物物流。可见，整个生产过程实际上就是系列化的物流活动。

合理化、现代化的物流，通过降低费用从而降低成本、优化库存结构、减少资金占压、缩短生产周期，保障了现代化生产的高效进行。相反，缺少了现代化的物流，生产将难以顺利进行，那无论电子商务是多么便捷的贸易形式，仍将是无米之炊。

2、物流服务于商流

在商流活动中，商品所有权在购销合同签订的那一刻起，便由供方转移到需方，而商品实体并没有因此而移动。在传统的交易过程中，除了非实物交割的期货交易，一般的商流都必须伴随相应的物流活动，即按照需方（购方）的需求将商品实体由供方（卖方）以适当的方式、途径向需方（购方）转移。而在电子商务下，消费者通过上网点击购物，完成了商品所有权的交割过程，即商流过程。但电子商务的活动并未结束，只有商品和服务真正转移到消费者手中，商务活动才告以终结。

在整个电子商务的交易过程中，物流实际上是以商流的后续者和服务者的姿态出现的。没有现代化的物流，如何轻松的商流活动都仍会退化为一纸空文。

3、物流是实现“以顾客为中心”理念的根本保证

电子商务的出现，在最大程度上方便了最终消费者。他们不必再跑到拥挤的商业街，一家又一家地挑选自己所需的商品，而只要坐在家里，在 internet 上搜索、查看、挑选，就可以完成他们的购物过程。但试想，他们所购的商品迟迟不能送到，或者商家所送并非自己所购，那消费者还会选择网上购物吗?

物流是电子商务中实现以“以顾客为中心”理念的最终保证，缺少了现代化的物流技术，电子商务给消费者带来的购物便捷等于零，消费者必然会转向他们认为更为安全的传统购物方式，那么网上购物还有什么存在的必要?

从以上的论述中可见，物流是电子商务重要的组成部分。我们必须摒弃原有的“重信息流、商流和资金流的电子化，而忽视物流电子化”的观念，大力发展现代化物流，以进一步推广电子商务。

四、物流是电子商务的重要组成部分

电子商务是 20 世纪信息化、网络化的产物，由于其自身的特点已广泛引起了人们的注意，但是人们对电子商务所涵盖的范围却没有统一、规范的认识。仍如传统商务过程一样，电子商务中的任何一笔交易，都包含着以下几种基本的“流”，即信息流、商流、资金流和物流。

过去，人们对电子商务过程的认识往往只局限于信息流、商流和资金流的电子化、网络化，而忽视了物流的电子化过程，认为对于大多数商品和服务来说，物流仍然可以经由传统的经销渠道。但随着电子商务的进一步推广与应用，物流的重要性对电子商务活动的影响日益明显。试想，在电子商务下，消费者网上浏览后，通过轻松点击完成了网上购物，但所购货物迟迟不能送到手中，甚至出现了买电视机送茶叶的情况，其结果可想而知，消费者势必会放弃电子商务，选择更为安全可靠的传统购物方式。

在电子商务中，一些电子出版物，如软件、CD 等可以通过网络以电子的方式送给购买者，但绝大多数商品仍要通过其他各种方式完成从供应商到购

买者的物流过程。我国的许多网上商店由于解决不了物流问题，只好告诉购买者送货必须在一定的范围内，否则就不要在我这里买了，电子商务的跨地域优势也就一点也没有了。

1999年9月，我国的一些单位，组织了一次72小时的网上生存测验。测验中一个突出的问题就是物流问题，尤其是费尽周折填好订单后漫长的等待，使电子商务的跨时域优势也丧失贻尽。此后的一次市场调查证实，人们最关注的热点问题是“物流”。再次使人们认识到物流在电子商务活动中地位的重要，认识到现代化的物流是电子商务活动中不可缺少的部分。

对于电子商务的定义，时至今日也没有最终的标准定义。有一类定义，主要是由美国IT厂商提出的，可以归纳为：电子商务是一种商务活动的新形式，它通过采用现代信息技术手段，以数字化通信网络和计算机装置替代传统交易过程中纸介质信息载体的存储、传递、统计、发布等环节，从而实现商品和服务交易以及交易管理等活动的全过程无纸化，并达到高效率、低成本、数字化、网络化、全球化等目的。

由于IT企业业务范围的限制，IT厂商往往把电子商务定位于“无纸贸易”。在这类电子商务的定义中，电子化工具主要是指计算机和网络通信技术：电子化对象主要是针对信息流、商流和资金流，并没有提到物流。

我们必须注意到这样一个事实：电子商务概念的提出首先是在美国。而美国的物流管理技术自1915年发展至今已有80多年的历史，通过利用各种机械化、自动化工具及计算机和网络通信设备，早已日臻完善。同时，美国作为一个发达国家，其技术创新的本源是需求，即所谓的需求拉动技术创新。作为电子商务前身的电子数据交换技术（EDI）的产生是为了简化烦琐、耗时的订单等的处理过程，以加快物流的速度，提高物资的利用率。电子商务的提出最终是为了解决信息流、商流和资金流处理上的烦琐对现代化的物流过程的延缓，进一步提高现代化的物流速度。

可见，美国在定义电子商务概念之初，就有强大的现代化物流作为支持，只需将电子商务与其进行对接即可，而并非电子商务过程不需要物流的电子化。而我国作为一个发展中国家，物流业起步晚、水平低，在引进电子商务时，并不具备能够支持电子商务活动的现代化物流水平，所以，在引入时，一定要注意配备相应的支持技术——现代化的物流模式，否则电子商务活动难以推广。

因此，有些专家在定义电子商务时，就注意将国外的定义与中国的现状相结合，扩大了美国原始电子商务定义的范围，提出了包括物流电子化过程的电子商务概念：

（1）电子商务是实施整个贸易活动的电子化

（2）电子商务是一组电子工具在商务活动中的应用

（3）电子商务是电子化的购物市场：

（4）电子商务是从售前到售后支持的各个环节实现电子化、自动化。

在这类电子商务定义中，电子化的对象是整个的交易过程，不仅包括信息流、商流、资金流，而且还包括物流：电子化的工具也不仅仅指计算机和网络通信技术，还包括叉车、自动导向车、机械手臂等自动化工具。

可见，从根本上来说，物流电子化应是电子商务概念的组成部分，缺少了现代化的物流过程，电子商务过程就不完整。

五、物流是电子商务概念模型的基本要素

电子商务概念模型是对现实世界中电子商务活动的一般抽象描述，它由电子商务实体、电子市场、交易事务和信息流、商流、资金流、物流等基本要素构成。

在电子商务概念模型中，电子商务实体是指能够从事电子商务的客观对象，它可以是企业、银行、商店、政府机构和个人等。电子市场是指电子商务实体从事商品和服务交换的场所，它由各种各样的商务活动参与者，利用各种通信装置，通过网络联结成一个统一的整体。交易事务是指电子商务实体之间所从事的具体的商务活动的内容，例如询价、报价、转账支付、广告宣传、商品运输等。

电子商务中的任何一笔交易，都包含着几种基本的“流”，即信息流、商流、资金流、物流。其中信息流既包括商品信息的提供、促销行销、技术支持、售后服务等内容，也包括诸如询价单、报价单、付款通知单、转账通知单等商业贸易单证，还包括交易方的支付能力、支付信誉等。商流是指商品在购、销之间进行交易和商品所有权转移的运动过程，具体是指商品交易的一系列活动。资金流主要是指资金的转移过程，包括付款、转账等过程。在电子商务下，以上的三种流的处理都可以通过计算机和网络通信设备实现。物流，作为四流中最为特殊的一种，是指物质实体（商品或服务）的流动过程，具体指运输、储存、配送、装卸、保管、物流信息管理等各种活动。对于少数商品和服务来说，可以直接通过网络传输的方式进行配送，如各种电子出版物、信息咨询服务、有价信息软件等。而对于大多数商品和服务来说物流仍要经由物理方式传输，但由于一系列机械化、自动化工具的应用，准确、及时的物流信息对物流过程的监控，将使物流的流动速度加快、准确率提高，能有效地减少库存，缩短生产周期。

在电子商务概念模型的建立过程中，强调信息流、商流、资金流和物流的整合。其中，信息流最为重要，它在一个更高的位置上实现对流通过程的

监控。

六、物流是实现电子商务中跨区域物流的重点

我国加入 WTO 以后，借助电子商务，国际物流呈加速增长的趋势。要解决电子商务中跨国物流、跨区域物流可能出现的问题，有赖于完善的物流系统。

借助于互联网，电子商务将整个世界联系在一起。电子商务的推广，加快了世界经济的一体化，因为电子商务的跨时域性和跨区域性，使得物流活动必然呈现跨国性，国际物流在整个商务活动中愈来愈占有举足轻重的地位。

在商业运行中，不同的交易方式，会产生不同的物流模式。在电子商务这种交易方式下，物流模式的特点将是国际物流、跨区域物流不断增加，与之相应，第三方物流模式将成为一种必然选择。

1、电子商务下的消费者——企业间跨区域物流

企业对消费者的业务（B2C）又称直接市场销售，主要包括以下几方面：

（1）有形商品的电子订货和付款　这类业务需要利用传统的邮政服务或商业送货服务加以配套，所以称之为间接电子商务。

（2）无形商品和服务产品的销售　如计算机软件、娱乐产品消费、订票、付款、信息服务等，供需双方可以在网上直接实现交易，又称为直接电子商务。我们以有形商品的电子商务，如网上购物为例，分析其贸易流程，过程如下：

用户通过网上商城向商家提交购货订单，交易双方向认证中心提出认证申请，并获得 CA 证书：商家把用户的 CA 证书和有关信息传送到自己的收单银行：收单银行向用户所持信用卡的发卡银行询问，查询用户信用卡是否属实：发卡银行认可并签证这笔交易，把用户货款划给收单银行：商家向用户发送货物和收据：交易成功：发卡银行向用户定期寄去信用卡消费账单。

这种交易过程没有商业谈判，交易双方不进行询盘、报盘、还盘等活动。如果这种网上交易是跨国性的，那么随之进行的国际物流活动将会遇到麻烦：

假设 A 国的消费者在 B 国的网上商店，用国际通用的信用卡购买了商品，若要将商品送到消费者手里，对于小件商品，如图书，可以通过邮购；对于大件商品，则是速递公司完成交货。对于零散用户，采用以上两种方式送货，流通费用显然过高，目前，这些流通费用一般均由消费者承担。国际物流的总目标是为国际贸易和跨国经营服务，即选择最佳的方式和路径，以最低的费用和最小的风险，保质、保量、适时地将货物从某国的供方运到另一国的需方。

为降低流通费用，一些网上商店在各国成立境外分公司和配送中心，消

费者完成网上交易后，由用户所在国的配送中心将货物运送到用户手里，这种方法，可以降低流通费用，提高流通速度。如 Dell 公司是美国著名的网上直销公司，为了在中国销售它的产品，在中国设立分公司，中国客户在网上购买计算机后，由中国公司负责向用户交货。

一位顾客在网上商店购物时，我们不可能事先得知他是本地顾客，还是远程顾客。这种跨区域购物，如果没有发达的配送系统，将使跨区域物流遇到阻碍或增加物流成本。例如，一位上海的顾客在北京的网上商店购买的商品，如果配送系统发达，可以直接由该商店设在上海的配送中心送货，或者由上海的第三方配送中心送货，而不必从北京千里迢迢送货。

2、电子商务下的企业——企业间的跨国物流

电子商务的另一种模式是企业与企业之间的网上交易（B2B），它主要是通过 EDI（电子数据交换）进行的，它包括以下几个方面。

（1）企业与其供应商之间采购事物的协调。

（2）物料计划人员与仓储、运输其产品的公司间的业务协调。

（3）销售机构与其产品批发商、零售商之间的协调。

（4）客户服务。

（5）公司日常运营活动，内部员工的交流等。

如果企业与企业间交易是跨国进行的，则双方需通过 EDI 进行商业谈判，达成协议后，一方发货，另一方通知银行付款。在外贸谈判过程中，商品价格中可以包含关税价格和运输费用。这种跨国贸易，已经有一定的历史，EDI 只不过使得贸易过程更加便捷。

对于大宗商品交易，从产品出货到报关、国际间运输及到达地的报关，直至配送，整个物流过程，要经过多个环节。如果有第三方物流公司能够提供一票到底，门到门的服务，利用多种运输工具，互相配合，联合运输，就可以实现物流合理化，大大减少货物周转环节，降低物流费用。交易双方也可以真正实现“一手交钱，一手交货”。在实际运作中，往往双方需要花费很多的人力、物力进行货物运送；出口方要寻找一家国际运输公司，负责将商品运送到对方口岸；商品到岸，进口方又要在本国寻找一家国内物流公司，或利用自有的配送中心，到海关提货，整个过程不能保证物流的通畅，物流的费用和周期必然大大上升。

3、第三方物流——完善跨区域物流

在上述讨论中，我们看到对于 B2C 电子商务交易模式，如果出现跨区域物流，流通费用将大大增加，最理想的解决方法是由第三方帮助卖方完成商品的送货。

第三方物流就像完善的邮政系统，我们在寄信时，只要将信投放到信箱，另一方就可收到来信，而不必关心信的递送过程。采用第三方物流模式，优点是明显的：首先，网上商店的优势是投资少、收益高、经营灵活。网上商店一般都是新建的企业、公司，这些公司在成立初期，不可能大力投资建设自己的配送网络，如果由第三方物流企业利用它们完善的网络系统，为这些网上商店向顾客送货，那么，网上商店可以节省大笔的费用，第三方物流企业的专业送货，也比网上商店更为迅速、更有保证：其次，如果出现跨区域物流，顾客是网上商店难以送货的异地用户，如果由处于异地的第三方物流公司送货，则这种送货可轻易完成。当第三方物流非常发达的时候，网上购物才会得到迅速发展。

对于 B2B 电子商务交易模式，物流成本在商品交易成本中占很大比重，尤其在跨国交易中，没有良好的物流系统为双方服务，这种成本增加的幅度会更大。而各自组建自己的物流系统，不仅难度很大，而且双方在出入境时仍然存在衔接不畅的问题。跨国性的第三方物流企业可以给双方提供最佳的服务，实现门到门的送货。EDI 通过信息将交易双方联系在一起，而第三方物流企业则是通过物流将双方联系在一起。

可以预见，随着电子商务发展日趋成熟，跨国、跨区域的物流将日益重要，没有物流网络、物流设施和物流技术的支持，电子商务将受到极大抑制，没有完善的物流系统，电子商务能够降低交易费用，却无法降低物流成本，电子商务所产生的效益将大打折扣。只有大力发展电子商务，广泛开展国际物流合作，才能促进世界经济繁荣。

第三节　电子商务形势下物流业的发展趋势与策略

电子商务时代，由于企业销售范围的扩大，企业和商业销售方式及最终消费者购买方式的转变，使得送货上门等业务成为一项极为重要的服务业务，促使了物流行业的兴起。物流行业即能完整提供物流机能服务。以及运输配送、仓储保管、分装包装、流通加工等以收取报偿的行业。主要包括仓储企业、运输企业、装卸搬运、配送企业、流通加工业等。信息化、全球化、多功能化和一流的服务水平，已成为电子商务下的物流企业追求的目标。

一、发展趋势

1、多功能化 ——物流业发展的方向

在电子商务时代，物流发展到集约化阶段，一体化的配送中心不单单提供仓储和运输服务，还必须开展配货、配送和各种提高附加值的流通加工服

务项目，也可按客户的需要提供其他服务。现代供应链管理即通过从供应者到消费者供应链的综合运作，使物流达到最优化。企业追求全面的系统的综合效果，而不是单一的、孤立的片面结果。

作为一种战略概念，供应链也是一种产品，而且是可增值的产品：其目的不仅是降低成本，更重要的是提供用户期望以外的增值服务，以产生和保持竞争优势。从某种意义上讲，供应链是物流系统的充分延伸，是产品与信息从原料到最终消费者之间的增值服务。

在经营形式上，采取合同型物流。这种配送中心与公用配送中心不同，它是通过签订合同，为一家或数家企业（客户）提供长期服务，而不是为所有客户服务。这种配送中心有由公用配送中心来进行管理的，也有自行管理的，但主要是提供服务：也有可能所有权属于生产厂家，交专门的物流公司进行管理。

供应链系统物流完全适应了流通业经营理念的全面更新。因为，以往商品经由制造、批发、仓储、零售各环节间的多层复杂途径，最终到消费者手里。而现代流通业已简化为由制造经配送中心而送到各零售点。它使未来的产业分工更加精细，产销分工日趋专业化，大大提高了社会的整体生产力和经济效益，使流通业成为整个国民经济活动的中心。

另外，在这个阶段有许多新技术，例如准时制工作法（Just in Time），又如，销售时点信息管理系统（Point of Sales），商店将销售情况及时反馈给工厂的配送中心，有利于厂商按照市场调整生产，以及同配送中心调整配送计划，使企业的经营效益跨上一个新台阶。

2、一流的服务——物流企业的追求

在电子商务下，物流业是介于供货方和购货方之间的第三方，是以服务作为第一宗旨。从当前物流的现状来看，物流企业不仅要为本地区服务，而且还要进行长距离的服务。因为客户不但希望得到很好的服务，而且希望服务点不是一处，而是多处。因此，如何提供高质量的服务便成了物流企业管理的中心课题。应该看到，配送中心离客户最近，联系最密切，商品都是通过它送到客户手中。美、日等国物流企业成功的要诀，就在于他们都十分重视客户服务的研究。

首先，在概念上变革，由“推”到“拉”。配送中心应更多地考虑“客户要我提供哪些服务”，从这层意义讲，它是“拉”（Push），而不是仅仅考虑“我能为客户提供哪些服务”，即“推”（Push）。如有的配送中心起初提供的是区域性的物流服务，以后发展到提供长距离服务，而且能提供越来越多的服务项目。又如配送中心派人到生产厂家“驻点”，直接为客户发货。越来越多的生产厂家把所有物流工作全部委托配货中心去干，从根本意义上讲，配送中心的工作己延伸到生产厂家去了。

如何满足客户的需要把货物送到客户手中，就要看配送中心的作业水平了。配送中心不仅与生产厂家保持紧密的伙伴关系，而且直接与客户联系，能及时了解客户的需求信息，并沟通厂商和客户双方，起着桥梁作用。如美国普雷兹集团公司（APC）是一个以运输和配送为主的规模庞大的公司。物流企业不仅为货主提供优质的服务，而且要具备运输、仓储、进出口贸易等一系列知识，深入研究货主企业的生产经营发展流程设计和全方位系统服务。

优质和系统的服务使物流企业与货主企业结成战略伙伴关系（或称策略联盟），一方面有助于货主企业的产品迅速进入市场，提高竞争力，另一方面则使物流企业有稳定的资源，对物流企业而言，服务质量和服务水平正逐渐成为比价格更为重要的选择因素。

3、信息化——现代物流业的必由之路

在电子商务时代，要提供最佳的服务，物流系统必须要有良好的信息处理和传输系统。美国洛杉矶西海报关公司与码头、机场、海关信息联网。当货从世界各地起运时，客户便可以从该公司获得到达的时间、到泊（岸）的准确位置，使收货人与各仓储、运输公司等做好准备，使商品在几乎不停留的情况下，快速流动，直达目的地。又如，美国干货储藏公司（DSC）有200多个客户，每天接受大量的订单，需要很好的信息系统。为此，该公司将许多表格编制了计算机程序，大量的信息可迅速输入、传输，各子公司也是如此。再如，美国橡胶公司（Usco）的物流分公司设立了信息处理中心，接受世界各地的订单；IBM公司只需按动键盘，即可接通Usco公司订货，通常在几小时内便可把货送到客户手中。良好的信息系统能提供极好的信息服务，以赢得客户的信赖。

在大型的配送公司里，往往建立了ECR和JIT系统。所谓ECR（Efficient Customer Response〉，即有效客户信息反馈，它是至关重要的。有了它，就可做到客户要什么就生产什么，而不是生产出东西等顾客来买。仓库商品的周转次数每年达20次左右，若利用客户信息反馈这种有效手段，可增加到M次。这样，可使仓库的吞吐量大大增加。通过JIT系统，可从零售商店很快地得到销售反馈信息。配送不仅实现了内部的信息网络化，而且增加了配送货物的跟踪信息，从而大大提高了物流企业的服务水平，降低了成本。成本一低，竞争力便增强了。

欧洲某配送公司通过远距离的数据传输，将若干家客户的订单汇总起来，在配送中心里采用计算机系统编制出“一笔划”式的路径最佳化“组配拣选单”。配货人员只需到仓库转一次，即可配好订单上的全部要货。

在电子商务环境下，由于全球经济的一体化趋势，当前的物流业正向全球化、信息化、一体化发展。商品与生产要素在全球范围内以空前的速度自由流动。EDI 与 Internet 应用使物流效率的提高更多地取决于信息管理技术，电子计算机的普遍应用提供了更多的需求和库存信息，提高了信息管理科学化水平，使产品流动更加容易和迅速。物流信息化，包括商品代码和数据库的建立，运输网络合理化、销售网络系统化和物流中心管理电子化建设等等，目前还有很多工作有待实施。可以说，没有现代化的信息管理。就没有现代化的物流。

4、全球化 ——物流企业竞争的趋势

20 世纪 90 年代早期，由于电子商务的出现，加速了全球经济的一体化，致使物流企业的发展达到了多国化。它从许多不同的国家收集所需要资源，再加工后向各国出口，如前面提及的台湾电脑业。

全球化的物流模式，使企业面临着新的问题，例如，当北美自由贸易区协议达成后，其物流配送系统已不是仅仅从东部到西部的问题，还有从北部到南部的问题。这里面有仓库建设问题也有运输问题。又如，从加拿大到墨西哥，如何来运送货物，又如何设计合适的配送中心，还有如何提供良好服务的问题。另外，一个困难是较难找到素质较好、水平较高的管理人员。有大量牵涉到合作伙伴的贸易问题。如日本在美国开设了很多分公司，而两国存在着不小的差异，势必会碰到如何管理的问题。

还有一个信息共享问题。很多企业有不少企业内部的秘密，物流企业很难与之打交道，因此，如何建立信息处理系统以适应全球化战略的趋势，使物流企业和生产企业更紧密地联系在一起，形成社会大分工，这是一个不可忽视的课题。生产厂家集中精力制造产品、降低成本、创造价值：物流企业则花费大量时间、精力从事物流服务。物流企业的满足需求系统比原来更进一步了。例如，在配送中心里，对进口商品的代理报关业务、暂时储存、搬运和配送，必要的流通加工，从商品进口到送交消费者手中都实现一条龙。

二、发展策略

面对电子商务发展的这种形势，物流企业应当感到任重道远，应当不失时机地抓住机遇，认真地制定物流业大发展的战略和策略。其中，以下几点特别重要。

1）建立和发展适应网络经济形势的物流业，是一个大的社会工程，要全区域，甚至全社会统一认识，形成合力，特别是要得到政府的支持，政府应当出面组织策划和实施。之所以要政府出面，因为牵涉着像产业重组这样的

几乎涉及社会所有企业单位和人员的革命性的变化，没有政府妥善的规划组织，光靠企业自己干是很难实现的。

政府策划这个工程的工作，应当分步骤地进行。首先是基础建设——建网、上网。要迅速组建覆盖整个区域的因特网和企业内部网。动员组织企业、家庭和个人上网，特别是动员企业、银行在网上建立网站、建立虚拟商店、虚拟银行，开展电子商务。

随着电子商务的开展，自然就会逐渐进行产业重组。这时，就要有计划地撤销一些实际商店、实际银行的分行、支行、营业点，同时有步骤地将这些企业的下岗富余人员组建成合理的配送中心。

几个配送中心就可以合并成一个物流公司或货物流通中心。这样下去，就会逐渐形成一个完善的物流业。

2）组建的配送中心、物流企业一开始就一定要合理规划布局　物流业是一个系统，应当组成一个相互联系、相互区别、相互分工协作、有着等级层次结构的物流企业体系。各个小区设一个综合配送中心，负责小区的供货送货：若干小区联合起来，建立大的物流中心，负责向各个小区配送中心供货送货：还有更大的物流中心，例如港口码头，铁路站点，负责向全区、甚至向国内内地大进大出地转运物资。不同的物流企业承担不同的功能，彼此又互相协作互相支持，构成一个功能齐全、布局合理的物流企业体系。

3）建立第三方物流模式　第三方物流模式，是一种完全专业化的物流模式。生产企业专搞生产，把生产企业的原材料进货供应、所生产的产品的销售送货等物流业务全交给物流企业去承担。物流企业是生产企业的大管家，既负责“后”勤，又负责“前”勤。这样做，物流企业才会合理有效地组织利用资源，既保证自己的经济效益，又保证生产企业的经济效益。

建立第三方物流模式，最大的困难是体制。生产企业担心自己成了物流企业的附属品，成了物流企业的供应仓库。其实这种思想方法是狭隘的，物流企业直接面对市场，它根据市场的需要来组织调控若干生产企业的生产，形成一个经济联合体来面对市场，这是一种适应市场的表现。

4）为适应电子商务的需要，配送中心的功能应有所变化　这些配送中心应当有如下基本功能：

① 货物储存。无论是生产企业生产出来的还是从外地转运来的、供应本区域生产或生活需要的商品，都要储存到这里的仓库里，以备送货用。

② 运输，也就是送货和进货。根据网上销售的信息，将网上销售的商品送到用户手中。也要及时进货，保证及时吸纳生产企业的产品（将这里办成生产企业的成品库），又保证货物不脱销。

③ 包装、装卸、流通加工等功能。这些功能传统的物流中心和配送中心

都有，在电子商务的情况下，还要特别增加以下两个功能：

- 商品展示功能
- 销售零售功能

因为在取消了大多数的商店以后，人们通常都在网上虚拟商店中购物，不到实体商店来。但是有时，特别是节假日旅游，人们也想逛逛商场，看看实物。所以物流中心、配送中心也需要满足这些需求而增设展示和零售的功能。由于这些需求量不会太多。所以附设在物流中心和配送中心比较合适。如果这些需求量很大，或者物流中心配送中心不愿增设这些功能，则必须在物流中心配送中心之外，还要保留适量的超级商场。

5）建立物流企业要立足于高科技、高起点 网络经济时期，实际上就是一个高科技经济模式。物流企业要适应电子商务，就要努力采用靠科技、建立在高起点上。

首先，物流企业要上网。要在网上建立站点，提供信息。除了介绍公司、仓库、货物信息以外，特别是要提供用户所关心的送货信息，用户已经购买的货物送货了没有，什么时候送的，送了多少。

要有高水平的、先进的储运设施。要有足够的仓库储存场所，先进的包装装卸以及存放设备设施，应当有舒适宽敞的商品展示和零售场所。要有强大先进的运输车队和强大的吞吐能力。还要有无线通讯设备，随时可以上网联系。总之要努力建立起一个具有现代化水平的物流企业。要有一个严格科学的管理系统。也要实现事物处理信息化，信息处理电子化。要充分利用计算机和计算机网络来处理信息。要利用无线通讯、卫星通讯和数据传输、电子邮件等工具来进行实物处理。

【复习思考题】

1．为什么说电子商务为物流业创造了巨大的发展空间？
2．电子商务对物流的发展有哪些促进作用？
3．为什么说物流是电子商务的保证？
4．在电子商务环境下物流的发展趋势是什么？

第九章　电子商务环境下的物流模式

第一节　我国传统物流模式所面临的问题

物流这一概念的形成和物流管理科学的建立只不过几十年的历史，引入我国也仅仅十几年时间。传统的观点认为交通运输是国家经济发展的基础。随着社会、经济、技术的高速发展，各种基础设施的不断完善，全球经济一体化趋势和市场竞争程度日益增加，人们对这一传统观点的认识发生了变化。近些年来，物流管理与物流技术在工业发达国家得到了广泛的承认、应用和发展。人们已经认识到，包含交通运输在内的、包括了产品的生产、流通和消费过程中诸环节的物流系统，已成为国家经济在高起点上持续发展的重要基础。随着现代科技、管理和信息技术在物流系统中的广泛应用，物流行业已成为适合于市场经济发展的基础产业之一。

因此，我们必须用一种新的思维与观念，从整个物流系统的角度来看待和探讨中国生产、流通、消费等社会经济活动的发展。在过去计划经济体制下，经济活动中生产和流通被当作两个彼此隔绝的要素，运输也被分割成许多不能有机联系的过程。现在，随着社会主义市场经济体制的逐步建立，这种模式已经发生变化，相互之间的界限开始逐渐被打破。生产与消费，以及将两者紧密联系起来的流通等经济活动的各个方面将被“物流”综合在一起，形成为以市场为导向、以满足客户要求为宗旨、获取系统总效益最优化的适应现代社会经济发展需要的新兴行业。

一、传统物流模式所带来的问题

1、物流质量低，物流效率不高

物流质量主要由物流时间、物流费用和物流效率来衡量。中国物流业由于受多方面因素的影响，物流质量总体水平比较低。

（1）物流时间　据调查，目前我国一般工业品从产品出厂经过装卸、储存、运输等各个环节到消费者手中的流通费用约占商品价格的 50%左右。而易变质食品的流通费用更是有时高达商品销售价的 70%。据专家测算，工业生产中物流所占用时间几乎为整个生产过程的 90%。

在货物运输中，中国现行运输管理体制也制约了不同运输方式之间的高效衔接，一定程度上也减缓了物流速度。中国仓储协会于 2000 年三四月对全国 2400 家生产、商业和储运及物流企业的调查表明，84%的生产企业的原材料平均库存期集中在 1 周～3 个月。76.3%的生产企业库存期集中在 10 天～3 个月。72.2%的商业企业的库存期集中在 15 天～3 个月。通过统计得出，原材料库存期、生产企业成品库存期和商业企业商品销售库存期分别为：28.5 天、44.8 天和 33.8 天。这说明了我国商品在库时间长，周转慢，延长了物流的时间。

（2）物流费用　中国仓储协会 2000 年 3 月委托某咨询机构对家电、电子、日化、食品等行业的 450 家大中型工业企业的调查（其中 80%的企业产品行销全国或世界）显示出物流费用占产品销售费用的比例如表 9-1 所示。

表 9-1　物流费用占产品销售费用的比例

物流费用占产品销售费用的比例	15%以下	15%～30%	30%～60%	60%以上
企业构成比例	51.5%	38.2%	8.8%	1.5%

中国仓储协会的另一项调查结果显示出生产企业原料供应物流费用占采购成本的平均比例为 5.4%，生产企业成品销售物流费用占销售额的比例为 7.74%，商业企业物流费用占销售额比例为 19.6%。具体数据如表 9-2 所示。

表 9-2　企业物流费用占用比例

费用支出比例	生产企业原料供应物流费用占采购成本比例	生产企业产品销售物流费用占销售额的比例	商业企业物流费用占销售额的比例
5%以下	60.3%	72.2%	58.3%
5～10%	25.4%	18.1%	25.0%
10～15%	11.1%	8.3%	8.3%
20%以上	3.2%	1.4%	8.3%
总计	100%	100%	100%

（3）物流效率　在总体上分析计算物流效率是一个十分困难的问题。社会经济活动中的物流过程非常复杂，物流活动的不同内容和形式，必须采用不同的方法去分析物流效率。这时我们用物流相关行业的成本费用总和与 GDP 的比值来评价物流总体效率。据有关资料介绍，1986 年美国物流费用支出为 4430 亿美元，约占当年国民生产总值 39800 亿美元的 11.1%。在 1979～1986 年间，美国物流费用支出占当年国民生产总值的比重变化呈现下降趋势。1981 年最高，达到 14.7%，到 1985 年下降到 11.1%。这说明物流效率提高了。

在我国，根据 1992 年全国第三产业普查资料，把交通运输、仓储、代理和批发等行业的成本费用之和与 1992 年国民生产总值进行比较，大约占 15.47%。如果考虑其他相关流通环节的费用和流通过程中的物流损失，全社会物流费用支出约占当年国民生产总值的 20%以上。

物流效率低下也可以从中国仓储协会的一项对汽车空驶率调查的数据中看出来，如表 9-3 所示。

表 9-3　空驶率在不同行业所占的比例

空驶率	生产企业	商业企业	物流企业
30%以	34.2%	14.3%	31.0%
30～50%	57.9%	78.6%	51.7%
50%以上	7.9%	7.1%	17.2%
平均空驶率	34.7%	38.5%	39.8%

从表中可以看出，生产企业累计平均空驶率为 34.7%，商业企业为 38.5%，物流企业为 39.8%。整体来看，我国汽车空驶率为 37%左右，空驶现象严重。物流企业的汽车资源严重闲置，一方面说明目前货源不足，货运汽车相对过剩；另一方面说明储运及物流企业汽车运输经营水平较低，导致物流效率低下。

综上所述，可以分析得出：

● 流通领域的国有储运公司拥有大量的物流设施，经过几十年的发展，在仓储、运输等方面拥有一整套严格的制度和丰富的经验，但由于受传统体制与历史包袱的影响，在发展现代物流配送的道路上步履维艰，其服务观念、服务功能与服务水平等与市场需要相比，存在不同程度的差距。

● 非流通部门的储运企业和非国有储运企业，服务观念较新，市场竞争意识较强，但在服务功能上比较单一。由于缺乏统一管理与市场监督，在操作规范方面出现很多问题，特别是在汽车运输方面问题很多。

● 生产与零售企业自办的储运机构，在保障本企业生产供应与市场销售方面起到积极作用，具有统一指挥、调度灵活的优势，但许多企业在资金投入、成本控制与规范管理方面存在问题，特别是一些处于成长期的大中型企业更是左右为难。

2、物流业的发展与其他产业不协调

物流业的发展与其他产业，特别是第二产业仍不协调，按照社会化大生产分工协作规律要求的物流社会化服务体系亟待加强。主要表现在以下几个方面。

（1）基础设施能力不足　交通运输能力仍不能满足运输需求，主要运输通道供需矛盾依然突出。仓储设施落后，大量的仓库是 20 世纪 50、60 年代的老旧建筑。中国仓储协会的调查显示出在拥有库房和搬运设施的物流企业中，普通平房库、简易仓库和普通楼房库为主要库种，比例为 68%。而且库房的老化程度高达 17%。仓库的数量不足比例为 31%，仓库技术装置落后的

程度高达22%。

（2）技术装备落后　现代化的集装箱、散装运输发展不快；高效专用运输车辆少；汽车以中型汽油车为主，能耗大，效率低；装卸搬运的机械化水平低。通过中国仓储协会的调查，运输设施不能满足作业需求的原因中，数量不足的占27%，设施接近使用寿命的占18%，技术装置落后的占6%，不符合客户特定需求的占27%。

（3）管理分散，社会化服务水平低　条块分割的物流管理和流通体制制约着物流业的发展。现代物流的专业化分工特点虽然愈益明显，但是物流的组织和管理也出现了综合性发展的趋势。各种物流方式和物流载体之间的联系越来越紧密。但是，我国目前的物流行政管理仍沿袭着计划经济时期的体制。

一方面是部门分割体制，与物流相关的各部分分别由铁道、交通、民航、内贸等不同的政府部门进行管理，没有一个部门或机构统筹协调全社会的物流管理。依据这种条块管理体制，形成了自上而下的纵向隶属和管理格局。物流体系的内在联系被人为地分割，物流体系各部分之间缺乏直接的横向联系；另一方面是对内物流和对外物流的分离。由于我国长期保持内外贸分离的格局，导致了物流的内外分割，这种条块分割和内外分离的管理体制，严重制约着从市场经济的需要出发，在全社会范围内经济合理地进行物流的整体统筹和规划，从而妨碍了物流产业的社会化进程。

由于条块分割、部门分割，缺乏统一规划、重复建设加剧，加上市场发育滞后，全国物流企业一般都处于小、多、散、弱的状况，难以形成有效的社会服务网络。

（4）物流行业人才培训和物流信息工作亟待加强　物流人才和信息化是实现物流现代化的根本条件。我国在这方面的工作开展得很不够，主要是没有一个部门来负责。近年来国内贸易部门加强了物流学会的工作，这对于物流人才的培训和信息化进程会起到一定的推进作用。但这只限于内贸部系统，依然不能解决整个物流行业的问题。

现代物流业是与信息技术的发展和现代物流技术的创新相伴而行的。传统上对物资管理和流通的理解和操作已跟不上现代物流发展的步伐和管理的要求。我国物流产业的发展急需物流管理和经营的专门人才，而这方面的人才是最缺乏的，这是制约物流产业发展的最大因素。对这类人才的培养固然应从大学基础教育入手，但更应在物流实践中培养人才。

3、物流领域管理相对滞后

物流企业自身的管理水平、业务能力的欠缺制约着物流业的发展。目前，我国大多数物流企业是在传统体制下的物资流通企业的基础上发展起来的，其业务多数仍是代理仓储、库存管理、搬运和运输，很少有物流企业能够提供综合性的物流服务，第三方物流服务的功能尚不能很好的发挥。从国外发达国家来看，第三方物流企业的功能是设计、执行以及管理客户供应链中的物流需要，其特点是依据信息和专业物流知识，以最低的成本提供客户需要的物流管理和服务。从我国目前的物流企业看，无论是物流服务的硬件还是软件，与提供高效率、低成本的第三方物流服务的要求还有较大的差距，信息的收集、加工、处理、运用能力、物流业的专门知识，物流的统筹策划、精细化组织和管理等能力都嫌不足。

出现上述问题的原因，一方面是由于市场竞争机制和市场管理法规不健全；另一方面，由于大部分商品放开后，市场流通秩序比较混乱，物流企业普遍经济效益不好。国有物流企业在运行机制、组织化程度、经营方式等方面都不能适应市场经济的要求，市场占有率明显下降，原有的骨干或主渠道地位发生动摇。

4、缺乏对物流系统发展的统一规划

物流业既然是全社会的服务行业，覆盖了国民经济的所有产业，就更应该重视它的总体发展规划。应当把物流作为国民经济大系统中的一个重要的子系统来抓，就像对工业和农业进行总体规划一样，制定具体的发展目标，分部门组织实施，使物流行业的各个部门协调发展。

我国各个流通主管部门都制定过仓储方面的管理规定，但这只适应于本系统，而非流通部门的储运企业与非国有储运企业没有章法可循。在运输方面，有些现行的规定不适应市场经济的需要，不利于现代物流配送的发展。我国过去主要以铁路运输为主，汽车运输主要是区域内的短途，近年来，汽车在全国范围内长途运输方面所占的比例越来越大，而支撑汽车运输发展的关键措施是解决回空货源问题，由于地区利益方面的原因，这个问题解决起来有很多困难，直接影响到全国范围内网络化运输的发展。

我国的物流行业一直由多个交通部门与多个流通主管部门分别管理，许多政策缺乏统一与衔接。随着我国政府机构改革的逐步到位及政府部门与所办企业脱钩任务的完成，为政府部门统一归口管理物流行业创造了条件，从发达国家的经验看，物流行业的管理权也应该是统一的。

5、过去对于物流的重要性认识不足

中国仓储协会 2000 年 3 月对全国部分企业的调查显示，认为物流对企业发展的影响程度很高的企业占 7.9%；较高的占 34.2%；一般的占 48.7%；较低的占 6.6%；很低的占 2.6%，这说明国内企业对物流重要性的认识还远远不

够。

全社会的物流观念淡薄是物流产业发展的重要制约因素。近年来，虽然我国开始重视对现代物流产业发展的研究，但总体来看，全社会的物流观念仍较淡薄。对物流业的认识仍局限于运输、仓储、搬运等，没有认识到现代物流业的发展、供应链管理系统的建立对企业发展乃至全社会降低流通成本和交易费用、增加利润、提高企业竞争力的独特作用。一些生产企业更多关注的是产品的开发、市场营销策略的研究和价格策略的制定，但很少关注物流方式的合理性和物流组织方式的调整对企业发展的影响。从对物流方式的选择看，更多的生产企业仍然热衷于选择自营物流方式。虽然也会向运输公司购买运输服务或向仓储企业购买仓储服务，但这些都只限于一次性和临时、分散的物流服务，本质上仍追求企业内部生产与流通的“大而全”，主观上排斥社会化物流服务和对第三方物流服务方式的选择。这是制约物流服务社会化的重要因素。随着市场经济的高度发展，流通不再只对生产有反作用，从某种意义上讲，流通对生产起到一定的决定作用。

二、传统物流运作所面临的挑战

商务全球化对传统物流所构成的挑战主要表现在以下几个方面：

1、客户对服务的追求

客户在市场上所追求的不仅仅是产品的质量，更多的是在追求服务。追求能保证产品的时间和场所效用的一致性服务，在服务基础上追求产品的增值。比如，无缺陷退货门到门送货、一票通、一卡通等。这是一个客户服务爆炸的时代。

2、速度对交货的压力

产品的寿命周期变短，客户要求实时交货，最终消费者在首选产品不能立即得到的情况下往往更愿意接受替代品。

3、全球化市场的差异

全球采购原料和零部件，在海外生产制造，在不同的国家销售，所销售的产品不可能是地区性市场的客户定制的。传统物流面临极大的经济、政治、文化的差异所带来的挑战。

4、一体化管理的能力需求

对商务过程的管理需要知识面宽广的综合型管理者。市场空间将作业管理和信息管理整合运作，需要的是通才而不是狭窄领域内的专家，新型的物流管理者需要具备系统工程和组织行为学的知识，具有面向市场的价值观和把客户服务作为竞争优势主要源泉的经营理念。

第二节　电子商务环境下的配送

电子商务下的配送是将配送定位在为电子商务的客户提供服务，根据电子商务的特点，对整个配送体系实行统一的信息管理和调度，按照用户订货要求，在物流基地进行理货工作，并将配好的货物送交收货人的一种物流方式。这种先进的、优化的流通方式对流通企业提高服务质量、降低物流成本、优化社会库存配置，从而提高企业的经济效益及社会效益具有重要意义，配送制作为现代物流的一种有效的组织方式，代表了现代市场营销的主方向，因而得以迅速发展。

电子商务下配送，就是信息化、现代化、社会化的配送。它是指配送企业采用网络化的计算机技术和现代化的硬件设备、软件系统及先进的管理手段，针对社会需求，严格地按用户的订货要求，进行一系列分类、编配、整理、分工、配货等理货工作，定时、定点、定量地交给没有范围限度的各类用户，满足其对商品的需求。可以看出，这种新型的配送是以一种全新的面貌，成为流通领域革新的先锋，代表了现代市场营销的主方向。新型配送能使商品流通比传统的物流配送方式更容易实现信息化、自动化、现代化、社会化、智能化、合理化、简单化，使货畅其流，物尽其用，既减少了生产企业库存，加速了资金周转，提高了物流效率，降低了物流成本，又刺激了社会需求，有利于整个社会的宏观调控，也提高了整个社会的经济效益，促进了市场经济的健康发展。

一、当前电子商务的配送需求与供给的差距

（1）观念的差距　电子商务无论是 B2B，还是 B2C，只要发生了销售行为，就会有送货的需求。随着网站数量的增加，在线交易额的上升，电子商务对物流配送需求也越来越大。问题虽然是网站方面最早提出，但解决却不是物流企业一方的事。如果仅仅是满足及时送货这一个需求，那么网站只用多付运费就可以了，事实上，专业物流企业要解决的是在保证高质量服务的同时，控制、降低物流的成本。

（2）规模的差距　配送成本降低，是以规模扩大为前提，中国目前无论 B2B，还是 B2C，真正在线实现的交易量即实际产生的运货需要很小。解决规模的问题，一是网站从自身找原因，提高在线交易量；二是物流企业也不要从一家网站的配送需求考虑（那样可能要等待更长时间），而可以将几个不同网站的需求集合成一个大单子，主动地提高规模。

（3）网络的差距　超越时空被视为网上交易的优势所在，事实上，中国的网站无论 B2B 还是 B2C 在市场区域上都没有定位。理论上，任何地方的人

员上网订货，哪怕是在沙漠中用手机和手提电脑到某一家网站购物，他的配送需求都应该得到满足。而如果要真正去实现这些需求，在物流上将是非常不经济的。例如，上海一家卖方的网站，80%的订单来自海外，而实际上物流网络无法延伸到全球，这些订单只能放弃。因此，网站在开拓自己虚拟的网络时，必须考虑到配送网络的局限性。

（4）资源的差距　物流业在中国发展的时间不长，而社会上的货运、仓储资源并不短缺，缺的是寻找资源，整合资源，根据电子商务的需求对物流活动进行策划，对于网络来说，与其投资建新的物流设施，不如借助于专业物流顾问，充分利用现有资源。

（5）成本的差距　人们一直在争论网上订购一本 10 元的书，送货费用却收到 2 元，2 元的配送费是否太贵？由消费者承担是否合理？其实，如何核算配送成本是网站与物流企业长期磨合的问题，但如果是由于规模不够而使单位配送成本太高，网站一方承担的部分就应该多一些；相应在达到一定规模后，配送费用就不应该按单品与网络核算。

（6）服务的差距　美国一家报纸以批评的口气描述中国的网上超市是在用自行车运送通过 Internet 订购的货物。如果仅仅从存储、配送货物的角度来考虑，用自行车送货也就足够了。可事实上，未来的网站不会仅局限于满足客户的一般需求，还会提供一些增值服务，例如货物跟踪查询、信息分析报告等。

（7）管理的差距　互联网企业作为新经济、知识经济的代表，与传统的物流企业在形象上存在很大差距，物流企业迫切需要提升管理水平，掌握现代企业的经营理念。

（8）人员的差距　与管理上的差距相似，虽然物流企业的人员素质近年已提高了许多，但与从事电子商务的人员相比，仍然存在一定的差距，物流企业中尤其缺少懂得电子商务的人才，在为网站提供服务时，沟通成为一大问题。

（9）关系的差距　无论是大客户管理，还是供应链管理，物流服务都是培养一种长期合作的关系，但目前物流企业还很难与一家网络结成这种关系，这其中与众多网络需要经过市场淘汰不无关系。

（10）协议的差距　物流服务合同的履行在时间上一般较长，与现在大多数与网站的合约只有几个月、半年的期限相比，差距较大。

二、电子商务配送的特点

1、配送信息化

配送信息化表现为配送信息的商品化、信息收集的数据库化和代码化、信息处理的电子化和计算机化、信息传递的标准化和实时化、信息存储的数字化等。条码技术（BarCode）、数据库技术（Database）、电子定货系统（Electronic Ordering System，简称为 EOS）、电子数据交换（Electronic Data Interchange，简称为 EDI）、快速反应（Quick Response，简称为 QR）及有效的客户反映（Effective Customer Response，简称为 ECR）、企业资源计划（Enterprise Resource Planning，简称为 ERP）等在物流管理中得到广泛应用。没有物流的信息化，任何先进的技术设备都不可能应用于物流领域，信息技术在物流中的应用将会彻底改变世界物流的面貌。

2、配送自动化

自动化的基础是信息化，核心是机电一体化，自动化的外在表现是无人化，效果是省力化，另外还可以扩大物流作业能力、提高劳动生产率、减少物流作业的差错等。物流自动化有 z 条码/语音/射频自动识别系统、自动分拣系统、自动存取系统、自动导向车、货物自动跟踪系统等。这些设施在发达国家已普遍用于物流作业流程中，而在我国由于物流业起步晚，发展水平低，自动化技术的普及还需相当长的时间。

3、配送网络化

物流领域网络化的基础也是信息化，这里指的网络化有两层含义：一是配送系统的计算机通信网络，包括物流配送中心与供应商或制造商的联系要通过计算机网络，另外与下游顾客的联系也要通过计算机网络通信，比如配送中心向供应商提出订单这个过程，就可以使用计算机通信方式，借助于增值网（Value Added Network，简称为 VAN）上的电子定货系统和电子数据交换技术来自动实现，配送中心通过计算机网络收集下游客户的订货的过程也可以自动完成：二是组织网络化及所谓的企业内部网（Intranet）。如台湾电脑业 20 世纪 90 年代创造的“全球运筹式产销模式”，其基本点是按照客户订单组织生产，生产采取分散形式，将全世界的电脑资源都利用起来，采取外包的形式将一台电脑所有零部件、元器件、芯片外包给世界各地的制造商去生产，然后通过全球的物流网络将这些零部件、元器件和芯片发往同一个配送中心进行组装，由该配送中心将组装的电脑迅速发给订户。

配送的网络化是物流信息化的必然，是电子商务下物流配送活动的主要特征之一。全球网络资源的可用性及网络技术的普及为物流的网络化提供了良好的外部环境，物流网络化不可阻挡。

4、配送智能化

这是物流配送自动化、信息化的一种高层次应用。配送作业过程大量的运筹和决策，如库存水平的确定、运输搬运路径的选择、自动导向车的运行轨迹和作业控制、自动分拣机的运行、物流配送中心经营管理的决策支持等问题都需要借助于大量的知识来解决。在物流自动化的进程中，物流智能化是不可回避的技术难题。目前专家系统、机器人等相关技术在国际上已经有比较成熟的研究成果，物流智能化已经成为电子商务下物流发展的一个新趋势。

5、配送弹性化

弹性化（Flexibility），亦称作“柔性化”，原是生产领域为实现“以顾客为中心”而提出的，但要真正做到弹性化，即真正根据消费者需求的变化来灵活调节生产工艺，没有配套的弹性化的配送系统是不可能实现的。20 世纪 90 年代以来，生产领域提出的 FMS、CMS、MRP、ERP 等概念和技术的实质就是将生产、流通进行集成，根据需求端的需求组织生产，安排物流活动。弹性化物流正是适应生产、流通与消费的需求而发展起来的新型物流模式。它要求配送中心根据消费需求“多品种、小批量、多批次、短周期”的特点，灵活组织和实施物流作业。

三、电子商务下的配送与传统配送的比较

传统的配送企业需要置备大面积的仓库，而电子商务系统网络化的虚拟企业将散置在各地的分属不同所有者的仓库通过网络系统连接起来，使之成为“虚拟仓库”，进行统一管理和调配使用，服务半径和货物集散空间都放大了。这样的企业在组织资源的速度、规模、效率和资源的合理配置方面都是传统的配送所不可比拟的，相应的物流观念也必须是全新的。

传统的配送过程是由多个业务流程组成的，受人为因素影响和时间影响很大。网络的应用可以实现整个过程的实时监控和实时决策。新型配送的业务流程都由网络系统连接。当系统的任何一个神经末端收到一个需求信息的时候，该系统都可以在极短的时间内作出反应，并拟定详细的配送计划，通知各环节开始工作。这一切工作都是由计算机根据人们事先设计好的程序自动完成的。

配送的持续时间在网络环境下会大大缩短，对配送速度提出了更高的要求。在传统的配送管理中，由于信息交流的限制，完成一个配送过程的时间比较长，但这个时间将随着网络系统的介入会变得越来越短，任何一个有关配送的信息和资源都会通过网络管理在几秒钟内传到有关环节。

网络系统的介入，简化了物流配送过程。传统物流配送的整个环节极为繁琐，在网络化的新型配送中心里可以大大缩短这一过程。

四、电子商务中的物流方案

1、电子商务中物流方案的重点考虑因素

推行电子商务的关键之一是制定和执行一套合理的物流方案。在制定物

流方案时，以下因素应该重点考虑。

（1）电子商务消费者的地区分布　因特网是电子商务的最大信息载体。因特网的物理分布范围正在迅速扩展，是否凡是因特网所及的地区都是电子商务的销售区域呢？在电子商务发展的初级阶段这是不可能的。一般的商务活动按销售区域来配置有形销售网点资源，每一个销售点负责一个特定区域的市场。

比如把全国划分为 7 个销售大区，每个大区内有若干销售网点，再设立一个配送中心，负责向该大区内的销售网点送货，销售点向配送中心订货和补货，配送中心则在规定的时限内将订货送达。电子商务也有可能按照这种方式来操作，但问题在于，电子商务的客户可能在地理分布上是十分分散的，要求送货的地点不集中，物流网络并没有象因特网那样广的覆盖范围，无法经济合理地组织送货。所以，提供电子商务服务的公司也需要像有形店铺销售一样，要对销售区域进行定位，对消费人群集中的地区提供物流承诺，否则是不经济的。还有一种处理办法，就是对不同的销售区域采取不同的物流服务政策，如在大城市因为电子商务的普及，订货可能比较集中，适于按不低于有形店铺销售的送货标准组织送货，但对偏远地区的订单则要进行集货，送货期限肯定要比大城市长得多，那些地区的电子商务消费者享受的服务就要差一些。从电子商务的经济性考虑，宜先从上网用户比较集中的大城市起步，这样建立基于一个城市的物流、配送体系也比较容易操作。

（2）销售的品种　在电子商务发展的初期，不是所有的商品都适合采用电子商务这种形式的。有没有最适合采用电子商务进行销售的商品？当然有。这要考虑不同商品的消费特点及流通特点，尤其是物流特点。音乐、歌曲、电影、游戏、图片、图书、计算机软件、电子邮件、新闻、评论、教学节目、医疗咨询、汇款等可以通过信息传递完成物流过程的商品最适合采用电子商务销售。因为，不仅商品信息查询、订货、支付等商流、信息流、资金流可以在网上进行，而且物流也可在网上完成，也就是这些品种可以实现商流、物流、信息流、资金流的完全统一。比如，消费者可以在网上选择流行音乐，点击音乐名称即完成订货和付款，收听音乐的过程就是进行物流的过程，音乐听完了，这个音乐的物流过程也就完成了，所以很多网上销售，都是从销售这些商品开始的。

当然如果消费者除了需要满足视听需求外，还要拥有这些商品的载体本身，如消费者要珍藏歌星的 CD、要满足多次重放功能等，那还是需要完成单独的物流过程，将 CD 及其他载体送到消费者手中。从理论上讲，没有什么商品特别不适合于采用电子商务的销售方式。但从流通本身的规律来看，需要有商品定位，现在的商品品种有 40～50 万种之多，一个大型百货商店充其量经营 10 万种商品，没有一个公司能够经营所有的商品，总是要确定最适合自己销售的商品，电子商务也一样，为了将某种商品的销售批量累积得更大，就需要筛选商品品种。同时，电子商务也要有一定的销售渠道配合，不同的商品进货和销售渠道可能不同。品种越多、进货渠道及销售渠道越复杂，组织物流的难度就越大，成本也就越高，因此为了考虑在物流环节不增加过多的费用，也需要将品种限制在一定的范围之内。也就是说，对于一个推行电子商务的公司来说，有些商品显然不适合采用电子商务的方式销售。一般而言，商品如果有明确的包装、质量、数量、价格、储存、保管、运输、验收、安装及使用标准，对储存、运输、装卸等作业等有特殊要求，就适合于采用电子商务的销售方式。

（3）配送细节　同有形市场一样，电子商务这种无店铺销售方式的物流方案中，配送环节是完成物流过程并产生成本的重要环节，需要精心设计配送细节。一个好的配送方案应该考虑以下内容：库存的可供性（Stock Availability）、反应速度（Responsiveness）、首次报修修复率（First Call Fixed Rate）、送货频率（Frequency of Delivery）、送货的可靠性（Delivery Reliability）、配送文挡的质量（Documentation Qualily）。同时还要设计配套的投诉程序（Claim Procedure），提供技术支持（Technical Support）和订货状况信息（Order Status lnformation）等。配送是国内电子商务发展的瓶颈，为了突破这个瓶颈，许多公司煞费苦心，也想出了许多解决方案。比如，时空网（www.Shikong.com）于 1999 年 12 月 3 日宣布，将在北京中视红叶电子科技有限公司原遍布全国的 27 个分公司或办事处及大约 2500 个销售网点的基础上，建立覆盖全国地级以上城市的专业电子商务配送网络，该网络将接受国内外企业的网络销售业务。有可能这样做的公司肯定也不会太少，这类公司成功的关键不在于是否能有这样大的配送网络，而在于能否在完成配送服务的同时，保证配送系统高效、低成本的运作。这是一项专业性很强的工作，公司必须聘请专业人员对系统的配送细节进行精心设计。

（4）电子商务服务提供者　ISP、ICP、传统零售商店、传统批发企业、制造企业等均有条件开展电子商务业务，但不同的电子商务服务提供商具有不同的组织商流、物流、信息流、资金流的能力。从物流的角度来看，传统的零售商、批发商的物流能力要优于纯粹的 ISP，ICP，也优于一般的制造商，但从商流、信息流和资金流的角度来看，可能正好相反。因此，设计物流方案时，要根据电子商务服务提供商的不同，扬长避短，发挥各自的优势，实现供应链集成，共同完成向消费者提供电子商务服务的工作。

（5）物流成本与库存控制　电子商务的物流成本可能比店铺销售方式的物流成本高。因为，电子商务的物流具有多品种、小批量、多批次、短周期的特点，由于很难单独考虑物流的经济规模，因而物流成本较高。比如，消费者自己到一个商店去购买一台电视机，商店提供免费送货，一次送货费为50 元，这时商店一般会将顺路的其他消费者购买的商品配装在一个送货车里一次完成送货，比如 5 台电视机同时送货，既使是免费送货，每台电视机的送货费用也只有 10 元。但当采用电子商务时，公司很难这样将消费者的订货在一个比较短的时间内集中起来并配装在一台送货车里，这样就会造成送货次数的分散、送货批量的降低，直接导致物流成本的提高，这个物流成本只有由单个的消费者负担，而这是对电子商务这种形式的威胁。所以电子商务服务商必须扩大在特定的销售区域内消费者群体的基数，如果达不到一定的物流规模，物流成本肯定会居高不下。

在库存控制上，电子商务经营者也面临挑战，因为经营者很难预测某种商品的销售量，库存控制历来就是销售管理中最难的课题。回避库存问题的最佳办法就是象戴尔公司那样搞直销，先拿到订单，按照订单组织生产，再将货物送到消费者手中。但在直销中，消费者处于不利地位，因为他要等待，他要多花钱，万一经营者送货上门但要退货，还面临难为情的尴尬局面，另外有的可能还要预付款等，如果经营者不给消费者提供特殊的附加价值，消费者就不会去冒这些风险。同时，在采用直销时，对生产环节要求更加严格，一般制造企业不具备进行按单生产的条件，因此并非任何经营者都可成功地采取直销的方式来规避库存风险。

世界上的制造和销售企业普遍采用的库存控制技术还是根据对历史数据、实时数据的分析，依照一定模型预测未来的需求，有的企业进行长期预测，有的只进行短期预测或侧重于对时点数据进行分析，有的则不进行预测或不相信预测结果，这样采取的库存政策会有很大的区别，库存对销售的保障程度及库存成本也会各不相同。电子商务经营者将会遇到比店铺销售更加复杂的库存控制问题。

此外，在设计电子商务的物流方案时，还应该规划好运输工具、运输方式及运输方案等。

2、电子商务中物流体系的建立模式

电子商务的具体实施有多种模式可以选择。由于从事的专业不同，ISP、ICP 及其他信息服务提供商更多的是从如何建立电子商务信息服务网络、如何提供更多的信息内容、如何保证网络的安全性、如何方便消费者接入、如何提高信息传输速度等方面考虑问题，至于电子商务在线服务背后的物流体系的建立问题则因为涉及另一个完全不同的领域，信息产业界对此疑问较多。实际上，电子商务应该完成商流、物流、信息流和资金流，在商流、信息流、

资金流都可以在网上进行的情况下，物流体系的建立应该被看作是电子商务的核心业务之一，并加以研究。我国的电子商务物流体系可以有以下几种组建模式。

（1）电子商务与普通商务活动共用一套物流系统　对于已经开展普通商务的公司，可以建立基于 Internet 的电子商务销售系统，同时可以利用原有的物流资源，承担电子商务的物流业务。拥有完善流通渠道包括物流渠道的制造商或经销商开展电子商务业务，比 ISP、ICP 或互联网网站经营者为从事电子商务而建立销售渠道和物流系统更加方便。国内从事普通销售业务的公司主要包括制造商、批发商、零售商等。制造商进行销售的倾向在 20 世纪 90 年代表现得比较明显，从专业分工的角度看，制造商的核心业务是商品开发、设计和制造，但越来越多的制造商不仅有庞大的销售网络，而且还有覆盖整个销售区域的物流、配送网，国内大型制造商的生产人员可能只有 3 000～4 000 人，但营销人员却有 10 000 多人，制造企业的物流设施普遍要比专业流通企业的物流设施先进。这些制造企业完全可以利用原有的物流网络和设施支持电子商务业务，开展电子商务不需新增物流、配送投资，对这些企业来讲，比投资更为重要的是物流系统的设计机物流资源的合理规划。批发商和零售商应该比制造商更具有组织物流的优势，因为它们的主业就是流通，在美国，如 WalMart、Kmart、Sears 等，在国内像北京的翠微大厦、西单商场等都开展了电子商务业务，其物流业务都与其一般销售的物流业务一起安排。

（2）ISP、ICP 自己建立物流系统或利用社会化的物流、配送服务　自从中美达成就中国加入 WTO 的双边贸易协定以来，中美两国都有许多 ISP、ICP 都想进入中国电子商务市场从事具体的电子商务销售活动。国内一些企业与国外的信息企业合资组建电子商务公司时解决物流和配送系统问题的办法主要有以下两种。

1）自己组建物流公司。因为国内的物流公司大多是由传统的储运公司转变过来的，还不能真正满足电子商务的物流需求。因此，国外企业借助于他们在国外开展电子商务的先进经验，在中国也开展物流业务。对于国内的企业来说，如果采取这种方式投资应十分慎重，因为电子商务的信息业务与物流业务是截然不同的两种业务，企业必须对跨行业经营产生的风险进行严格的评估，新组建的物流公司必须按照物流的要求运作才有可能成功。我们对“大而全”、“小而全”带来的负面影响都很清楚，提供电子商务信息服务的信息企业如果因为需要物流服务而投资于物流，那就很容易导致“大而全”、“小而全”，如果企业只是擅长于信息服务，最好不要去涉足物流、配送这一领域。在电子商务发展的初期和物流、配送体系还不完善的情况下，不要把电子商务的物流服务水平定得太高。另外，可寻找、培养和扶持物流服务供应商，让专业物流服务商为电子商务提供物流服务。

2）外包给专业物流公司。将物流外包给第三方物流公司是跨国公司管理物流的通行做法。按照供应链的理论，将不是自己核心业务的业务外包给从事该业务的专业公司去做，这样从原材料供应到生产，再到产品的销售等各个环节的各种职能，都是由在某一领域具有专长或核心竞争力的专业公司互相协调和配合来完成，这样所形成的供应链具有最大的竞争力。因此，Compaq 和 Dell 分别将物流外包给 Exel 和 FedEx；Amazon 在美国国内的电子商务物流业务由自己承担，但对于美国市场以外的业务则外包给 UPS 等专业物流公司。在中国境内的跨国公司在从事电子商务业务时，物流业务一般都外包给中国当地的第三方物流服务商。可以认为，将物流、配送业务外包给第三方是电子商务经营者组织物流的可行方案。但中国的第三方物流经营者要适应电子商务的需求变化，还需要进行大量的努力，因为这一行业比较落后，中国加入 WTO 后，发达国家的物流公司可能很快就会进入中国为电子商务提供物流服务，这样就会加剧国内物流行业的竞争，但同时对促进电子商务的发展也会大有好处。

（3）第三方物流企业建立电子商务系统　区域性或全球性的第三方物流企业具有物流网络上的优势，正如上面讨论的问题一样，它们大到一定规模后，也想将其业务沿着主营业务向供应链的上游或下游延伸，向上延伸到制造业，向下延伸到销售业。比如，1999 年世界最大的快递公司美国联邦快递公司（FedEx）决定与一家专门提供 B2B 和 B2C 解决方案的 Intersh 通信公司合作开展电子商务业务，FedEx 一直认为，该公司从事的不是快递业而是信息业，公司进军电子商务领域的理由有三个：① FedEx 是全球领先的物流企业；② 该公司已经有覆盖全球 211 个国家的物流网络；③ 公司内部已经成功地应用了信息网络，这一网络可以使消费者在全球通过互联网浏览服务器跟踪其发运包裹的情况。该公司认为，这样的信息网络和物流网络的结合完全可以为消费者提供完整的电子商务服务。象 FedEx 这样的第三方物流公司开展电子商务销售业务，完全有可能利用现有的物流和信息网络资源，使两个领域的业务经营都做到专业化，实现公司资源的最大利用。但物流服务与信息服务领域不同，需要专门的经营管理技术，所以第三方物流公司涉足电子商务的销售和信息服务领域要慎重。

3、商务中物流服务内容设计

电子商务与非电子商务就实现商品销售的本质来讲并无区别，物流是实现销售过程的最终环节，因此电子商务中的物流服务内容与非电子商务相同，但由于采用电子商务，使一部特殊服务变得格外重要。因此，设计电子商务的物流服务内容时应反映这一特点。概括起来组电子商务的物流服务内容可以分为以下两个方面：

（1）传统物流服务　这与非电子商务的物流服务相同，包括以下几方面。

1）运输功能。无论是由网站经营者还是由第三方提供物流服务，都必需将消费者的订货送到消费者指定的地点。ISP、ICP 可以简单地购买或租用车辆送货，但这样做物流成本肯定很高，比较理想的方案是将物流业务外包给第三方物流经营者。第三方一般自己拥有或掌握有一定规模的运输工具，具有竞争优势的第三方物流经营者的物流设施不仅仅只在一个点上，而是一个覆盖全国或一个大的区域的网络。因此，第三方物流服务提供商首先可能要为客户设计最合适的物流系统，选择满足客户需要的运输方式，然后具体组织网络内部的运输作业，在规定的时间内将客户的商品运抵目的地，除了在交货点交货需要客户配合外，整个运输过程，包括最后的市内配送都应由第三方物流经营者完成，以尽可能方便客户。

2）储存功能。电子商务既需要建立互联网网站，同时又需要具备物流中心，而物流中心的主要设施之一就是仓库及附属设备。需要注意的是，电子商务服务提供商的目的不是要在物流中心的仓库中储存商品，而是要通过仓储保证市场分销活动的开展，同时尽可能降低库存占压的资金，减少储存成本，如果一个物流系统设计和运作的好，能够使仓库成为系统多余的东西，那肯定会大受欢迎，而且对各方都有好处。因此，提供社会化物流服务的公共型物流中心需要配备高效率的分拣、传送、储存及拣选设备。在电子商务方案中，可以利用电于商务的信息网络，尽可能通过完善的信息沟通，将实物库存暂时用信息代替，即将信息作为虚拟库存。这可以通过建立需求端数据自动收集系统，在供应链的不同环节采用 EDI 交换数据，建立 Intranet，为用户提供 WEB 服务器便于数据实时更新和浏览查询，一些生产厂商和下游的经销商、物流服务商共用数据库，共享库存信息等等来实现，目的都是尽量减少实物库存水平，但并不降低供货服务水平。那些能将供应链上各环节的信息系统有效集成，并能取得以尽可能低的库存水平满足营销需要的电子商务方案提供商将是竞争的真正领先者。

3）装卸搬运功能。这是为了加快商品的流通速度必须具备的功能，无论是传统的商务活动还是电子商务活动，都必须具备一定的装卸搬运能力。第三方物流服务提供商应该提供更加专业化的装载、卸载、提升、运送、码垛等装卸搬运机械，以提高装卸搬运作业效率，降低订货周期，减少作业对商品造成的破损。

4）包装功能。物流包装作业的目的不是要改变商品的销售包装，而在于通过对销售包装进行组合、拼配、加固，形成适于物流和配送的组合包装单元。

5）流通加工功能。主要目的是方便生产或销售，专业化的物流中心常常与固定的制造商或分销商进行长期合作，为制造商或分销商完成一定的加工作业，比如贴标签、制作并粘贴条形码等。

6）物流信息处理功能。由于现代物流系统的运作已经离不开计算机，因此将各个物流环节的各种物流作业的信息进行实时采集、分析、传递，并向货主提供各种作业明细信息及咨询信息，都是相当重要的。

以上是普通商务活动中典型的物流作业，电子商务的物流也应该具备这些功能。需要决策的方案是，到底是由自己（ISP 或 ICP）投资建立一套物流系统，还是租用别人的设施、设备并聘用专业人员来建立一套系统，或者干脆将自己的物流业务完全外包给第三方物流经营者，与之建立供应链关系。这不能一概而论，关键是看企业自身的情况，只要是有利于发挥专业化经营、提高效率和效益的方案就是好方案。国际上比较推崇的方案是上面采用第三方的那种方案，但这也不是说，有条件、够规模的企业就一定不能自己投资建立适合电子商务需要的物流系统，在决策时需要进行评估。

（2）增值性物流服务　我们不能将电子商务的物流需求仅仅理解为门到门运输、免费送货或保证所订的货物都能送到因为买汽车、建车队、安排装运、送货这些工作很简单，建仓库、入库、保管、拣货、出库更简单，况且，车辆和仓库过剩的状况已经从 20 世纪 80 年代中期持续到了 21 世纪初，那为什么电子商务经营者还抱怨物流落后、配送制约着电子商务的发展呢？原因在于，电子商务需要的不是普通的运输和仓储服务，它需要的是物流服务，而物流与仓储运输存在比较大的差别，正是因为传统的储运经营者用传统储运的要求和标准为电子商务服务，才使得电子商务经营者感到物流服务不到位。那电子商务经营者，其中也包括其他新型流通方式的经营者，需要的是什么样的物流服务呢？答案是，除了传统的物流服务外，还需要增值性的物流服务。

（3）增值性的物流服务的含义和内容

1）增加便利性的服务。一切能够简化手续、简化操作的服务都是增值性服务，简化是相对于消费者而言的，并不是说服务的内容简化了，而是指为了获得某种服务，以前需要消费者自己做的一些事情，现在由商品或服务提供商以各种方式代替消费者完成，从而使消费者获得服务变得简单，这当然增加了商品或服务的价值。在提供电子商务的物流服务时，推行一条龙门到门服务，提供完备的操作或作业提示、免培训、免维护、省力化设计或安装、代办业务、一张面孔接待客户、24h 营业、自动订货、传递信息和转帐（利用 EOS、EDI、EFT）、物流全过程追踪等都是对电子商务销售有用的增值性服务。

2）加快反应速度的服务 ——使流通过程变快的服务。快速反应已经成为物流发展的动力之一。传统观点和做法将加快反应速度变成单纯对快速运输的一种要求，而现代物流的观点却认为，可以通过两条途径使过程变快，一是提高运输基础设施和设备的效率，比如修建高速公路、铁路提速、制定新的交通管理办法、将汽车的行驶速度提高等等，这是一种速度的保障，但在需求方对速度的要求越来越高的情况下，它也变成了一种约束，因此必须想其他的办法来提高速度，所以第二种办法，也是具有重大推广价值的增值性物流服务方案，应该是优化电子商务系统的配送中心、物流中心网络，重新设计适合电子商务的流通渠道，以此来减少物流环节、简化物流过程，提高物流系统的快速反应性能。

3）降低成本的服务，发掘第三利润源泉的服务。根据前面的分析，电子商务发展前期，物流成本往往高居不下，有些企业可能会因为根本承受不了这种高成本而退出电子商务领域，或者是选择性地将电子商务的物流服务外包出去，这是很自然的事情，因此发展电子商务，一开始就应该寻找能够降低物流成本的物流方案。企业可以考虑的方案包括：采用第三方物流服务商、电子商务经营者之间或电子商务经营者与普通商务经营者联合，采取物流共同化计划，同时，如果具有一定的商务规模，比如，像亚马逊这种具有一定的销售量的电子商务企业，可以通过采用比较适用但投资比较少的物流技术和设施设备，或推行物流管理技术，如运筹学中的管理技术、单品管理技术、条形码技术和信息技术等，提高物流的效率和效益，降低物流成本。

4）延伸服务——将供应链集成在一起的服务。向上可以延伸到市场调查与预测、购买及订单处理；向下可以延伸到配送、物流咨询、物流方案的选择与规划、库存控制决策建议、货款回收与结算、教育与培训、物流系统设计与规划方案的制作等等。关于结算功能，物流的结算不仅仅只是物流费用的结算，在从事代理、配送的情况下，物流服务商还要替货主向收货人结算货款等。关于需求预测功能，物流服务商应该负责根据物流中心商品进货、出货信息来预测未来一段时间内的商品进出库量，进而预测市场对商品的需求，从而指导订货。关于物流系统设计咨询功能，第三方物流服务商要充当电子商务经营者的物流专家，因而必须为电子商务经营者设计物流系统，代替它选择和评价运输商、仓储商及其他物流服务供应商。国内有些专业物流公司正在进行这项尝试。关于物流教育与培训功能，物流系统的运作需要电子商务经营者的支持与理解，通过向电子商务经营者提供物流培训服务，可以培养它与物流中心经营管理者的认同感，可以提高电子商务经营者的物流管理水平，可以将物流中心经营管理者的要求传达给电子商务经营者，也便于确立物流作业标准。

以上这些延伸服务最具有增值性，但也是最难提供的服务，能否提供此类增值服务现在已成为衡量一个物流企业是否真正具有竞争力的标准。

在我国，也有很多例子可以说明，传统储运服务商不仅在向现代物流转化，而且还在为对现代物流有特殊要求的电子商务服务。在物流行业中，具有完善物流设施和网络的物流服务提供商不少，只不过他们还需要进一步分析和理解什么是现代物流及现代物流与传统储运的区别，同时还要深入分析物流需求者的需求，要不断调整发展战略和经营思路，尤其是在加入 WTO 后，这种转变对物流服务提供商的生存至关重要。

我国交通运输系统（公路、水路）、铁路运输系统、航空运输系统、邮政运输系统、外贸运输系统、商业运输系统、物资运输系统等都是规模很大的系统，电子商务的发展为他们提供了巨大的商机，他们完全有可能提供服务以满足电子商务发展对物流的需要，成为中国电子商务发展的强大推动力。比如，我国的邮政运输网络已经深入到了农村，包括偏远的小山村；在城市，邮政局所更是覆盖了各个角落，1999 年底，国家邮政总局决定，拥有我国最大的物流配送体系的中国邮政，在邮政网络的经营范围内与中国商品交易市场（电子商务经营者）合作，为其提供商品配送业务，完善该电子商务经营者互联网电子商务服务中的物流配送环节。此外，一些地方的邮政运输部门也在积极地为电子商务网络提供物流和配送服务。

第三节 电子商务环境下的新型物流

一、综合物流代理

1、什么是综合物流代理

综合物流代理，是第三方物流的模式之一，即由一家在物流综合管理经验、人才、技术、理念上均有一定优势的企业，对电子商务交易中供求双方的所有物流活动进行全权代理的业务活动。通过利用计算机和网络通信技术，该代理系统在 Internet 上建立了一个多对多的虚拟市场，根据物流一体化的原则，有效地对供应链上下游企业进行管理。

近年来，电子商务的发展扩大了企业的销售范围，改变了企业传统的销售方式以及消费者的购物方式，使得送货上门等物流服务成为必然，促进了我国物流行业的发展。

但是，目前我国的物流水平仍难以满足电子商务的需求。国内物流水平低的直接表现是没有形成一个网络化体系。一是没有实体化的物流网络，现在的物流企业都是以自己为核心建立网络，最多是以某一个行业或小系统建立物流网络，而跨行业、跨区域的物流网络实际上在国内没有真正形成；二是没有电子化的物流网络，不管是物流企业还是企业物流，现在有许多电子商务公司搞物流，也有许多物流公司搞电子商务，但是这些企业的电子网络尚未形成真正意义上的网络化，也没有一个网络或者几个网络联盟起来，构成一个遍布全国，能够让大家真正应用的电子化的网络。

实现物流网络化必须解决两个关键问题：

第一个问题是国内没有一个物流权威管理机构，负责统筹组织、协调管理国内的物流发展。

第二个问题是国内没有物流业标准规范，标准制定的滞后使得电子化的物流网络不能真正实现。

同样，物流作为横向的电子商务服务“网站群”，仅靠一个或几个物流网站是不行的，需要的是多个物流网站共同构建的物流“联盟”。站在一体化供应链管理的角度，供应链的各个链条的衔接点实际就是一个个利润点，这些利润点怎样把握，关键还是如何迅速且扎实地实现国内的物流网络化，真正实现中国的物流联盟。

基于国内的上述物流现状，有一种适合国情的物流解决方案，就是基于Internet 的综合物流代理系统。

2、网络化物流

在我国电子商务环境下，经营综合物流代理的主要思路是：低成本经营和入市原则；将主要的物流服务工作委托他人处理，注重建立自己的客户营销队伍、物流管理网络和物流信息系统，提高自身的物流综合管理素质；实行特许代理制，将协作单位视为自己的战略伙伴，进一步可将其纳入自己的经营轨道；公司经营的核心就是综合物流代理业务的协调、组织、控制等管理工作，并且注重业务流程再造和组织创新。

基于 Internet 的综合物流代理系统（图 9-1），就是通过公网建立综合物流代理的管理体系。该系统建立了一个基于互联网的电子市场。在这个虚拟市场中，主要产品是物流服务。客户（电子商务的交易双方）与物流代理商以

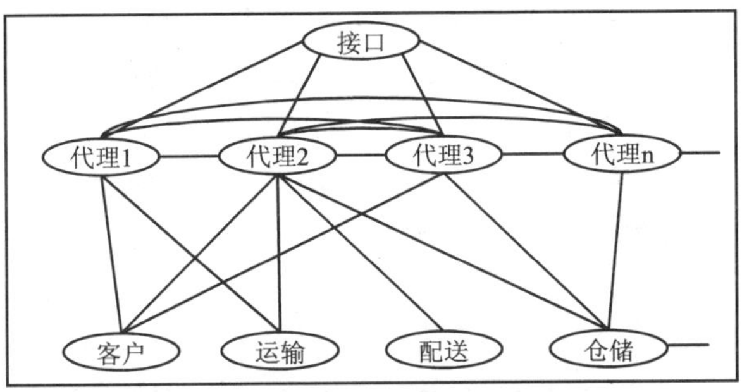

图 9-1　基于 Internet 的综合物流代理系统

多对多的方式进行物流服务的交易活动。物流代理商作为系统中供应链的重要一环，根据物流一体化原则，对客户、运输企业、配送中心，仓储企业等进行统一的调配管理。

（1）基于 Internet 的综合物流代理系统设计目标　首先，将原有传统的物流业务过程，通过计算机和网络技术，进行业务重组，删除冗余流程，有效地控制物的流向、提高物流过程的效率、降低物流成本。

其次，真正实现以顾客为中心的服务理念。包括以下几个方面：

1）提供个性化服务。即为客户群所提供的服务具有其他网站所不具有的特色，并能为客户所接受和喜欢，达到吸引客户的目的。

2）在设计中通过一系列的算法，对能实施物流服务的业务范围、经济地理上网点布局是否与电子商务相应的要求相适应，对客户需求的反应速度、送货频率、送货可靠性、相关物流文档质量、物流费用、网点分布、管理制度、货物跟踪等方面提供完整的物流信息和完善的决策支持，并通过系统评估来判断这些服务是否能够满足客户服务的要求。

建立网络化物流系统平台可以减少很多生产和流通中不必要的部门和环节，从而达到降低成本的目的；也可以减少物流企业组织仓储、运输环节的成本，甩掉沉重的物流包袱，简化传统物流配送流程，方便客户使用。

（2）系统平台的主要特征　设计与开发的开放性和标准化保证了各供应商产品的协同运作，同时考虑到投资者的长远利益，系统平台具有很好的开放性，并结合了相关的国际标准与工业标准。

满足 B2B 电子商务中对物流管理的需求 采用 B/S（Browser/Server）系统构架，为客户提供基于 Internet 方式的网上下单、货物状态查询等全面的物流服务。

决策与管理的智能化表现在通过第三方物流管理系统平台，用户企业的管理者可实时了解各部门的运行情况，调集相应数据的统计和分析报表，为决策分析提供参考依据，为业务规模的拓展奠定基础。

3、构建网络物流的技术

第三方物流管理系统平台（图 9-2）包含系统集成技术、打包技术、组件技术，包含 CRM（客户关系管理）、GIS（地理信息系统）、GPS（全球定位系统）、BI（商业智能）等先进功能；第三方物流管理系统平台采用 J2EE（Java2.0 Enterprise Edition）标准，使用 EJB（Enterprise Java Bean）开发工具，管理系统与货主、配送、运输、仓储等应用系统，既可相互独立使用，又可联合使用。

XML 技术：系统平台与其他各系统之间采用 XML 进行信息交换，XML 交换标准同时兼容现有的行业 XML 标准，因而与其他应用系统具有良好的接口性能，保证系统的扩展性和可维护性。

组件技术：第三方物流管理系统平台中的每个应用系统由一个组件包提供，组件为 EJB。具有与平台无关的特性，开发商通过 API（Application Programming Interface）调用相应组件，实现组件提供的商务功能。

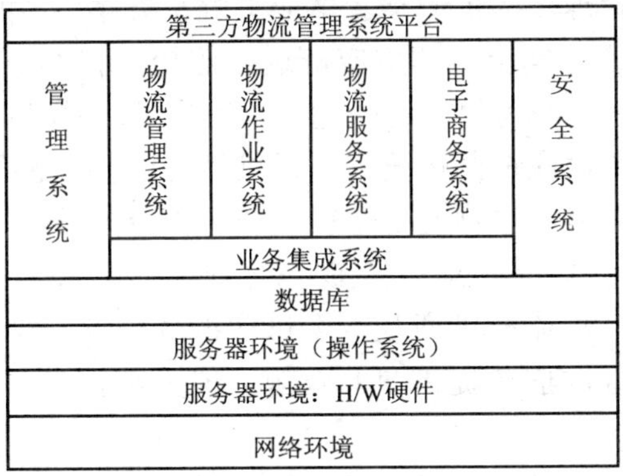

图 9-2　第三方物流管理系统平台的结构图

硬件/软件的独立性：第三方物流管理系统平台采用了 EJB 开发模型，继承了 EJB 多层、分布式的结构模型，并可以跨平台应用。将 Java 的“一次编译，随处运行”体现在系统中，具备真正的操作系统独立性。系统采用 JDBC（Java Database Connectivity）来连接数据库，因此具备数据库独立性，同时可以运行在所有支持 J2EE 平台的应用服务器上。

电子商务环境下实现网络化物流的目标就是把电子化的物流网络和实体化的物流网络融为一体，形成真正的物流网络。

二、第四方物流

“外包”一词，曾被《哈佛商业评论》认为是在过去近一个世纪里最为重要的管理学概念之一。如今，业务外包已被企业界公认为可以有助于提升企业供应链中非核心业务的竞争力。业务外包使企业可以专注于提高其核心竞争力，向客户提供差异化服务，并在经营灵活性上更富有优势。

然而，外包通常只能使企业的经营成本获得暂时的降低，因此有些人对外包产生了怀疑，这时由供应链管理理论演变出了一种新的理论，业界称之为“第四方物流”（The Fourth Party Logistics），又叫做 4PL。第四方物流使企业能够更有效率地快速反应供应链的整体需求。

1、什么是第四方物流

现代技术的不断更替和电子商务影响力的迅速扩展使供应链上各链条（或节点企业）追求对内整合资源和向外扩展的需求不断扩大，而这种需求又直接导致了第四方物流从传统的供应链管理中脱颖而出。

第四方物流的概念，是 1998 年美国埃森哲咨询公司率先提出的。他们对第四方物流是这样定义的：“ 第四方物流（4PL）供应商是一个供应链的集成商，它对自己公司内部和具有互补性的服务供应商所拥有的不同资源、能力和技术进行整合和管理，提供一整套供应链解决方案”。第四方物流的主要作用是：对制造企业或分销企业的供应链进行监控，在客户和它的物流和信息供应商之间充当惟一“联系人”的角色。有的咨询公司则以“有领导力量的物流服务商通过整个供应链的影响力，提供综合的供应链解决方案”的名义，来提供服务。显然，第四方物流是在解决企业物流的基础上，整合社会资源，解决物流信息充分共享、社会物流资源充分利用等问题。

本质上，第四方物流提供商是一个供应链集成商，他调集、管理和组织本身以及具有互补性的服务提供商的资源、能力和技术，以提供一个综合的供应链解决方案。

不管如何称呼，这种提供可以通过整个供应链的影响力，提供综合的供应链解决方案，也为其顾客带来更大的价值。不过 4PL 的概念在我国很少提及，在国外，物流业界对此也有不少异议。

2、第四方物流的特点

1）第四方物流的特点之一是其提供了一个综合性供应链的解决方法，以有效地适应需方多样化和复杂的需求，集中所有资源为客户完美地解决问题。

① 供应链再建，通过供应链的参与者将供应链规划与实施同步进行，或利用独立的供应链参与者之间的合作提高规模和总量。供应链再建改变了供应链管理的传统模式，将商贸战略与供应链战略连成一线，创造性地重新设计了参与者之间的供应链，使之达到一体化标准。

② 功能转化，主要是销售和操作规划、配送管理、物资采购、客户响应以及供应链技术等，通过战略调整、流程再造、整体性改变管理和技术，使客户间的供应链运作一体化。

③ 业务流程再造，将客户与供应商信息和技术系统一体化，把人的因素和业务规范有机结合起来，使整个供应链规划和业务流程能够有效地贯彻实施。

④ 实施第四方物流，开展多功能、多流程的供应链业务，其范围远远超出传统外包运输管理和仓储运作的物流服务。企业可以把整条供应链全权交给第四方物流运作，第四方物流可为供应链功能或流程提供全部完整的服务。

2）第四方物流的特点之二是通过影响整个供应链，为整条供应链的客户带来利益。

① 利润增长　第四方物流的利润增长将取决于服务质量的提高、实用性的

增加和物流成本的降低。由于第四方物流关注的是整条供应链，而不是仓储或运输单方面的效益，因此其为客户及自身能带来巨大的综合效益。

② 运营成本降低　可以利用运作效率提高、流程增加和采购成本降低，即通过整条供应链外包功能以达到节约的目的。流程一体化、供应链规划的改善和实施将使运营成本和产品销售成本降低。

③ 工作成本降低　采用现代信息技术、科学的管理流程和标准化管理，使存货和现金流转次数减少，使占总成本30%的工作成本降低。

④ 提高资产利用率　客户通过第四方物流减少了固定资产占用，提高了资产利用率，使得客户通过投资研究设计、产品开发、销售与市场拓展等获得经济效益的提高。第四方物流成功地影响着大批的服务者（第三方物流、网络工程、电子商务、运输企业等，以及客户的能力和供应链中的伙伴。它作为客户间的连接点，通过合作或联盟提供多样化服务。第四方物流的优点使得迅速、高质量、低成本的运送服务得以实现。不少人认为第四方物流由于难以获得委托者的信任而只是一个设想，但随着社会经济的不断发展，第四方物流将会得到广泛的运用。

3、第四方物流基本运作方式

（1）超能力组合（1+1>2）协同运作模型　第四方物流和第三方物流共同开发市场，第四方物流向第三方物流提供一系列的服务，包括：技术，供应链策略、进入市场的能力和项目管理的专业能力。第四方物流往往会在第三方物流公司内部工作，其思想和策略通过第三方物流这样一个具体实施者来实现，以达到为客户服务的目的。第四方物流和第三方物流一般会采用商业合同的方式或者战略联盟的方式合作。

（2）方案集成商模型　在这种模式中，第四方物流为客户提供运作和管理整个供应链的解决方案。第四方物流对本身和第三方物流的资源、能力和技术进行综合管理，借助第三方物流为客户提供全面的、集成的供应链方案。第三方物流通过第四方物流的方案为客户提供服务，第四方物流作为一个枢纽，可以集成多个服务供应商的能力和客户的能力。

（3）行业创新者模型　第四方物流为多个行业的客户开发和提供供应链解决方案，以整合整个供应链的职能为重点，第四方物流将第三方物流加以集成，向上下游的客户提供解决方案。在这里，第四方物流的责任非常重要，因为它是上游第三方物流的集群和下游客户集群的纽带。行业解决方案会给整个行业带来最大的利益。第四方物流会通过卓越的运作策略、技术和供应链运作实施来提高整个行业的效率。

第四方物流无论采取哪一种模式，都突破了单纯发展第三方物流的局限性，能做到真正的低成本、高效率、时时运作，实现最大范围的资源整合。因为第三方物流缺乏跨越整个供应链运作以及真正整合供应链流程所需的战略专业技术，第四方物流可以不受约束地将每一个领域的最佳物流提供商组合起来，为客户提供最佳的物流服务，进而形成最优物流方案或供应链管理方案。而第三方物流要么独自，要么通过与自己有密切关系的转包商来为客户提供服务，它不太可能提供技术、仓储与运输服务的最佳结合。

4. 谁能成为第四方物流

第四方物流有诱人的前景，但是成为第四方物流的门槛也非常高。美国和欧洲的经验表明，要想进入第四方物流领域，企业必须在某一个或某几个方面已经具备很强的核心能力，并且有能力通过战略合作伙伴关系很容易地进入其他领域。专家列出了一些成为第四方物流的前提条件：

1）世界级水平的供应链策略制定，业务流程再造，技术集成和人力资源管理能力。

2）在集成供应链技术和外包能力方面处于领先地位。

3）在业务流程管理和外包的实施方面有一大批富有经验的供应链管理专业人员。

4）能够同时管理多个不同的供应商；具有良好的关系管理和组织能力。

5）全球化的地域覆盖能力和支持能力。

6）对组织变革问题的深刻理解和管理能力。

正宗的第四方物流不仅控制和管理特定的物流服务，而且对整个物流过程提出策划方案，并通过电子商务将这个过程集成起来。预测表明，作为能与客户的制造、市场及分销数据进行全面、在线连接的一个战略伙伴，第四方物流与第三方物流一样，它是可以在可预见的将来得到广泛应用的。

在中国，第三方物流的发展尚处在初始期。国际上第三方物流公司在中国尚未被允许经营真正的第三方物流业务。国有的以物流为主体的公司也没有完成经营机制的转换，民营的第三方物流公司虽在崛起，却羽翼未丰，同时制造企业把物流外包给第三方也尚未形成气候。尽管政府和媒体一直在推动这个行业的发展，传统的运输仓储企业也纷纷翻牌，但第三方物流占整个供应链市场的份额仍然很低（大大低于 7%的水平）。现在中国的企业仍然是以 1PL、2PL 为主的，连 3PL 的需求都不多。很多 3PL 的公司提供的是 2PL 的服务，甚至潜在的需求也是以 2PL 为主的。

鉴于第四方物流的发展必须在第三方物流行业高度发达和企业供应链业务外包极为流行的基础之上才能够发展起来，国内许多物流专家普遍认为：中国现在还几乎没有对第四方物流的需求，因此，发展第四方物流还为时尚早。所以就目前来说，中国物流发展的任务应该是普及 3PL，传播 4PL。如果将来中国物流市场上出现了第四方物流的需求，使 4PL 市场变成现实，其运作模式无非是三种：一是合资即以客户为核心将供应链外包；二是行业整合，即以行业为核心，提供公共服务平台，形成规模效应，特别是在最具有行业特点的行业，如化工行业，将率先出现。三是由 3PL 公司延伸出 4PL，是以 3PL 为核心来寻找同盟产生的。

值得注意的是，即使是在这样的情况下，也只有大型 3PL 公司能够最先进入，如国内几个中字头企业，中邮、中远、中海等。因为他们具有很好的资源，有丰富的运营经验，有很好的客户基础，此外，在人才、技术、系统方面的投入也是最大的。因此，4PL 最有可能从这些 3PL 公司首先剥离出来。

5、国外第四方物流现状

在美国，Ryder Integrated Logistics、信息技术巨头 IBM 和第四方物流的始作俑者埃森哲公司结为战略联盟，使得 Ryder 拥有了技术和供应链管理方面的特长，而如果没有 4PL 的加盟，这些特长要花掉 Ryder 公司几十年的工夫才能够积聚起来。

在欧洲，埃森哲公司和菲亚特公司的子公司 New Holland 成立了一个合资企业 New Holland Logistics S.P.A.，专门经营服务零配件物流。该公司由 New Holland 拥有 80%的股份，埃森哲占 20%的股份。New Holland 为合资企业投入了 6 个国家的仓库，775 名员工，以及在资本投资和运作管理方面的优势。埃森哲投入了管理人员，信息技术，运作管理和流程再造的专长。零配件管理运作业务涵盖了计划，采购，库存，分销，运输，和客户支持等。在过去 7 年的总投资回报有 6700 万美元。大约 2/3 的节省来自运作成本的降低，20%来自库存管理，其他 15%来自运费节省。同时，New Holland Logistics 实现了大于 90%的定单完成准确率。

在英国，埃森哲公司和泰晤士水务有限公司的一个子公司—— Connect 2020，也进行了第四方物流的合作。泰晤士水务是英国最大的供水公司，年营业额超过 20 亿美元。Connect 2020 成立的目的旨在为供水行业提供物流和采购服务。Connect 2020 把它所有的服务外包给 ACTV，一家由埃森哲管理和运作的公司。ACTV 年营业额为 1500 万美元，主要业务包括采购、定单管理、库存管理和分销管理。目前的运作成果包括：供应链总成本降低 10%，库存水平降低 40%，未完成定单减少 70%。

三、电子物流

1、电子物流的概念

电子物流是指利用电子化信息技术手段，尤其是利用互联网技术来完成物流全过程的协调、控制和管理，实现从网络前端到最终客户端的所有中间过程服务，最显著的特点是各种软件技术与物流服务的融合应用。

电子物流的功能十分强大，它能够实现系统之间、企业之间以及资金流、物流、信息流之间的无缝链接，而且这种链接同时还具备预见功能，它可以在上下游企业间提供一种透明目的可见性功能，帮助企业最大限度地控制和管理库存。同时，由于全面应用了客户关系管理、商业智能、计算机电话集成、地理信息系统、全球定位系统、Internet、无线互联技术等先进的信息技术手段，以及配送优化调度、动态监控、智能交通、仓储优化配置等物流管理技术和物流模式，电子物流提供了一套先进的、集成化的物流管理系统，从而为企业建立敏捷的供应链系统提供了强大的技术支持。

电子物流业务使得客户可以运用外部服务力量来实现内部经营目标的增长，即客户能够得到量身定做的个性化服务，而整个过程则由第三方电子物流服务提供商来进行管理。当顾客的支付信息被处理后，电子物流系统会为顾客发送订单确认信息。在这一切工作就绪之后，电子物流系统就会对客户的订单进行格式化，并将订单发送到离客户最近的仓储中心。

而电子物流的外包服务则在B2B业务中的制造商与电子物流服务供应商之间，以及B2C业务中的制造商及其业务伙伴之间起到了建设性的桥梁作用。

2、传统物流服务与电子物流服务的区别

顾客在网上的购买行为与传统的购买行为有所不同，因此也就决定了电子物流服务形式、手段的特殊性。在网上购物的顾客希望在网上商店寻觅到所需的特定物品，并且希望能够得到实时的信息反馈，诸如是否有存货、何时能够收到货物等实时信息，同时他们也十分关注如果在网上选购的物品不甚理想或者是物品在运输途中受损，是否能够及时、便利地办理退货等。新兴的电子物流服务就是由具备实力的服务商来提供最大限度的满足顾客需求的外包服务。传统物流服务与电子物流服务的区别如表 9-4 所示。

表 9-4 传统物流服务与电子物流服务比较

	传 统 物 流	电 子 物 流
业务推动力	物质财富	IT 技术
服务范围	单项物流服务（运输、仓储、包装、装卸、配送等）	综合性物流服务，同时提供更广泛的业务范围，如网上前端服务等
通讯手段	通讯手段/传真、电话等	大量应用互联网、EDI 技术
仓储	集中分布	分散分布，分拨中心更接近顾客
包装	批量包装	个别包装，小包装
运输频率	低	高
交付速度	慢	快
IT 技术应用	少	多
订单	少	多

由于认识到电子物流将带来的市场机遇，传统的提供仓储分拨业务、运输业务的服务提供商纷纷涉足电子物流业务解决方案开发的市场，更有一些新进入该领域的服务提供商十分看好其发展潜力，希望能在电子物流市场上分一杯羹。

3、电子物流的市场参与者

从目前的电子物流服务市场来看，主要有四类市场参与者，他们分别是传统的物流服务提供商、软件供应商、集成商以及物流服务方案供应商。从表面看来这些市场参与者分别从事特定的服务，但是在电子物流服务市场领域，大多数市场参与者向客户提供的是一种综合性的物流服务。目前还没有任何一个电子物流服务供应商能够提供全部的电子物流服务，大部分厂商是通过利用自身的力量或者寻找业务合作伙伴来向客户提供端到端的电子物流服务解决方案。

4、电子物流的发展趋势

国际信息中心 IDC 认为，2004 年全球电子商务中的 B2C 业务额将从 2000 年的 417 亿美元上升到 1632 亿美元，复合增长率达到 40.6%，而全球的 B2B 业务额从 2000 年的 1008 亿美元上升 8374 亿美元，该项业务的复合增长率达到 69.8%。电子商务市场的增长速度之快是令人感叹的，但是电子商务在快速发展的过程中，在观念、经营、管理与服务方面尚存在着诸多问题，特别是目前电子商务企业与物流服务行业间的不协调状况，将会严重影响网络经济的发展。但是从另一个角度来看，尽管电子物流服务已经取得了一定的市场业绩，并且对电子商务起到了很好的润滑作用，但是这个新兴的服务领域还有许多不成熟的地方，对于供需双方仍存在着一些市场运作的盲点，因此要解决电子商务配送环节的问题不仅仅是物流企业要面临的巨大挑战，更需要电子商务公司的积极参与和协助，共同来推动网络经济的健康发展。

【复习思考题】

1．传统物流存在哪些问题？

2．电子商务下物流配送有哪些需求和特点？

3．电子商务中的物流方案应重点考虑的因素是什么？

4．电子商务中物流体系的模式有哪些选择？

5．什么是综合物流代理？

6．什么是第四方物流？成为第四方物流须具备哪些条件？

7．什么是电子物流？

参 考 文 献

1 周曙东主编．电子商务概论．南京：东南大学出版社，2002

2 费明瑜主编．电子商务概论．北京：高等教育出版社，2002

3 宋文官主编．电子商务实用教程．北京：高等教育出版社，2002

4 张铎，林自葵，王耀球编．电子商务与现代物流．北京：北京大学出版社，2002

5 http://www.e-works.net.cn/ewkArticles/Category78/Article5452.htm．电子商务环境下的综合物流代理

6 江锦祥主编．物流与电子商务．北京：人民交通出版社，2003

7 薛虹主编．知识产权与电子商务．北京：法律出版社，2003

8 张楚，王祥，欧奎主编．电子商务法案例分析．北京：中国人民大学出版社，2002

9 张继文主编．电子合同．北京：中国民主法制出版社，2003

10 李大军主编．电子商务．北京：清华大学出版社，2002

11 陈科鹤主编．电子商务实务教程．北京：清华大学出版社，2002

12 http://www.e-works.net.cn/ewkArticles/Category39/Article14435.htm，应对供应链管理的挑战

13 姚国章主编．电子商务案例．北京：北京大学出版社，2002

14 陈孟建主编．电子商务基础．北京：电子工业出版社，2001

15 钱东人主编．网络营销．北京：高等教育出版社，2002

16 赵林度主编．电子商务与实务．北京：人民邮电出版社，2001

17 王全胜主编．电子商务原理．北京：北京大学出版社，2002

18 http://www.hf56.net

19 http://www.56eb.com